想象另一种可能

理
想
国
imaginist

张新颖 著

沈从文的后半生

一九四八～一九八八

广西师范大学出版社
· 桂林 ·

图书在版编目(CIP)数据

沈从文的后半生：1948～1988 / 张新颖著.
—桂林：广西师范大学出版社，2014.6
ISBN 978-7-5495-5401-0

Ⅰ.①沈… Ⅱ.①张… Ⅲ.①沈从文（1902～1988）–生平事迹
Ⅳ.①K825.6

中国版本图书馆CIP数据核字(2014)第086473号

广西师范大学出版社出版发行

桂林市中华路22号　邮政编码：541001
网址：www.bbtpress.com

出　版　人：何林夏
出　品　人：刘瑞琳
责任编辑：曹凌志
装帧设计：彭振威
内文制作：陈基胜

全国新华书店经销
发行热线：010-64284815
山东临沂新华印刷物流集团有限责任公司

开本：965×635mm　1/16
印张：24.5　字数：260千字　图片：21幅
2014年6月第1版　2014年6月第1次印刷
定价：59.00元

如发现印装质量问题，影响阅读，请与印刷厂联系调换。

万千人在历史中而动，或一时功名赫赫，或身边财富万千，存在的即俨然千载永保……但是，一通过时间，什么也不留下，过去了。……另外一些生死两寂寞的人，从文字保留下来的东东西西，却成了唯一联接历史沟通人我的工具。因之历史如相连续，为时空所阻隔的情感，千载之下百世之后还如相晤对。

——沈从文，一九五二年

一九五九年，沈从文在中国历史博物馆新陈列室做解说员。（内山嘉吉摄）

带雾的阳光照着一切，从窗口望出去，四月廿二日大清早上，还有万千种声音在嚷、在叫、在招呼。船在动、水在流，人坐在电车上计算自己事情，一切都在动，流动着船只的水，实在十分沉静。（沈从文绘）

五一节五点半外白渡桥所见——江潮在下落，慢慢的。桥上走着红旗队伍。舾舾船还在睡着，和小婴孩睡在摇篮中，听着母亲唱摇篮曲一样，声音越高越安静，因为知道妈妈在身边。（沈从文绘）

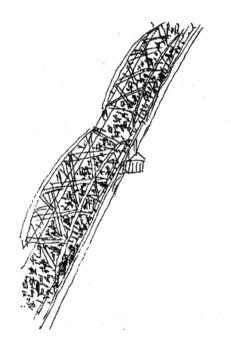

艒艒船还在作梦，在大海中飘动。原来是红旗的海，歌声的海，锣鼓的海。（总而言之不醒。）（沈从文绘）

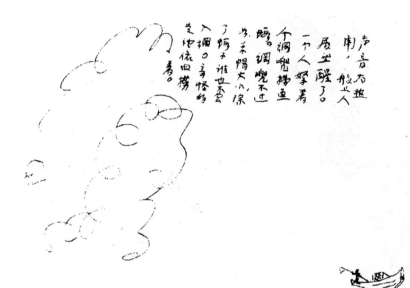

声音太热闹，船上人居然醒了。一个人拿着个网兜捞鱼虾。网兜不过如草帽大小，除了虾子谁也不会入网。奇怪的是他依旧捞着。（沈从文绘）

目　录

说　明

一、沈从文（1902—1988）的前半生，在已经出版的传记中，有几种的叙述相当详实而精彩。至少到目前为止，我不认为我有必要去做大同小异的重复工作。

二、我写沈从文的后半生，不仅要写事实性的社会经历和遭遇，更要写在动荡年代里他个人漫长的内心生活。但丰富、复杂、长时期的个人精神活动，却不能由推测、想象、虚构而来，必须见诸他自己的表述。幸运的是他留下了大量的文字资料。我追求尽可能直接引述他自己的文字，而不是改用我的话重新编排叙述。这样写作有特别方便之处，也有格外困难的地方，但我想，倘若我是一个读者，比起作者代替传主表达，我更愿意看到传主自己直接表达。

三、追求严格的直接引述，注明出处当然是必须的；这样一来就造成注释数量过多。为减轻可能因此而带来的繁琐之感，本书根据注释性质的不同，作分别处理：

1. 凡从《沈从文全集》（太原：北岳文艺出版社，2002 年）引用沈从文的文字，采取文中夹注的形式，标出卷数和页码，卷数和页码之间用分号（；），不同页码之间用逗号（,）。如：（18；500），指的是《沈从文全集》第18卷，500页；（31；330—331），指的是第31卷，330—331页；（19；360，363），指的是第19卷，360页，363页。

2. 除此之外的引用和注释，则用脚注的形式。

上　部

一九四八 ～ 一九六五

第一章

转折关口的精神危机和从崩溃中的恢复

一、恢复"年青","重新安排"

一九四八年暑假，杨振声邀请北京大学文学院的几位朋友，到颐和园霁清轩消夏。冯至和夫人姚可崑带着两个女儿，沈从文、张兆和夫妇和两个儿子，张兆和四妹张充和与傅汉思（Hans H. Frankel）——一个年轻的德裔美籍人，在北大教拉丁文、德文和西洋文学——都来了。中间来住过几天的，还有朱光潜等。不巧的是，张兆和弟媳生病，张兆和又匆匆返回城里去照料。也因此，喜欢写信的沈从文，又有了以文字和妻子交谈的机会。现在我们能够看到五封信，前四封是一连四天写的。"我想试试看在这种分别中来年青年青，每天为你写个信。"（18；500）

这一年沈从文四十六岁。自抗战以来的十余年，与之前的各个时期明显不同，沈从文更加敏感于个人与时代之间密切而又紧张的关系，也更加深刻地体会到精神上的极大困惑和纠结不去的苦恼，长时间身心焦虑疲惫，少有舒心安定的时刻。可是，在颐和园东北偏僻之处的这个园中之园，他似乎放松了下来，心情也显见地明朗。他好像有一种重新恢复"年青"的强烈冲动。给妻子的信，又出现了十多年前"情书时期"的抒情，还多了一点幽默，更增添了一种历经生活磨砺之后的韧实。

七月二十九日晚，他先"抱怨"了几句霁清轩生活的"风雅"，感到有点儿"倦"，转笔却道："写这个信时，完全是像情书那么高兴中充满了慈爱而琐琐碎碎的来写的！你可不明白，我一定要单独时，才会把你一切加以消化，成为一种信仰，一种人格，一种力量！至于在一处，你的命令可把我头脑弄昏了，近来命令稍多，真的圣母可是沉默的！""离你一远，你似乎就更近在我身边来了。因为慢慢的靠近来的，是一种混同在印象记忆里品格上的粹美，倒不是别的。这才是生命中最高的欢悦！简直是神性。却混和到一切人的行动与记忆上。我想什么人传说的'圣母'，一点都不差。……让我们把'圣母'的青春活力好好保护下去，在困难来时用幽默，在小小失望时用笑脸，在被他人所'倦'时用我们自己所习惯的解除方式，而更加上个一点信心，对于工作前途的信心，来好好过一阵日子吧。我从镜中看去，头发越来越白得多了，可是从心情上看，只要想着你十五年来的一切好处，我的心可就越来越年青了。且不止一颗心如此。即精神体力也都如此。"他回忆起两个人走过的日子，赞叹："生命本身就是一种奇迹，而你却是奇迹中的奇迹。我满意生命中拥有那么多温柔动人的画像！"他特别说到最近，"我近来更幸福的是从你脸上看到了真正开心的笑，对我完全理解的一致。这是一种新的开始，让我们把生命好好追究一下，来重新安排，一定要把这爱和人格扩大到工作上去，我要写一个《主妇》来纪念这种更

新的起始！"（18：497，499，500）

三十日夜间，"我和虎虎坐在桌上大红烛下，他一面看《湘行散记》，一面喝柠檬水，间或哈哈一笑，为的是'水獭皮帽子'好笑！那想到家里也还有那么一个小读者！"

我一面和虎虎讨论《湘行散记》中人物故事，一面在烛光摇摇下写这个信……下面是我们对话，相当精彩：

小虎虎说："爸爸，人家说什么你是中国托尔斯太。世界上读书人十个中就有一个知道托尔斯太，你的名字可不知道，我想你不及他。"

我说："是的。我不如这个人。我因为结了婚，有个好太太，接着你们又来了，接着战争也来了，这十多年我都为生活不曾写什么东西。成绩不大好。比不上。"

"那要赶赶才行。"

"是的，一定要努力。我正商量姆妈，要好好的来写些。写个一二十本。"

"怎么，一写就那么多？"（或者是因为礼貌关系，不像在你面前时说我吹牛。）

"肯写就那么多也不难。不过要写得好，难。像安徒生，不容易。"

"我看他的看了七八遍，人都熟了。还是他好。《爱的教育》也好。"

孩子起夜睡醒，父子俩又说起话来，"听我说到'为妈妈写的信就成《湘行散记》底本'时，就插口说：'想不到我画的也成书封面！'

我说：'这书里有些文章很年青，到你成大人时，它还像很年青！'他就说：'那当然的，当然的。'"（18；503，504，505）

"年青"，这个词又重复出现了，这次说的是作品。对自己的文学，他充满了温热的感情和平静的自信。还有什么词比"年青"，更能表达作品自身的生命活力呢？十几年前的作品，现在"很年青"，将来还"很年青"——而他自己作为一个作家的将来，好像也同样清晰可见：只要自己努力，好好来写。

到八月七日，他写好一篇《霁清轩杂记》，漫谈这里的建筑，景致，流水中的鱼，颐和园的两个老住户，几种鸟虫的叫声……一九四七年他曾经在此消夏，一年后重临旧地，熟悉感油然而生，心情好像也从容起来，散漫地说起园子的种种，虽然不过是一个短暂歇身之处，却自成丘壑，自有分量，仿佛与外面的世界远远地隔开了。

这里的生活显得宁静而富有诗意——事实上，身在其中的那个年轻的美国人正是这么感觉的。傅汉思在给父母的信中这样描述："北平，一九四八、七、十四……我在北平近郊著名的颐和园度一个绝妙的假期！沈家同充和，作为北大教授杨振声的客人，住进谐趣园后面幽静美丽的霁清轩。那园子不大，却有丘有壑，一脉清溪从丘壑间潺潺流过。几处精致的楼阁亭舍，高高低低，散置在小丘和地面上，错落有致。几家人分住那些房舍，各得其所。我就把我的睡囊安放在半山坡一座十八世纪的小小亭子里。生活过得非常宁静而富有诗意。充和、我同沈家一起吃饭，我也跟着充和叫沈太太三姐。我们几乎每天能吃到从附近湖里打来的鲜鱼……"[1]

---

1 傅汉思：《我和沈从文初次相识》，《沈从文印象》，孙冰编，上海：学林出版社，1997年，171—172页。

二、"痴人"之"梦","收拾残破"

而外面更大的世界，内战正酣。要说时局，从抗战结束的次年回到北平以后，让沈从文最忧心如焚、忍不住屡屡为文抒愤的，就是"民族自杀的悲剧"。随着战争的不断绵延和扩展，他对导致民族命运大悲剧的政治是越来越绝望了。绝望的表现，是不再外求，转向自身，好像可以不理不管不顾身处其中的时政大势，专心一意于自己的社会理想和文化愿景。

他化名巴鲁爵士，从一九四七年十二月开始发表《北平通信》，继之以《怀塔塔木林》、《故都新样》及《苏格拉底谈北平所需》、《试谈艺术与文化》、《迎接秋天》，到一九四八年十月共发表五篇。这一组"北平通信"以半文半白的语体，宣称要以艺术和文化来洗刷灵魂、重造社会，甚至还给出了一些具体的设计和措施，荒唐滑稽，犹如痴人说梦。"余宜承认，余之所梦，与迩来朝野保守进步人士流他人血而得安全之梦，意识形态，均不相侔，无可讳言。"（14：359）为什么要做这样的"梦"呢？"凡涉及二十世纪前一半悲剧时代精神时，一般思想家均把握不住大处，只从一群统治者和反统治集团寄托希望，也就把一切责任推卸得干干净净，从无人敢承认此实一文化失调教育失败之显明象征。一面系哲学贫困，一面是政治万能，悲剧因之延长扩大至于不可收拾。"（14：379–380）"余实深信中国问题得在内战以外求进步，求解决。"他因此而重提蔡元培三十年前"美育代宗教"之说，又"欲进而言'美育重造政治'，以补充此伟大荒谬学说"，"用'美育'与'诗教'重造政治头脑之真正进步理想政治"。"余则对于中国文史，古典文物艺术，

特别倾心，亦若具有高度兴趣，及文艺复兴梦想。"（14：384，383）

似乎是不切现实的胡言谵语，正由对现实的极端沉痛而起，"痴人"之"梦"，也正有现实的针对性；而"痴人"之"痴"，则在艺术与文化。那么也就可以明白，沈从文在此种情形中跟妻子说"这是一种新的开始，让我们把生命好好追究一下，来重新安排，一定要把这爱和人格扩大到工作上去"，跟孩子说"写个一二十本"，并非只是一时高兴随便说说的。不过隐去了现实的背景，在消夏的放松心情中说来，仿佛不知今世何世。

既然为将来做打算，沈从文心里知道将来会是什么样子吗？还是在霁清轩，他写了篇短文《"中国往何处去"》，结论明确而悲怆："这种对峙内战难结束，中国往何处去？往毁灭而已。""即结束，我们为下一代准备的，却恐将是一分不折不扣的'集权'！"（14：323，324）

所以这为将来的打算，是弃绝了外求于大局、政治、他人的希望，是自己对自己的"重新安排"，是自己去做自己要做的事。"北平通信"的最后一篇题为《迎接秋天》，这"迎接"的心境，凛然、坦然，不是对空幻的希望的"迎接"，而是对自己将要在困难中展开的严肃工作的"迎接"。

二月起，北京大学开始筹备博物馆。沈从文不是筹委，却起劲得要命，参与工作、提出建议之外，更陆续把自己收藏的许多瓷器、贝叶经等古文物、民间工艺品，还有从云南搜集来的全部漆器，捐了出去，并且帮忙布展。新建博物馆专修科缺乏资料，他又捐出了《世界美术全集》、《书道全集》等一批藏书。

九月，中国博物馆协会北方委员集会，沈从文撰文《收拾残破——文物保卫一种看法》，指出："与其向他方面作无效呼吁，不如从本身加以注意，看看是不是还可作点事。"他倡议"在能力范围内，当前可做的"几件事是：一、故宫博物院的改造设计；二、专科以上文物馆的设立；三、文化史或美术史图录的编印；四、扩大省县市博物馆，注重地方性文物与民俗工艺品收集。文章最后说："题目是'收拾残破'，私意从此作起会为国家带来一回真正的'文艺复兴'！这个文艺复兴不是为装点任何强权政治而有，却是人民有用心智，高尚情操，和辛苦勤劳三者结合为富饶人类生命得到合式发展时一点保证，一种象征！"（31；293—298）

　　紧接着，十月又写《关于北平特种手工艺展览会一点意见》，重申"作点事"的意义："联想起目前的悲剧现实，承认或拒绝，都似乎无补于事。然而下一代命运，我们如果还敢希望比这一代发展得能稍稍合理，就应当相信，目下究竟还可以为他们作点事。这种新的努力，很明显是将逐渐丰饶民族历史情感，使'现代文化'与'古典文明'重新溶接，旧有的光辉复燃于更新创造中。直接影响到艺术，决不下于文学革命。间接影响到社会，由于爱，广泛浸润于政治哲学或实际生活，民族命运亦必转入一种新机……"（31；303—304）

　　沈从文工作的一个重心，到这个时候已经显示出来了：由艺术与文化的理想出发，落实到了历史文物方面的具体事情。这种"转向"，带着强烈的紧迫感：再不做，就来不及了。十月，致远在法国的凌叔华的信中说："为中博在云南丽江收集的东西，也丰富惊人。……具地方性特种美术品，将更能引起各方面注意，也易与现代接触。我想如果在三年后还有机会来为美术现代化运动作点事，十年后一定还可把许多有地方性工艺品，使之与现代工艺重新接触。惟照目下情形说来，我们是否还能活三年，可看不准！""北平也许会毁到近一二年内战炮火中，即不毁，地方文物也一天一天散失，什么都留不住。……最作孽的无过于故宫，什么事都不作，只养下一些职员办公！木器家具除登记后搁着下来，竟若毫无用处，陈列室却用一专室放西洋钟！丝织物有上千种不注意，许多都在你们住平那个时候随意卖了，现在却还有一个房子陈列郎士宁艾蒙的大马。真是作孽子！"（18：512—513）

如此出语，可见文物方面的种种现状令沈从文忧心到什么程度。但责人无用，就自己力所能及来"作点事"。

秋、冬期间，沈从文为北大博物馆专修科讲授"陶瓷史"，编写了课程计划《中国陶瓷三十课》。讲课过程中，深感迫切需要陶瓷工艺史方面的教学参考书，于是自己动手撰写《中国陶瓷史》。同一时期，他开始撰写《漆工艺问题》，留下三种不完整手稿。

文物方面的状况虽然"残破"，犹可"收拾"，还能够"作点事"；而另一种工作——文学，要面对的现实，则更加严峻。

三、"红绿灯"，"我们一代若干人必然结果"

十一月七日晚，北京大学"方向社"在蔡子民先生纪念堂召开"今日文学的方向"座谈会。辽沈战役已经结束，平津战役迫在眉睫，在历史大转折的前夕讨论文学的"方向"，自然不会只是一个单纯的文学议题。果然就谈到了政治，沈从文把它比喻成"红绿灯"，而文学是不是需要用"红绿灯"来限制呢？

沈［从文］：驾车者须受警察指导，他能不顾红绿灯吗？
冯［至］：红绿灯是好东西，不顾红绿灯是不对的。

沈［从文］：如有人要操纵红绿灯，又如何？

冯［至］：既然要在路上走，就得看红绿灯。

沈［从文］：也许有人以为不要红绿灯，走得更好呢？

汪［曾祺］：这个比喻是不恰当的。（因为承认他有操纵红绿灯的权利［力］即是承认他是合法的，是对的。那自然得看着红绿灯走路了，但如果并不如此呢？）我希望诸位前辈能告诉我们自己的经验。

沈［从文］：文学自然受政治的限制，但是否能保留一点批评、修正的权利呢？

废［名］：第一次大战以来，中外都无好作品。文学变了。欧战以前的文学家确能推动社会，如俄国的小说家们。现在不同了，看见红灯，不让你走，就不走了！

沈［从文］：我的意思是文学是否在接受政治的影响以外，还可以修正政治，是否只是单方面的守规矩而已？

废［名］：这规矩不是那意思。你要把他钉上十字架，他无法反抗，但也无法使他真正服从。文学家只有心里有无光明的问题，别无其他。

沈［从文］：但如何使光明更光明呢？这即是问题。

废［名］：自古以来，圣贤从来没有这个问题。

沈［从文］：圣贤到处跑，又是为什么呢？

废［名］：文学与此不同。文学是天才的表现，只记录自己的痛苦，对社会无影响可言。

钱［学熙］：沈先生所提的问题是个很实际的问题。我觉得关键在自己。如果自己觉得自己的方向很对，而与实际有冲突时，则有二条路可以选择的：一是不顾一切，走向前去，走到被枪毙为止。另一条是妥协的路，暂时停笔，将来再说。实际上妥协也等于枪毙自己。

沈［从文］：一方面有红绿灯的限制，一方面自己还想走路。

钱［学熙］：刚才我们是假定冲突的情形。事实上是否冲突呢？自己的方向是不是一定对？如认为对的，那末要牺牲也只好牺牲。但方向是否正确，必须仔细考虑。

冯［至］：这确是应该考虑的。日常生活中无不存在取决的问题。只有取舍的决定才能使人感到生命的意义。一个作家没有中心思想，是不能成功的。[1]

因战事逼近，十一月八日，沈从文所编的天津《益世报·文学周刊》停刊；十日，他和周定一合编的《平明日报·星期艺文》停刊。十日这天，他拿出自己的一本旧书，一九二八年新月书店出版的《阿丽思中国游记》，做校改，在书页上写下一句"痛苦中校本书三章"。十二月六日，继续校改，写下："越看越难受，这有些什么用？""一面是千万人在为争取一点原则而死亡，一面是万万人为这个变而彷徨忧惧，这些文章存在有什么意义？"（14：454，455）

十一月十九日，张充和与傅汉思结婚，十二月十六日两人离开北平飞往上海，后同去美国。沈从文的旧识、时任南京政府青年部次长的陈雪屏十二月来到解放军包围的北平，抢运学者教授，通知沈从文全家南

1 《今日文学的方向——"方向社"第一次座谈会纪录》，《沈从文全集》，太原：北岳文艺出版社，2002 年，第 27 卷，290—291 页。

飞。沈从文选择留下。他给大哥沈云麓的信中说："北平冬晴，天日犹明明朗朗，惟十天半月可能即有地覆天翻大战发生！""北平可能不至于毁去，惟必然有不少熟人因之要在混乱胡涂中毁去。大家都心情沉郁，为三十年所仅见。……二百万人都不声不响的等待要来的事件。真是历史最离奇而深刻的一章。"（18；515，516）

　　沈从文很快就清醒地认识到，北大座谈会所讨论的"红绿灯"问题，是一个不需要、也不可能再讨论的问题，因为即将来临的新时代所要求的文学，不是像他习惯的那样从"思"字出发，而是必须用"信"字起步，也就是说，必须把政治和政治的要求作为一个无可怀疑的前提接受下来，再来进行写作。看清楚了这一点，他也就对自己的文学命运有了明确的预感。因为所编副刊停刊，他寄还来稿，在给一个青年作者的信中，说"中国行将进入一新时代，……传统写作方式态度，恐都得决心放弃，从新起始来学习从事。人近中年，观念凝固，用笔习惯已不容易扭转，加之误解重重，过不多久即未被迫搁笔，亦终得搁笔。这是我们年龄的人必然结果"。（18；517）不久在另一封信中，他又重复这一想法："人近中年，情绪凝固，又或因性情内向，缺少社交适应能力，用笔方式，二十年三十年统统由一个'思'字出发，此时却必需用'信'字起步，或不容易扭转，过不多久，即未被迫搁笔，亦终得把笔搁下。这是我们一代若干人必然结果。"至少在表述的文字上，沈从文是相当克制和平静的。他看到了即将来临的悲剧命运，但这样的命运，他那时觉得，不是他一个人的，而是"我们年龄的人"、"我们一代若干人"的。"在这个社会由分解坍坍到秩序重得过程中，中年一代既由于种种问题难适应，可能会要牺牲大半，也不妨事。因为这些人大多已年在四十到六十之间，四十年内忧外患，各有一分，一颗心都磨炼得沉沉的。……不幸的是社会发展取突变方式，这些人配合现实不来，许多努力得来的成就，在时代一切价值重估情况中，自不免都若毫无意义可言。这其中自然有的是悲剧，年青人能理解这悲剧所自来，不为一时不公平论断所蔽，就很够了。"（18；519，521）

一九四八年的最后一天，他在《传奇不奇》文稿后题识："卅七年末一日重看，这故事想已无希望完成。"《传奇不奇》是他最后发表的小说，一九四七年十一月刊于朱光潜主编的《文学杂志》，是《赤魇》、《雪晴》、《巧秀与冬生》的接续，这一个系列本来计划中还有续篇。这一天，他给同事周定一写了个条幅，临史孝山《出师颂》，落款处写"三十七年除日封笔试纸"（14；498）。"封笔"，也就是对文学的决定了。

四、神经已发展到"最高点"上，"不毁也会疯去"

一九四九年来了。沈从文虽然对自己的命运有明确的预感，但他还是没有料想到会发生这样的事："一月上旬，北京大学贴出一批声讨他的大标语和壁报，同时用壁报转抄郭沫若《斥反动文艺》全文；时隔不久又收到恐吓信，他预感到即使停笔，也必将受到无法忍受的清算。在强烈刺激下陷入空前的孤立感，一月中旬，发展成精神失常。"[1]

郭沫若的《斥反动文艺》是一九四八年三月在香港生活书店出版的《大众文艺丛刊》第一辑上刊出的，这一辑同时刊出三篇文章，"火力"集中地抨击沈从文，被点名的还有朱光潜、萧乾等，以对沈从文的批判措辞最为严厉。署名本刊同人、邵荃麟执笔的《对于当前文艺运动

1　沈虎雏编：《沈从文年表简编》，《沈从文全集》附卷，2003年，38页。

的意见——检讨、批判和今后的方向》，认定沈从文是"大地主大资产阶级的帮凶和帮闲"，"直接作为反动统治的代言人"；一九四八年一月《大公报》为纪念熊希龄出版"熊秉三先生逝世十周年纪念特刊"，沈从文发表《芷江县的熊公馆》，冯乃超的《略评沈从文的"熊公馆"》就是针对此文，指斥这是"掩盖地主剥削农民的生活现实，粉饰地主阶级恶贯满盈的血腥统治"的"新第三方面运动"的代表作品，"地主阶级的弄臣沈从文，为了慰娱他没落的主子，也为了以缅怀过去来欺慰自己，才写出这样的作品来，然而这正是今天中国典型地主阶级的文艺，也最反动的文艺"；当然，"战斗性"最强、影响最大的是郭沫若的《斥反动文艺》，对沈从文的文学活动作了更为"全面"、"彻底"的批判：文学上，沈从文是"桃红色"的代表，"作文字上的裸体画，甚至写文字上的春宫"；更为严重的是在政治上，"特别是沈从文，他一直有意识的作为反动派而活动着。在抗战初期全民族对日寇争生死存亡的时候，他高唱着'与抗战无关论'；在抗战后期作家们加强团结，争取民主的时候，他又喊出'反对作家从政'；今天人民正'用革命战争反对反革命战争'，也正是凤凰毁灭自己，从火中再生的时候，他又装起一个悲天悯人的面孔，谧之为'民族自杀的悲剧'，把我们的爱国青年学生斥之为'比醉人酒徒还难招架的冲撞大群中小猴儿心性的十万道童'，而企图在'报纸副刊'上进行其和革命游离的新第三方面，所谓'第四组织'"。

沈从文不怕文学论争，他怕的是文学批判和思想批判背后的政治力量。没有想到几个月之后，在北平即将易手的历史时刻，自己所在的学校抄出郭沫若的文章贴上壁报。重抄一遍的威力甚至大于当初发表之时，因为这表明，使沈从文心怀忧惧的政治力量的威胁，逼迫到眼前了。

一月初，沈从文在旧作《绿魇》文末写了这么一段话："我应当休息了，神经已发展到一个我能适应的最高点上。我不毁也会疯去。"（14；456）"最高点"，也即是说，再下去，就要出问题，毁或者疯。沈从文清醒如此。"我应当休息了"，"休息"，指的是死。

十八日，沈从文无意中翻出《爱眉小札》，不免想起当年对自己有极大帮助的徐志摩，就在书上记了此时的感慨："孤城中清理旧稿，忽得此书。约计时日，死者已成尘成土十八年。历史正在用火与血重写，生者不遑为死者哀，转为得休息羡。人生可悯。"（14；475）

沈从文精神上的状况牵动了朋友们的关切和担忧，梁思成、程应铨同在二十七日写信，邀请沈从文到清华园休养。二十八日，这天是农历除夕，罗念生一早就陪伴沈从文从围困的城里前往已经解放了的城外的清华园。

大年初一，沈从文回复张兆和除夕夜的信，说："我用什么感谢你？我很累，实在想休息了，只是为了你，在挣扎下去。我能挣扎到多久，自己也难知道！"（19；7）初二，一月三十日，在张兆和当日致他的信上，沈从文写了许多批语，其中一段是这样的：

> 给我不太痛苦的休息，不用醒，就好了，我说的全无人明白。没有一个朋友肯明白敢明白我并不疯。大家都支吾开去，都怕参预。这算什么，人总得休息，自己收拾自己有什么不妥？学哲学的王逊也不理解，才真是把我当了疯子。我看许多人都在参预谋害，有热闹看。

同信批语中另有一段相类的文字：

> 金隄、曾祺、王逊都完全如女性，不能商量大事，要他设法
> 也不肯。一点不明白我是分分明明检讨一切的结论。我没有前
> 提，只是希望有个不太难堪的结尾。没有人肯明白，都支吾过去。
> 完全在孤立中。孤立而绝望，我本不具有生存的幻望。我应当那
> 么休息了！

这两段文字相当触目，触目的原因还不在于不承认自己的"疯"，
而在于尖利地指出周围的人没有一个"肯明白敢明白"，"都支吾开
去"。在此，沈从文把自己跟几乎所有的朋友区别、隔绝开来，区别、隔
绝的根据，说白了就是：在社会和历史的大变局中，周围的人都能顺时
应变，或者得过且过，而他自己却不能如此、不肯如此。

他感到前所未有的孤立，他的命运得由他一个人来承担，而并不
是他原来预感的一代人来共同承担共同的命运。他没有同代人的陪伴。
这种"完全在孤立中"的强烈感受，打击太大了。在这样的时局和情
势下，他再也无法保持克制和平静，此时的话就显得特别刺耳，十足
的狂言：

> 小妈妈，我有什么悲观？做完了事，能休息，自己就休息
> 了，很自然！若勉强附和，奴颜苟安，这么乐观有什么用？让人
> 乐观去，我也不悲观。

也许是因为那些声色俱厉、气势汹汹的批判，他才会有如此反应：

　　我十分累，十分累。闻狗吠声不已。你还叫什么？吃了我会
　　沉默吧。我无所谓施舍了一身，饲的是狗或虎，原本一样的。社会
　　在发展进步中，一年半载后这些声音会结束了吗？（19：9, 10, 11）

　　可是在表面上，内心激烈的活动并没有特别表现出来。一月三十日
梁思成写信告诉张兆和："这里的气氛与城里完全两样，生活极为安定
愉快。一群老朋友仍然照样的打发日子，老邓、应铨等就天天看字画，
而且人人都是乐观的，怀着希望的照样工作。二哥到此，至少可以减少
大部分精神上的压迫。"日常起居，"他住在老金家里。早起八时半就
同老金一起过我家吃早饭；饭后聊天半小时，他们又回去；老金仍照常
伏案。中午又来，饭后又照例聊半小时，各回去睡午觉。下午四时则到
熟朋友家闲坐：吃吃茶，或是（乃至）有点点心。六时又到我家，饭后
聊到九时左右才散。这是我们这里三年来的时程，二哥来此加入，极为
顺利"。

　　同信林徽因续写："二哥第一天来时精神的确紧张，当晚显然疲倦
但心绪却愈来愈开朗。第二天人更显愉快，但据说仍睡得不多，所以我
又换了一种安眠药，交老金三粒（每晚代发一粒给二哥），且主张临睡
喝热牛奶一杯。昨晚大家散得特别早，今早他来时精神极好，据说昨晚
早睡，半夜'只醒一会儿'，说是昨夜的药比前夜的好。大约他是说实
话，不是哄我。看三天来的进步，请你放心他的一切。今晚或不再给药
了。我们熟友中的谈话多半都是可以解除他那些幻想的过虑的，尤以熙
公的为最有力，所以在这方面他也同初来时不同了。近来因为我病，老
金又老在我们这边吃饭，所以我这里没有什么客人，他那边更少人去，

清静之极。今午二哥大约到念生家午饭。"[1]

　　梁、林信中提到的清华园的朋友们，老金是金岳霖，老邓是邓以蛰，熙公是张奚若，以及其他的朋友，都在关心着沈从文。二月一日，张兆和给沈从文信里说：

二哥：

　　王逊来，带来你的信和梁氏贤伉俪的信，我读了信，心里软弱得很。难得人间还有这样友情，我一直很强健，觉得无论如何要坚强地扶持你度过这个困难（过年时不惜勉强打起笑容去到处拜年），我想我什么困难，什么耻辱，都能够忍受。可是人家对我们好，无所取偿的对我们好，感动得我心里好难过！后来王逊提起另一个人，你一向认为是朋友而不把你当朋友的，想到这正是叫你心伤的地方，说到你人太老实，我忍不住就淌下眼泪来了。我第一次在客人面前落了泪，过后想想很难为情。王逊走后我哭了一阵，但心里很舒畅。

　　听说徽因自己也犯气喘，很希望你能够振作起精神，别把自己的忧虑增加朋友的忧虑，你的身体同神经能在他们家里恢复健康，欢喜的当不止她一人。想想有许多朋友为你的病担一份心，多么希望你忽然心胸开朗，如同经过一个梦魇，修正自己，调整自己，又复愉快地来好好使用你这副好头脑子的！真正有许多朋友，担心你会萎悴在自己幻想的困境中。如像老金，奚若先生，老杨，王逊，小朋友如金隄、曾祺、李瑛，怎么才叫大家如释重

1　梁思成、林徽因：《复张兆和》（19490130），《沈从文全集》第19卷，12—13页。

负啊，你信上给我说的话，你要兑现的。[1]

二月二日沈从文复张兆和信：

"我们要在最困难中去过日子，也不求人帮助。即做点小买卖也无妨。"你说得是，可以活下去，为了你们，我终得挣扎！但是外面风雨必来，我们实无遮蔽。我能挣扎到什么时候，神经不崩毁，只有天知道！我能和命运挣扎？

小妈妈，你的爱，你的对我一切善意，都无从挽救我不受损害。这是凤命。我终得牺牲。我不向南行，留下在这里，本来即是为孩子在新环境中受教育，自己决心作牺牲的！应当放弃了对于一只沉舟的希望，将爱给予下一代。(19：16，17)

沈从文在清华园住了一个多星期，返回到城里时，北平已经和平解放。但他的病仍在发展过程中。

张兆和有个和他感情很深的堂兄张鼎和，一九三六年被国民党杀害，沈从文一直想以他为原型写一部传记式作品。多年过去，张鼎和的女儿张以瑛已经成长为革命干部，在《天津日报》工作，二月上旬来看望三姑和三姑夫。大出意外的是这个家里沉重的气氛。"晚上，三姑和我睡在一长床上，她悄悄的哭了，向我叙述了这个家的变化……我很清楚，三姑这样敞开心扉，是对我的信任，是希望我这个已经投入革命的青年干部给她一些理解，指出一点希望。遗憾的是，我没有作到，我的

1　张兆和:《复沈从文》(19490201)，《沈从文全集》第 19 卷，14 页。

水平还低，口齿也太笨拙，也想不出这到底是怎么回事，究竟意味着什么？三天后我带着深深愧疚回了天津。"[1]

三月十三日，沈从文给张以瑛写信说，"你这次来平，给了我极大信心……如工作恰巧和时代需要相配合，当然还可为国家下一代作些事。（因纵不能用笔写文章，即作美术史小说史研究，也必然还有些新的发现，条理出一个新路，足为后来者方便。）但如果工作和时代游离，并且于文字间还多抵牾，我这种'工作至死不殆'强执处，自然即容易成为'顽固'，为作茧自缚困难。即有些些长处，也不免游离于人群的进步理想以外，孤寂而荒凉。这长处如果又大多是'抽象'的，再加上一些情绪纠缠，久而久之，自然即是在家庭方面，也不免如同孤立了。平时这孤立，神经支持下去已极勉强，时代一变，必然完全摧毁。这也就是目下情形"。"目前在这里，除神经崩毁发疯，什么都隔着。共产党如要的只是一个人由疯到死亡，当然容易作到。如还以为我尚可争取改造，应当让我见一见丁玲，我亟想见她一面，不知陈沂先生能为力没有？"（19；19–20）约一周后，时任东北野战军后勤部政委的陈沂来访，送了一些政治学习用书报，并劝在中国公学读书时即已认识的张兆和尽快走出家门，接受新的革命教育。

就是在精神几近崩溃的二月至三月间，沈从文写了两篇长长的自传，即《一个人的自白》和《关于西南漆器及其他》，在后一篇的末页，加了一个注："解放前最后一个文件"。"解放"，在这里指的是"解脱"。[2]

---

1 张小璋（张以瑛）：《流不完的思念泪》，《水》复刊第23期《兆和纪念专集》，2003年9月。
2 《关于西南漆器及其他》的编者注释，《沈从文全集》第27卷，37页。

三月二十八日上午，沈从文在家里自杀，"用剃刀把自己颈子划破，两腕脉管也割伤，又喝了一些煤油"[1]。张兆和的堂弟张中和来沈家，发现门从里面顶着，情急之下破窗而入。家人马上把沈从文送往医院急救，然后转入精神病防治院。

五、"悲剧转入谧静"，"大悲"

自杀遇救后，沈从文的反应似乎不像此前那么激烈了，表面上张力好像松弛下来，用他自己的话来说，是"悲剧转入谧静"。他在"谧静"中分析自己，检讨自己。"疯狂"，似乎也是"谧静"中的"疯狂"。

四月六日，他在精神病院写了整整一上午日记。"在晨光中，世界或社会，必然从一个'常'而有继续性中动着，发展着。我却依然如游离于这个以外，而游离的延续，也就必然会带来更多的缠缚。可是我始终不明白我应搁在什么位置上为合宜。……迫害感且将终生不易去掉。""昨杨刚来带了几份报纸，可稍知国家近一星期以来的种种发展。读四月二日《人民日报》的副刊，写几个女英雄的事迹，使我感动而且惭愧。写钱正英尤动人。李秀真也极可钦佩。这才是新时代的新人，和都市中知识分子比起来，真如毛泽东说的，城里人实在无用！乡下人远比单纯和健康。同时也看出文学必然和宣传而为一，方能具教育多数意义和效果。比起个人自由主义的用笔方式说来，白羽实有贡献。对人民教育意义上，实有贡献。把我过去对于文学观点完全摧毁了。无保留的摧毁了。搁笔是必然的，必须的。"他叹息道，"唉，可惜这么一个新的

---

1 张兆和：《致田真逸、沈岳锟等》（19490402），《沈从文全集》第19卷，22页。

国家，新的时代，我竟无从参预。多少比我坏过十分的人，还可从种种情形下得到新生，我却出于环境上性格上的客观的限制，终必牺牲于时代过程中。二十年写文章得罪人多矣。"

他计划停止头脑思索，去从事手足劳动，甚至劳役终生。"我生命似乎已回复正常，再不想自己必怎么怎么选择业务或其他。只在希望中能用余生作点什么与人民有益的事。我的教育到此为止，已达到一个最高点。悲剧转入谧静，在谧静中仿佛见到了神，理会了神。看一切，再不会用一种强持负气去防御，只和和平平来接受了。"这个时候的心境，沈从文用"慈柔"两个字来形容：

> 我心中这时候极慈柔。我懂得这是明白了自己，也明白了自己和社会相互关系极深的一种心理状态。我希望能保持它到最后，因为这才是一个人。一个革命志士殉难时，一个无辜善良为人毁害时，一个重囚最后时，可能都那么心境慈柔。"大悲"二字或即指此。

能够接受命运，不是想通了，而是梦醒了。沈从文用了《红楼梦》的比喻。"这才真是一个传奇，即顽石明白自己曾经由顽石成为宝玉，而又由宝玉变成顽石，过程竟极其清楚。石和玉还是同一个人！"

在"慈柔"和"大悲"的心境中，他又叹息了：

> 阳光依然那么美好，温暖而多情，对一切有生无不同样给以温暖和欣欣向荣的焕发情感。我却行将被拒绝于群外，阳光不再属于我有了。唉，多美好的阳光！为什么一个人那么热爱生命，

恰恰就不能使生命用到一个与世谐同各遂其生的愿望下，将生命重作合理安排？为什么就恰好到这时节在限制中毁灭？

……

……我心中很平静慈柔。记起《你往何处去》一书中待殉难于斗兽场的一些人在地下室等待情形，我心中很柔和。

听到隔院笑语和哭泣，哭泣声似从一留声机片上放出，所以反复相同，而在旁放送者笑语即由之而起。人生如此不相通，使人悲悯。

自我分析到后来，他找到"疯狂"的一种内在脉络：从昆明时期，思想上已经出现巨大迷茫，陷入苦苦思考的泥淖而难以自拔，久而久之，以致发展到自毁。"五年前在呈贡乡居写的《绿魇》真有道理……因用笔构思过久，已形成一种病态。从病的发展看，也必然有疯狂的一天，惟不应当如此和时代相关连，和不相干人事相关连。从《绿魇》应当即可看出这种隐性的疯狂，是神经过分疲劳的必然结果。综合联想处理于文字上，已不大为他人所能理解，到作人事说明时，那能条理分明？"

最后他得出结论："我想来想去，实在没有自杀或被杀的需要或必要。"

我要新生，在一切毁谤和侮辱打击与斗争中，得回我应得的新生。（19；24，25，28，29，31，32）

四月出院后，北京大学国文系已经没有沈从文的课程。北大博物馆由校内向东厂胡同新址迁移，他抱病自愿参加工作，为筹备和布置瓷器、漆器、织造、苗民刺绣等专题展览尽了最大的努力。

五月，张兆和进入华北大学，接受初步的革命教育。

五月三十日，沈从文在静夜中随手写下一篇文字，题为《五月卅下十点北平宿舍》，记录和描述他当时的精神情形。

他从静中第一回听见窗下灶马振翅声，又在全城奇怪的静中似闻远处鼓声连续。他怀疑自己是不是"又起始疯狂"。紧接着他非常清晰地表述了自己一个人"游离"于"一个群"之外的"完全在孤立中"的状态，这是他自"生病"以来最耿耿于怀、反复申说的感受："有种空洞游离感起于心中深处，我似乎完全孤立于人间，我似乎和一个群的哀乐全隔绝了。"后来又写道："世界在动，一切在动，我却静止而悲悯的望见一切，自己却无分，凡事无分。我没有疯！可是，为什么家庭还照旧，我却如此孤立无援无助的存在。为什么？究竟为什么？你回答我。"这种对比实在太悬殊了：一个群的状态、世界的状态和个我的状态截然相反。一个并没有巨大神力的普通人，身处历史和时代的狂涛洪流中，一方面是他自己不愿意顺势应变，想保持不动，不与泥沙俱下，从"识时务"者的"明智"观点来看，这当然是一种"疯狂"；另一方面，其实不仅仅是他愿意不愿意的问题，新的时代确确实实把他排斥在外，他因被排斥而困惑，而委屈，而恐惧，而悲悯。

他在极静中想到一些人事，其中主要由三个女性——丁玲、张兆和、翠翠——来展开，分别对应于三种不同的时间向度：对历史的回忆、对现实的叙述和对未来的幻想／幻觉。

写字桌上放着一张旧照片，那是一九三一年，丁玲丈夫胡也频牺牲后，沈从文冒险护送丁玲和烈士遗孤回湖南常德，在武昌城头和凌叔华

一家人合影。一九三三年，丁玲被国民党特务秘密逮捕后，沈从文发表
《丁玲女士被捕》、《丁玲女士失踪》公开抗议，又作长篇传记《记丁玲
女士》在《国闻周报》从七月连载至十二月，唤起公众对失踪者的关
注。时代变了，丁玲成了新政权文艺界的风云人物，当年的遗孤也长成
青年——"我却被一种不可解的情形，被自己的疯狂，游离于群外，而
面对这个相片发呆。"

在现实生活中，"我的家表面上还是如过去一样，完全一样，兆和
健康而正直，孩子们极知自重自爱，我依然守在书桌边"；但是，这样
一个温馨的家庭将会因为他的缘故而失去意义，"世界变了，一切失去
了本来意义"。"我"就要毁灭了，这一切还有什么意义？

他说到自己的孩子，在回想丁玲的时候也讲到丁玲的儿子韦护和
凌叔华的女儿小莹都已长大成人，他的这篇文字，就是在孩子的鼾声中
写的，他写道："两边房中孩子鼾声清清楚楚。"他也早说过，自己"不
向南行"，是为了下一代在新的环境里接受教育和成长。

可是他自己呢？"什么是我？我在何处？我要什么？我有什么不
愉快？我碰着了什么事？想不清楚。""什么都极分明，只不明白我自
己站在什么据点上，在等待些什么，在希望些什么。"

在最想不清楚自己，最孤立无告的时候，他想到了翠翠。翠翠是他
小说中的人物，是生活在他家乡的山水和风俗人情中的美好形象；在这
样的时刻想到翠翠，可见他的文学和他这个人的紧密关系，他的家乡和
他这个人的紧密关系，其血肉相连、生死牵记的紧密程度，远远超出一
般性的想象。而且，他想到翠翠的时候，用的是将来时态，用的是第二
人称，就像在和翠翠说话，在喊着翠翠：

　　　夜静得离奇。端午快来了，家乡中一定是还有龙船下河。翠翠，翠翠，你是在一零四小房间中酣睡，还是在杜鹃声中想起我，在我死去以后还想起我？翠翠，三三，我难道又疯狂了？我觉得吓怕，因为一切十分沉默，这不是平常情形。难道我应当休息了？难道我……

　　　我在搜寻丧失了的我。

　　　很奇怪，为什么夜中那么静。我想喊一声，想哭一哭，想不出我是谁，原来那个我在什么地方去了呢？就是我手中的笔，为什么一下子会光彩全失，每个字都若冻结到纸上，完全失去相互间联系，失去意义？（19：42，43）

六、"把一只大而且旧的船作调头努力"

　　在"疯狂"中，沈从文可以说始终存在着自毁的冲动，但同时也一直挣扎着恢复过来。这两种力量交织、交替，换句话来说，就是病情时好时坏。慢慢地，试图恢复的意志渐渐占了上风。六月底，他甚至抱病写完了《中国陶瓷史》教学参考书稿。

　　六月份，丁玲约何其芳一起到中老胡同看沈从文，劝他"抛掉自己过去越快越多越好"。在次子沈虎雏的记忆里，沈从文此前曾领着他去文管会见从沈阳来到北平的丁玲，冷淡的气氛令这个少年深感意外。[1]凤凰旧友、时任中央军委办公厅副主任的苗族将领朱早观，也来家中看

1　沈虎雏的《团聚》一文写及此事。此文最初发表时，所记会见时间可能有误，后作修正，修订稿收入《老北大宿舍纪事（1946—1952）：中老胡同三十二号》，江丕栋等编著，北京大学出版社，2011年，348—375页。

望他，鼓励他振作精神为新社会工作。七月二日至十九日，第一次全国
文代会召开，作家们会聚北京，沈从文连代表都不是；可是他的老朋友
们，巴金、李健吾、章靳以等，在会议期间来访，还是让他感受到友情
的安慰。九月巴金来京出席政协会议，又到家里见他，劝他，鼓励他。

　　在七月份给旧友刘子衡的信中，沈从文较为平静和"理性"地谈
到了自己的"疯狂"："一个于群游离二十年的人，于这个时代中毁废是
必然的。解放北平本是一件大事，我适因种种关系荟萃，迫害感与失败
感，愧与惧，纠纷成一团，思索复思索，便自以为必成一悲剧结论，方
合事实，因之糊涂到自毁。"他把自己的"疯狂"过程分成两个阶段，
"自毁走了第一步，从治疗中被斗争，即进入第二步神经崩溃，迫害狂
益严重。回来后表面张力已去，事实则思索套思索，如乱发一团，而一
个外在社会多余的精力，一集中到我过程上时，即生存亦若吾丧我。有
工作在手时，犹能用工作稳住自己，一搁下工作，或思索到一种联想
上，即刻就转入半痴状态，对面前种种漠然如不相及，只觉得人生可
悯。因为人和人关系如此隔离，竟无可沟通。相熟三十年朋友，不仅将
如陌生，甚至于且从疏隔成忌误，即家中孩子，也对于我如路人，只奇
怪又发了疯。难道我真疯了？我不能疯的！可是事实上，我可能已近于
半疯"。（19：45）

　　七月十六日，沈从文给在香港的表侄黄永玉写信，劝他北上。此举
似乎难以理解，细读却能明白，他一面是说给黄永玉听，一面未尝不是
在说服自己；而谈到自己要投身杂文物研究，则早就是心里念念不已的
愿望：

　　　　我很想念你，可不知如何说下去。如果在香港无什么必要，

照我看北来学习为合理。这要下决心，从远处看，不以个人得失在意，将工作配合时代，用一个谦虚诚实且得耐劳苦合群众的工作态度，来后一定可以工作得极愉快的。（曾祺即那么上了前！）这里二表婶也上了学校，睡土地，吃高粱米饭，早上四点起床，读文件、唱歌，生活过得兴奋而愉快。……

　　经过几个月检讨反省，把自己工作全否定了，二十年用笔离群，实多错误处。我已深深觉得人不宜离群，须合伴，且得随事合作，莫超越。因为社会需要是一个平。我现在，改用二十年所蓄积的一点杂史部知识，和对于应用艺术的爱好与理解，来研究工艺美术史。这是费力难见好，且得极大热忱和广泛兴趣方做得了的。搁下来从无人肯作，（千年来都无人认真做过）即明知是人民美术史，可无人肯来研究。我想生命如还可以用到为人民服务意义上，给后来一代学习便利，节省后来人精力，我当然来用它作为学习靠拢人民的第一课。预备要陆续把陶瓷史、漆工艺史、丝织物、家具等等一样样做下去。……

　　你要明白的事，说简略些就是这样。（今天我头脑清楚，说得也比较清楚。）……

　　信的后面谈起工艺美术史研究，又是急迫的心情，方方面面，忍不住一说就是很多。

　　黄永玉收到信后，在几个朋友间传阅，后来又交《大公报》"大公园"副刊，于八月十一日刊出，编者拟了个标题：《我们这里的人只想做事》，并加说明："这是沈从文先生自北平寄给留港的一位木刻家的信。从这里可以看出，一个二十年用笔离群的作家，如何觉今是而昨非，在根本上重造自己。"这是沈从文不知道的情况下一九四九年公开发表的作品，较长时间里也没有人注意到。[1]

一九四九年他发表的另一篇文章，是讨论相传为展子虔名画《游春图》的长文，题为《读〈春游图〉有感》，一九四七年所写，刊于四月出版的上海《子曰》丛刊的《艺舟》副刊第一期，是他公开发表的第一篇物质文化史论文。

八月，沈从文的人事关系转到历史博物馆，安排在陈列组，主要工作是在库房清点登记馆藏文物，比如曾数过上万钱币，另外也参加布置陈列室，编写文物说明，抄写陈列卡片，还不时会有一些临时性的杂活。

九月八日，致信丁玲，此举可以看作把自己从疯毁中救出的主动性行为。

沈从文在信中说自己"是一个牺牲于时代中的悲剧标本"，"为补救改正，或放弃文学，来用史部杂知识和对于工艺美术的热忱与理解，使之好好结合，来研究古代工艺美术史"。他说放弃写作并不惋惜，"有的是少壮和文豪，我大可退出，看看他人表演"。又说工艺美术史的研究，"这些事目下你们还来不及注意，过三五年就会承认的"。他表示将把余生精力"转成研究报告"，"留给韦护一代作个礼物吧"。这些话都很"硬"，特别是说到自己即将开始的新的事业，充满了自信。

他写这封信，主要是因为有一个大的担心：担心"革命"会拆散这个家庭。当时张兆和在华北大学受革命教育，住校，两个孩子读中学，

---

1 《我们这里的人只想做事》是李辉2007年发现的，重刊于《书城》2008年第1期，杂志同期刊出李辉《转折之际——关于新发现的沈从文致黄永玉的信》。此处据《书城》重刊文引。

经常有政治活动，晚上往往回家很晚，所以沈从文回到住处时，"家中空空的"。他对丁玲说："目下既然还只在破碎中粘合自己，唯一能帮助我站得住，不至于忽然坼坍的，即工作归来还能看到三姐。这就临到一回考验，在外也在内，在我自己振作，也在中共对我看法！丁玲，照我自己所知说来，我目下还能活下去，从挫折中新生，即因为她和孩子。这个家到不必须受革命拆散时，我要一个家……我且相信这么工作，对社会用处，比三姐去到别处工作大得多。只要她在北平作事，我工作回来可见见她，什么辛苦会不在意，受挫折的痛苦也忘掉了。""改造我，唯有三姐还在和我一起方有希望。欲致我疯狂到毁灭，方法简单，鼓励她离开我。"（19；48，49，51，52）就他向丁玲坦言自己的恐惧，并提出具体要求这一点而言，已经表明，他在主动想方设法保护自己不致崩溃到无可补救的地步，主动寻求恢复，并且试图创造新的事业了。

九月二十日午夜，他给妻子写信，表明自己"大体上已看出是正常的理性恢复"，信中说，"我温习到十六年来我们的过去，以及这半年中的自毁，与由疯狂失常得来的一切，忽然像醒了的人一样，也正是我一再向你预许的一样，在把一只大而且旧的船作调头努力，扭过来了"。"你可不用担心，我已通过了一种大困难，变得真正柔和得很，善良得很。"为此，他"写了个分行小感想，纪念这个生命回复的种种"。（15；54，55）

"分行小感想"指的是长诗《从悲多汶乐曲所得》，把自己的精神状况的变化和"乐曲的发展梳理"结合起来描述；在此之前的五月份，他已经写过一首长诗，题为《第二乐章——第三乐章》，其中说道，自己的生命，"正切如一个乐章在进行中，忽然全部声音解体，／散乱的堆积在身边"，"这一堆零散声音，／任何努力都无从贯串回复本来。"

（15：213，214）而现在，当他感到生命的回复时，他感念地说起音乐的作用，仿佛从一个长长的乐曲中获得了新生："它分解了我又重铸我，/已得到一个完全新生！"（15：222）两天后又开始写另一首长诗《黄昏和午夜》，到十月一日完成。

冬季，张兆和在华北大学学习结束，分配到北京师范大学附属中学一部做语文老师；第二年又转到附中二部，即后来改称的一〇一中学，在离家很远的西郊，平时住校，周末才能回家。

七、理解"呓语狂言"，理解"恢复"和"重铸我"

在一九四九年间，沈从文自己留下了相当多散乱的文字材料，一九九六年上海远东出版社出版的《从文家书》曾选编了其中的一部分，题为《呓语狂言》。《沈从文全集》的出版，使我们能够看到的这部分内容大为丰富，主要有：一、书信和零星日记，编入第十九卷；二、自白性文字《一个人的自白》、《关于西南漆器及其他》、《政治无所不在》等，编入第二十七卷；三、三首长诗，编入第十五卷；四、写在自己著作上的零星杂感，编入第十四卷的《艺文题识录》中。

不妨沿用《从文家书》的命名，把沈从文生病期间的文字称为"呓语狂言"；分析他的"呓语狂言"，特别要注意其中所包含的复杂性：

一、沈从文的"精神失常"，既是外界强大压力刺激的结果，也是他个人精神发展所致。绝不能轻估外界的压力及其罪责，但也不能因此忽视沈从文自身精神发展的状况，特别是四十年代以来精神上的求索、迷失和痛苦；然而，如果把沈从文的"精神失常"完全视为他个人精神发展的必然结果，轻视甚至无视时代转折的重压，则更为蒙蔽不明。

二、"精神失常"的"呓语狂言"，到底能够揭示出什么样的自身状况和时代状况？它有什么特殊的价值？"精神失常"其实是个极其模糊的说法，他的"精神"状况到底是怎样的？"失常"的"常"是指什么？从哪一种角度看是"精神失常"？如果换一种角度呢？从"呓语狂言"中，是否能够找到对这些问题的解答？

沈从文的"呓语狂言"，事隔多年后读来，仍然惊心动魄。当时的见证人之一汪曾祺在一九八八年的文章里就认为："沈先生在精神濒临崩溃的时候，脑子却又异常清楚，所说的一些话常有很大的预见性。四十年前说的话，今天看起来还很准确。"[1]

三、不但要注意沈从文精神崩溃的过程，而且还要注意他从崩溃中"恢复"过来的过程；不但要看重"疯狂"，而且还要看重"恢复"。

"恢复"不仅仅是恢复了现实生活的一般"理性"，变得"正常"；而且更是从毁灭中重新凝聚起一个自我，这个重新凝聚的自我能够在新的复杂现实中找到自己的独特位置，进而重新确立安身立命的事业。从表面上看，这个自我与现实之间的紧张关系不像"疯狂"时期那么决绝和激烈了，其实却是更深地切入到了现实中，不像"疯狂"时期，处在虽然对立然而却是脱离的状态。

"恢复"也并不是屈从，甚至干脆变成一个"识时务者"，随波逐流。

十二月二十五日，沈从文写成一篇长文《政治无所不在》，记述和总结近一年来的各种感受，其中描述了一段情景，说的两个初中生儿子与爸爸交流思想：

1　汪曾祺：《沈从文转业之谜》，《晚翠文谈新编》，北京：三联书店，2002年，234页。

有天晚上，孩子们从东单劳动服务归来，虽极累还兴奋。上床后，我就坐在旁边，和他们讨论问题。

"爸爸，我看你老不进步，思想搞不通。国家那么好，还不快快乐乐工作？"

"我工作了好些年，并不十分懒惰。也热爱这个国家，明白个人工作和社会能够发生什么关系。也长远在学习，学的已不少。至于进步不进步，表面可看不出。我学的不同，用处不同。"

说进步不同，显然和孩子们所受教育不合。两人都说："凡是进步一看就明白。你说爱国，过去是什么社会，现在又是什么社会？你得多看看新书，多看看外面世界。你能写文章，怎么不多写些对国家有益的文章？人民要你工作得更多更好，你就得做！"

"我在工作！"

"到博物馆弄古董，有什么意思！"

"那也是历史，是文化！你们不是成天说打倒封建？封建不仅仅是两个字。还有好些东东西西，可让我们明白封建的发展。……劳动人民在被压迫剥削中又还创造了多少文化文明的事实，都值得知道多一些。我那么一面工作，一面学习，正是为人民服务！"

"既然为人民服务，就应该快快乐乐去做！"

"照我个人说来，快乐也要学习的。我在努力学习。这正是不大容易进步处。毛主席文件上不是说起过，学习并不简单，知识分子改造、转变，要有痛苦吗？痛苦能增加人认识……"

于是我们共同演了一幕《父与子》，孩子们凡事由"信"出发，所理解的国家，自然和我由"思"出发明白的国家大不相同。谈下去，两人都落了泪……（27；40—41）

这个凝聚起来的自我有他的选择，他的坚持。这个自我是从精神的崩毁中痛苦地诞生的，惟其经历了崩毁，他的诞生才越发痛苦；而一旦诞生和确立起来，就将是难以动摇的。"它分解了我又重铸我，／已得到一个完全新生！"这样的诗句，不是空话。沈从文的后半生，可为"新生"证实。如果没有这个"恢复"和"新生"，不但沈从文后半生的事业无从谈起，而且也将使得沈从文的那种极端的精神痛苦和思想坚持，失去可以证实的意义。

八、为什么选择历史文物研究

上面提到，沈从文在精神危机期间写了两篇自传，《一个人的自白》和《关于西南漆器及其他》。从理解沈从文的角度而言，这两篇自传的重要性，绝不亚于沈从文其他任何的自传性文字，他近乎以写"绝笔"的心情，来分析和叙述自我生命的核心构成。"将来如和我的全部作品同置，或可见出一个'人'的本来。"（27；3）

沈从文最初的想法是留下一本完整的自传，但精神状况的持续极端紧张使他无法按部就班去完成，写完第一章之后，他越过中间的大部分，径直来写《关于西南漆器及其他》，手稿首页旁注："介于这个与自白中应还有八章"。[1] 西南漆器是抗战爆发后沈从文寓居昆明八年时间

---

1 《关于西南漆器及其他》的编者注释，《沈从文全集》第 27 卷，37 页。

里特别注意和大量搜集的，他当然情有所钟，心之所系，但不顾时间顺序急着来写这一部分，想要说的就不仅仅是西南漆器及其关联的西南文化的种种，更是要叙说由此而牵连出的他生命中的一条脉络，"一章自传：一点幻想的发展"——手稿的标题下，加了这么一行文字。

沈从文要说的是，美术，特别是工艺美术，与自己有着深切关系，而这种关系，有一个不断绵延的发展历史。

"我有一点习惯，从小时养成，即对于音乐和美术的爱好"，"认识我自己生命，是从音乐而来；认识其他生命，实由美术而起"。"看到小银匠捶制银锁银鱼，一面因事流泪，一面用小钢模敲击花纹。看到小木匠和小媳妇作手艺，我发现了工作成果以外工作者的情绪或紧贴，或游离。并明白一件艺术品的制作，除劳动外还有个更多方面的相互依存关系。而尤其重要的，是这些小市民层生产并供给一个较大市民层的工艺美术，色泽与形体，原料及目的，作用和音乐一样，是一种逐渐浸入寂寞生命中，娱乐我并教育我，和我生命发展严密契合分不开的。"

他无从受到严格的美术训练，却发展了爱好和理解，这种爱好和理解"有一点还想特别提出，即爱好的不仅仅是美术，还更爱那个产生动人作品的性格的心，一种真正'人'的素朴的心"。正因为这种爱好，"到都市上来，工艺美术却扩大了我的眼界，而且爱好与认识，均奠基于综合比较。不仅对制作过程充满兴味，对制作者一颗心，如何融会于作品中，他的勤劳，愿望，热情，以及一点切于实际的打算，全收入我的心胸。一切美术品都包含了那个作者生活挣扎形式，以及心智的尺衡，我理解的也就细而深"。

从湘西来到北平之后，还不清楚自己未来事业的路在哪里的时期，摸索读书，其中大多与历史、文物、美术有关："为扩大知识范围，到北平来读书用笔，书还不容易断句，笔又呆住于许多不成形观念里无从处分时，北平图书馆（从宣内京师图书馆起始）的美术考古图录，和故宫三殿所有陈列品，于是都成为我真正的教科书。读诵的方法也与人不同，还完全是读那本大书方式，看形态，看发展，并比较看它的常和变，从这三者取得印象，取得知识。"（27：20，22，23—24）

抗战后寓居云南，早已确立了文学地位的沈从文，特别留心于西南文物中一些为历史和现代学人所忽略的东西，其中主要是漆器。汪曾祺回忆说："我在昆明当他的学生的时候，他跟我（以及其他人）谈文学的时候，远不如谈陶瓷，谈漆器，谈刺绣的时候多。他不知从哪里买了那么多少数民族的挑花布。沏了几杯茶，大家就跟着他对着这些挑花图案一起赞叹了一个晚上。有一阵，一上街，就到处搜罗缅漆盒子。……昆明的熟人没有人家里没有沈从文送的这种漆盒。有一次他定睛对一个直径一尺的大漆盒看了很久，抚摸着，说：'这可以做一个《红黑》杂志的封面！'" [1]

由自然的爱好和兴趣，发展到对世界、生命、自我的认识和体会，并且逐渐内化为自我生命的滋养成分，促成自我生命的兴发变化，文物对于沈从文来说，已经不仅仅是将来要选择的研究"对象"了。

时代转折之际，放弃文学以后做什么呢？历史文物研究，这是沈从文的自主选择。这个选择的因由，其实早就潜伏在他的生命里，像埋进土里的种子，时机到了就要破土而出。《关于西南漆器及其他》描述了这颗种子在土里的漫长历程。

由这篇自传的提醒，更由于沈从文后半生事业的提醒，回过头去

1　汪曾祺：《与友人谈沈从文》，《晚翠文谈新编》，160—161 页。

看《从文自传》——他三十岁写的，写二十一岁以前的生活，或许能够辨析出他在无意间画下的一条线索。这本书里有动人的段落和章节，很自然地写出了一个年轻的生命对于中国古代文化和文物的热切的兴趣。有谁能够想象，在这个一个月挣不了几块钱的小兵的包袱里，有一份厚重的"产业"：一本值六块钱的《云麾碑》，值五块钱的《圣教序》，值两块钱的《兰亭序》，值五块钱的《虞世南夫子庙堂碑》，还有一部《李义山诗集》。要讲沈从文的书法历程，必得从这份早年的"产业"讲起。《从文自传》倒数第二章题为《学历史的地方》，写他在算军统领官陈渠珍身边作书记约半年，日常的事务中有一件是保管整理大量的古书、字画、碑帖、文物，"这分生活实在是我一个转机，使我对于全个历史各时代各方面的光辉，得了一个从容机会去认识，去接近"——

> 无事可作时，把那些旧画一轴一轴的取出，挂到壁间独自来鉴赏，或翻开《西清古鉴》、《薛氏彝器钟鼎款识》这一类书，努力去从文字与形体上认识房中铜器的名称和价值。再去乱翻那些书籍，一部书若不知道作者是什么时代的人时，便去翻《四库提要》。这就是说我从这方面对于这个民族在一段长长的年分中，用一片颜色，一把线，一块青铜或一堆泥土，以及一组文字，加上自己生命作成的种种艺术，皆得了一个初步普遍的认识。由于这点初步知识，使一个以鉴赏人类生活与自然现象为生的乡下人，进而对于人类智慧光辉的领会，发生了极宽泛而深切的兴味。（13；356）

在沈从文的整个生命完成多年之后，细读他早年这样的文字，后知后觉,不能不感叹生命远因的延续,感叹那个二十·岁的军中书记和三十岁的自传作者,为未来的历史埋下了一个惊人的大伏笔。

　　而在一九四九年的自传篇章里,沈从文把这一条生命的脉络,清晰、明确地描述了出来。此后的岁月里,他将艰难而用力地把这一条脉络延伸下去,直至生命的最终完成。

[第二章]

革命大学："越学越空虚"

一、"理论测验在丙丁之间，且不会扭秧歌"

一九五〇年三月二日，沈从文被安排到北京拈花寺的华北大学进行政治学习，为四部五班学员；不久随建制转入华北人民革命大学，为政治研究院第二期学员。其时他从"精神失常"中基本恢复过来还不多久，"大病之后，身心同瘁"。（12：361）除了周末回到北京大学中老胡同的宿舍，沈从文在革大呆了十个月，直到这一年的十二月毕业，从校长刘澜涛手里接过毕业证书。

上革命大学的目的是改造思想，消除旧时代的影响，培养对新政权的认同感，尽快融入到新社会中去。学习的形式主要是听报告，学文件，讨论，座谈，对照个人情况进行检查，反省，还要群众通过。沈从文在历史博物馆的同事史树青也在革大（但不在同一部）学习过，他回忆说："记得那时几千人听艾思奇做报告，场面很大，有的人表态时痛哭流涕，有少数人不能毕业，后来都逮捕了。"[1]

　　沈从文在三月二十三日的日记里谈到写时事学习总结："如何写法？以后每次学习都作一回总结，联系自己思想，写出来。可提高一步。自己不成，还要经过群众检讨通过。"（19：65）后来他在第一阶段《时事学习总结》里坦白地写道："三月六号开始学习文件，二星期中一共学习了六个。照情形说来，我从文件学习，得到的真正知识并不多。"（27：63）

　　八月，在给老朋友萧离的信中，沈从文说到自己的情形："在革大学习半年，由于政治水平过低，和老少同学比，事事都显得十分落后，理论测验在丙丁之间，且不会扭秧歌，又不会唱歌，也不能在下棋、玩牌、跳舞等等群的生活上走走群众路线，打成一片。"政治学习和娱乐活动都让他产生格格不入之感，"学习既大部分时间都用到空谈上，所以学实践，别的事既作不了，也无可作，我就只有打扫打扫茅房尿池"，这样"也比在此每天由早五时到下十时一部分抽象讨论有意义得多"。（19：71—72）

　　九月，给黄永玉夫人张梅溪的信中，沈从文说到同样的情况和感受："我快毕业了，考试测验在丙丁之间，我自评是对于政治问题答案低能。其实学习倒挺认真的。……对知识分子的好空谈，读书做事不认真，浪费生命于玩牌、唱戏、下棋、跳舞的方式，我总感觉到格格不入。三十年都格格不入，在这个学校里半年，自然更不会把这些学好。如思想改造是和这些同时的，自然也办不好。但是在这里，如想走群众

1　陈徒手：《人有病　天知否》，北京：人民文学出版社，2000年，15页。

路线，倒似乎会玩两手好些。常说点普通笑话也好些。会讲演说话也好些。我政治理论答案分数不高，这些又不当行，所以不成功。有关联系群众，将来定等级分数时，大致也是丙丁。这倒蛮有意思。"（19：86）

说到"走群众路线"的文娱活动，有一件事可讲：刚进学校的时候，就有一个"思想前进"的组长，要用民主方式强迫扭秧歌。沈从文私下感慨道："我并不消极堕落。只是当真有一点儿老了，想学廿来岁少壮扭秧歌的身段活泼（看到这种活泼是很尊重的），大致是无可望了。"（19：69）

沈从文对这种思想改造和政治学习的意见，并不仅仅是在私底下流露。六月十二日《光明日报》发表了沈从文的《我的感想——我的检讨》，这是新中国成立后他第一次发表文章，其中说道："如有人问我，到革大学了些什么？我应当说，由于本人政治水平不高，进步实看不出。"不过他还是说，"学明白人在群体生活中方能健康"，而自己"过去工作脱离人民，有错误，待从学习中改正，方宜重新用笔"。（14：402）

到毕业前写总结，谈到"入华大入革大前后种种"时，沈从文言辞一点也不加掩饰，几乎是逐项"批评"和"检讨"种种学习方式：

一、"初到华大，听一领导同志火气极大的训话，倒只为他着急。因为不像是在处理国家大事。只感觉国家一定还有困难，不然怎么会这么来领导新教育？除了共产党，从各方面工作，爱这个国家的人还多！即不是党员，牺牲了自己来爱党的也还有人！这种讲演要的是什么效果？华大如真那么办下去，那么领导下去，照我理解，对国家为无益。""到革大听刘校长报告，要大家把学校当个自己家庭来弄好一点，我倒想还是当国家来弄好一点。我的学习也就从这些理解来进行。"

二、理论测验，"那么出问题回答的反复测验，慢慢的，把一点从沉默中体会时变，有自主性、生长性，来组织文字写点小说的长处，在这种过程中逐渐耗蚀了。有时还不免着急，到后就无所谓，工作既无益于人民，长处恰是短处，结束也蛮好"。

三、"学校布置下来的改造思想方式，一部分是坐下来进行谈话。对于这种集体学习生活，所需要的长处，我极端缺少。相互帮忙，我作得特别不够。学下去，也不会忽然转好的。而且学下去只是增加沉默，越加不想说话的。越学越空虚，越无话可说了。"

四、"对批评和自我批评"，"还不理解胡乱批评人，对于那个人有什么帮助，弄错了会有什么恶果。自我批评呢？还学不好"。

五、理论学习要联系个人，但每个人接受过程不同，业务实践不同，"单独的来作普遍反复谈论，我还学不好"。

六、"对上大课和理论认识，个人感觉到时间太多。"

七、"对工作干部，由上到下，只和炊事员接触较多。他们沉默服务态度，必然对我有长远影响。"——至于炊事员之外的"工作干部"，则只字未提。

八、"对同学关系"，"还不能作到用一个无产阶级立场来批判他人，来要求他人。所以不能作如何批判。更主要可能是我自己学忘我还并不完全成功，还会在不经意不自觉的情形中，把自己完全封锁隔绝于一般言笑以外。"（27；116—119）

"越学越空虚"、"把自己完全封锁隔绝于一般言笑以外"，是怎么一种情景呢？他给老友程应镠的信里有这样的描述：

"我现在坐在西苑旧军营一座灰楼房墙下，面前二丈是一个球场，中有玩球的约三十人，正大声呼喊，加油鼓掌。天已接近黄昏，天云如焚如烧，十分美观。我如同浮在这种笑语呼声中，一切如三十年前在军营中光景。生命封锁在躯壳里，一切隔离着，生命的火在沉默里燃烧，慢慢熄灭。搁下笔来快有二年了，在手中已完全失去意义。国家新生，个人如此萎悴，很离奇。"（19：92）

二、《老同志》

沈从文在革大，觉得有意义的事只有两件：一是打扫茅房，从具体实践中学习为人民服务；二是到厨房里去坐坐，帮帮忙，或拉几句家常。他说，在这里，"唯一感到爱和友谊，相契于无言，倒是大厨房中八位炊事员，终日忙个不息，极少说话，那种实事求是素朴工作态度，使人爱敬"。他从他们身上感受到的"临事庄肃"、"为而不有"，在整日抽象、教条的空谈环境中，成为唯一觉得亲切的东西。（19：71）

九月六日日记中写道："还是和大厨房几个大师傅真像朋友，因从他们谈的家常，可以学许多，理解许多，比听闲话和冗长抽象讨论有意义得多，也有价值得多。老同志似乎寂寞得很，昨早天未明即见他蹲在煤边敲煤，晚上去倒水，又见他独自靠在饭厅外木撑架边。几个年青的都上学去了，还未回来。问他：'怎么不休息？'说：'还不想睡。'每天吃烟半包，每包值八百……所说的话和神气行动印象结合，极使人感动。"（19：80—81）

这位很寂寞的老同志，让沈从文产生了恢复用笔的冲动，他尝试写小说《老同志》，不成功。虽然不成功，老同志其人和小说《老同志》，却仍然在他心里盘留了很长时间。

一九五一年十一月，已经身在四川内江参加土改的沈从文给妻子张兆和写信说，如果回来方便，要为老同志带张竹椅。"我许过愿心，要为他写个短篇的。一写保还生动，因我看了他十个月，且每天都和他在一块蹲蹲或站站的。他的速写相在大厨房和斯大林画同列在墙上，合式得很。素朴的伟大，性格很动人的。但是也正是中国农民最常见的。"（19；156）过了几天，居然写成了，五千多字。这是《老同志》的第三稿。"完成后看看，我哭了。我头脑和手中笔居然还得用。"其时沈从文的心脏和血压都有问题，写作觉得很吃重。"写到这些时，自己也成了那个胖的掌锅，也成了瘦的炊事员，特别是那只花猫，也尽在脑中跳来跳去。那么写不是个办法，写下去，神经当不住。觉得极累，身心脆弱之至。有一点儿喜悦，即为老同志当真画了一个相，相当真实，明确，只是太细，笔太细……还得重新来写一回。"（19；158）

到一九五二年一月十四日，《老同志》已经改写到第七稿。

我们现在可以从《沈从文全集·集外文存》读到《老同志》的第七稿，从这一稿看，这篇前后历时近两年的小说，写得并不好。不过，从中还是能够看到当时的政治和生活氛围。譬如，小说的一开篇，就叙述教育长开学典礼的致辞："……各位是来学习马列主义改造思想的，这很好。学习马列也容易，也困难，即学习方法对或不对。第一应当明确，即联系实际的能力。这种知识的获得，并不以这个人的读书知识多少为准。大知识分子是并无什么用处的。……"（27；463）这个"致辞"，与沈从文在毕业总结里特意提出的"一领导同志火气极大的训话"，是不是一回事呢？即使不是，也还透露出了一些基本信息。

三、"提一提莫作践疯人，就很好了"

从一九四九年的"精神失常"中恢复过来，没过几个月就进入革命大学改造思想，沈从文当然明白自己正处在生命的一个大转折过程中。他回顾此前的人生，总结出自己的存在方式：把苦痛挣扎转化为悲悯的爱。"一生受社会或个人任何种糟蹋挫折，都经过一种挣扎苦痛过程，反报之以爱。《边城》和《湘行散记》，及大部分写农村若干短篇，如《丈夫》、《三三》都如此完成。所谓生动背后，实在都有个个人孤寂和苦痛转化的记号。……工作全部清算，还是一种生活上的凡事逆来顺受，而经过一段时日，通过自己的痛苦，通过自己的笔，转而报之以爱。""现在又轮到我一个转折点，要努力把身受的一切，转化为对时代的爱。"

在沈从文的生命中，怎么能够形成这样一种对待和转化痛苦的方式呢？早年看了不计其数的杀人，甚至看到一个十二岁小伙子挑着父母的头颅，"因这印象而发展，影响到我一生用笔，对人生的悲悯，强者欺弱者的悲悯，因之笔下充满了对人的爱，和对自然的爱"。"这种悲悯的爱和一点欢喜读《旧约》的关联，'牺牲一己，成全一切'，因之成为我意识形态一部分。"他还说到《史记》，"这个书帮助我极多，和一部《旧约》结合，使我进了一步，把他那点不平完全转化而成为一种对于人生的爱"。（19：67—70）

在革大，沈从文"如彼如此重新来学习，学用更大的克制，更大的爱，来回答一个社会抽象的原则了。这也就是时代，是历史"。（19：91）一九五一年他和人谈起在革大的生活，说："在革大时，有一阵子体力精神均极劣，听李维汉讲话说，国家有了面子，在世界上有了面子，就好了，个人算什么？说的很好。我就那么在学习为人民服务意义下，学习为国家有面子体会下，一天一天的沉默活下来了。个人渺小的很，算不了什么的！"（19：105）

八月八日这一天，沈从文在家里，天下了雨，他细致地看了院子里的向日葵、天冬草、茑萝、薄荷叶、无花果。天空如汝窑淡青，他一个一个房间走去，看着各样家具。"从这些大小家具还可重现一些消失于过去时间里的笑语，有色有香的生命。也还能重现一些天真稚气的梦，这种种，在一个普通生命中，都是不可少的，能够增加一个人生存的意义，肯定一个人的存在，也能够帮助一个人承受迎面而来的种种不幸的。可是这时节这一些东东西西，对于我竟如同毫不相干。"

书架上一个豆彩碗，让他想了许多。"十五年前从后门得来时，由于造形美秀和着色温雅，充分反映中国工艺传统的女性美，成熟，完整，稚弱中见健康。有制器绘彩者一种被压抑受转化的无比柔情，也有我由此种种认识和对于生命感触所发生的无比热爱。"这么一个小碗，战争中到昆明过了八年，又过苏州住了三年，又由苏州转到北京这个书架上，"依然是充满了制器彩绘者无比柔情，一种被转化的爱，依然是使我从这个意义到生命彼此的相关性，如此复杂又如此不可解的离奇。"——"重新看到墙上唯一的圣母和被钉的耶稣。痛苦和柔情如此调和又如此矛盾。极离奇。可怜悯的是被钉的一位还是钉人的一群？"——他想到自己的创作，也就是将生命中的力量、痛苦和柔情转化为文字，如同千百年前的制瓷绘画工人把柔情、热爱、受压抑的生命转移到一个小碗上一样；可是，有谁能够懂得一个小碗所蕴藏的丰富信息呢？"除少数又少数人能够从那个造形那种敷彩方式上，发现到这个问题，抽象提一提，大多数人却在完全无知中，把碗用来用去，终于却在小不经意中又忽然摔碎。"（19；73—76）

黄永玉和张梅溪从香港来探望表叔表婶，在沈从文家里住了一个多月。两个年轻人"充满了简单的童稚的高兴"，沈从文周末回来，"一边吃饭一边说笑话，大家有 场欢乐的聚会"。"在那一段日子里，从文表叔和表婶一点也没有让我看出在生活中所发生的重大的变化。他们亲切地为我介绍当时还健在写过《玉君》的杨振声先生，写过《莫须有先生坐飞机以后》的废名先生，至今生气勃勃、老当益壮的朱光潜先生、冯至先生。记得这些先生当时都住一个大院子里。"[1] 两年以后，黄永玉一家移居北京。

九月十一日，沈从文一家人开了个"家庭联欢小会"，十七年来第一次在小馆叫了两盘菜。原来是纪念十七年前沈从文和张兆和结婚。

这一年可记的还有——

三月廿七日在华大，早起散步，"天边一星子，极感动。"(19：66)

秋天，给时任上海高桥中学校长的程应镠写信，说："到你将来负责较大，能在立法上建议时，提一提莫作践疯人，就很好了。这是很凄惨的。我看过，我懂得，相当不合需要。"(19：90)

---

[1]　黄永玉：《太阳下的风景》，《沈从文印象》，孙冰编，182 页，183 页。

[第三章]

"明白生命的隔绝，理解之无可望"

一、"因为明白生命的隔绝，理解之无可望"

　　一九五〇年十二月，沈从文从革命大学毕业。临毕业，学员填写志愿，有些重新分配了工作。"我因为经过内外变故太大，新社会要求又不明白，自己还能作什么也不明白，所以转问小组长，请转询上级。""过不久，小组长约我谈话，告我上级还是希望我回到作家队伍中搞创作。这事大致也是那边事先即考虑过的。因为较早一些时候，就有好几位当时在马列学院学习的作家来看我，多是过去不熟的，鼓励我再学习，再写作。"

　　可是，沈从文表示，希望回到历史博物馆。因为对重新写作，"我自己丧了气。头脑经常还在混乱痛苦中，恐怕出差错。也对'做作家'少妄想。且极端缺少新社会生活经验。曾试写了个《炊事员》，也无法

完成。"（27：242，243）《炊事员》即《老同志》。革大学习结束，他又回
到了博物馆，名分是设计员，做研究。

一九五一年一月，沈从文参加了原始社会展览讲解词的编写。对于
他来说，这可是个完全生疏的工作，但也只好硬着头皮，一边学习一边
写作，一边向观众讲解一边自己修改，总算完成了任务。紧跟着又有新
的任务，用历史唯物论观点写一本《从猿到人》的通俗读物，他也用几
个月写完了，后来未见出版。[1]

四月到五月，举办"敦煌文物展"，他从布置陈列、起草说明、撰
写展品特刊中的评介文字，到在陈列室做解说员，事事忙忙碌碌。"几
天来为敦煌展作说明，下得楼来，头晕晕的，看一切人都似乎照旧，钓
鱼的钓鱼，打闹的打闹，毁人的毁人，很觉悲悯。""头昏"的字眼在此
期的日记中经常出现，"头昏沉之至，可悲"。"人在什么时候才可望用
友爱来代替摧残作践？……头昏昏。"（19：98，99）

说到为观众做解说员，后来有不少人以此而为沈从文不平；但就
当时情形看，这倒可能是他在博物馆上班时感到最为放松、活跃、有意
义的时候。这一年，他断断续续用四个月的时间给一个青年记者写了
一封长信，即一九九二年以《凡事从理解和爱出发》为题编入《沈从
文别集·边城集》的那封，信中说到他在博物馆的情形："我在这里每
天上班下班，从早七时到下六时共十一个小时。以公务员而言，只是个
越来越平庸的公务员，别的事情通说不上的。生活可怕的平板，不足
念。""在博物馆二年，每天虽和一些人同在一处，其实许多同事就不相
熟。自以为熟习我的，必然是极不理解我的。一听到大家说笑时，我似

---

1 沈虎雏：《沈从文年表简编》，《沈从文全集》附卷，42 页。

乎和梦里一样。生命浮在这类不相干笑语中，越说越远。"可是，在陈列室中，和一群群陌生观众一同看文物时，情形就有些不同。他在这封长信里非常细致地描述了他遇到的各种各样的观众，凡事感到惊讶的学戏曲的女孩子，乡村干部，城市中长大的大学生，给外宾做翻译的女联络员，老大娘，壮壮实实的军官，美术学校的学生和老师，听完讲解派个代表来鞠一躬的学生群……在"生命极端枯寂痛苦"的时期，"这些人的印象和文化史许许多多的重要业绩，都一例成为我生命中不可少的润泽。很离奇，即我的存在，却只是那么一种综合。一种如此相互渗透而又全然不相干的陌生事物"。

"也有先听听不下去，到后来人也谦虚了许多，特别是学美术和文化的，临了不免请教贵姓一番。或告，或不告，大家还是相互谢谢，很好。他们想不到我对他们谢谢的理由。想不到他们从不着急的事，我永远在为他们学得不够，不深，不广而着急，为他们工作搞不好展不开而着急！谢谢他们肯多看看学学！"但这些话，却只能在自己心里说，口中能说出的，只是"谢谢"而已。

沈从文心里郁积了多少要说的话呢？没有人要听他说话，没有人明白为什么他要那么耐心、细致、庄重地去做解说员。他只能在心里想象有一群听他说话的年青人，哪怕是一个也好，能够懂得他的心声："你年青人，我就为了你，为了你们，我活下来了。……我就为你们之中还有可能从我工作中，理解我是你们的朋友，你们的熟人，就在一切想象不到的困难中，永远沉默支持下来了。在一切痛苦和寂寞中支持下来了。只为了你们的存在、生长，而我们的生命相互照耀接触，因之对人生都更肯定，我十分单纯的把一切接受下来了。……只因为你们的存在，在世界中永远有你们的存在，有你们从得失中得来的欢乐或痛苦，有你们在不幸中或其他情形中，还会于不经意时和我一生努力的理想及工作热情，一例消失于风雨不幸中。也为了你们由于生命的青春无知，必然会有各式各样的错误，以及为本质本性上的弱点，而作成毁人不利己的结局。我还为了手中一支笔，有可能再来用到你们生命的形式发展上，保留下你们的种种，给后一代见到。我很沉重也很自然的活下来了。"（19：110, 112, 116, 114, 118—119）

　　无以计数的年青观众中，多年以后有一位成了著名文物专家。二〇〇一年，七十二岁的孙机在《中国古舆服论丛》增订本后记里，回忆起五十年前的往事："笔者对古舆服的接触，始于一九五一年的敦煌壁画展览。当时我是北京市总工会宣传部的一名小干事……而作为新中国古服饰研究的开山，那满腔热忱在文物界罕见其匹的一代大师沈从文先生，几乎天天登楼给观众讲解。我虽然因为有'公务'，未克逐日追随左右，但只要跑得开，必定跟在先生身旁。亲炙既久，先生多年以后出版的那部《中国古代服饰研究》之大致的梗概，似乎都向我讲过。不但在展览会上讲，在办公室里讲，闲谈时还讲。有天中午给他拎着包一同到中山公园围墙外，……两个人坐在窄板凳上喝老豆腐。先生指着如今膺美名曰豆花的或聚或散之白点子说：绞缬的效果就是这样的。五十年过去了，每当提到绞缬我脑子里首先浮出的还是那半碗老豆腐。近日读陈徒手《人有病　天知否》，说先生这一阶段情绪不高。也许其时由于我太年轻吧，对此浑然不觉，也从未把先生看成是落入低谷的大作家。只感到在先生跟前如沐春风，他讲起文物来不疾不徐，娓娓而谈，生怕你听不懂；即使听者略有领悟，先生仍要旁征博引，反复启发，诱导你往深里想。陈书提到他解放后写成的惟一一篇不曾发表的小说《老同志》，先生也给我看过。其中说革命大学的老炊事员长得像马恩列斯中的某位（忘了是哪位），使我大为惊骇，炊事员怎么能和革命导师相提并论呢！于是期期以为不可。这就是我当年的'觉悟水平'；先生则一笑置之。为了使我打开点眼界，先生让我读原田淑人讲唐代服饰、汉魏六朝服饰及西域绘画中所见服饰等著作即所谓'原田三书'。"[1]

当年的那个青年怎么能够完全懂得这个解说员；但讲解能引起他的兴趣，进而有更进一步的交流，对这个解说员已经是莫大的安慰。

一天工作结束，已是暮色苍茫。"关门时，照例还有些人想多停留停留，到把这些人送走后，独自站在午门城头上，看看暮色四合的北京城风景，百万户人家房屋栉比，房屋下种种存在，种种发展与变化，听到远处无线电播送器的杂乱歌声，和近在眼前太庙松柏林中一声勾里格碌的黄鹂，明白我生命实完全的单独。就此也学习一大课历史，一个平凡的人在不平凡时代中的历史。很有意义。因为明白生命的隔绝，理解之无可望，那么就用这个学习理解'自己之不可理解'，也正是一种理解。"（19：117—118）

他的心境，莽莽苍苍中，特别"明白"，或者也可以说，特别"不明白"。

二、"时代十分活泼，文坛实在太呆板！"

沈从文除了在博物馆上班，春季开学后，还在辅仁大学兼课，每周两个学时，教散文习作。这个兼课，也只不过是离开北京大学后所保留

---

1 孙机：《〈中国古舆服论丛〉增订本后记》，《中国古舆服论丛》，北京：文物出版社，2001 年，507 页。

的"尾巴"而已，沈从文的课堂可谓冷落，"一星期二小时课，五个学生只二三同学还对学习有点点兴趣"。

仍然有人劝他写小说，他感慨道："你说人民需要我写小说，我已不知谁是要我再用笔的人民？两年余来，凡是旧日朋友通隔绝了。凡事都十分生疏。"（19：112）

虽然没有作品发表，与新时代的文坛"无关"，但新时代的文学创作上的"问题"，还是会牵扯到他。他一定不知道，一九五一年五月十日，丁玲在中央文学研究所作"如何迎接新的学习"的报告，批评《我们夫妇之间》、《烟的故事》等作品时说道："坏的是穿工农的衣服，卖小资产阶级的东西。《烟的故事》简直是沈从文的趣味，味道是不好闻的。"[1] 老朋友顺口捎带了一句，可谓举重若轻。

这一年九月，王瑶《中国新文学史稿》上册由开明书店出版，对沈从文的小说大致做了这样的评价：他写军队生活的作品，"写的也多是以趣味为中心的日常琐屑，并未深刻地写出了兵士生活的情形"；他以湘西为背景的作品，"着重在故事的传奇性来完成一种风格，于是那故事便加入了许多悬想的野蛮性，而且也脱离了它的社会性质"；"后来这种题材写穷了，就根据想像组织童话及旧传说了"，"奇异哀艳而毫无社会意义"；他写小市民，"不缺乏多量的恋爱故事"，写底层人物，"都是只有一个轮廓"。总之，"观察体验不到而仅凭想象构造故事，虽然产量极多，而空虚浮泛之病是难免的"。[2] 一九五三年八月《中国新文学史稿》下册由上海新文艺出版社出版，在《新的人民文艺的成长》那一章

1　王景山：《关于丁玲的两篇遗作》的附文之一《一九五一年五月十日，丁玲所作"如何迎接新的学习"报告》，《长城》2005 年第 4 期，186 页。

2　王瑶：《中国新文学史稿》（上册），北京：开明书店，1951 年，236—237 页。

叙述"思想斗争"部分时，引用了一九四八年《大众文艺丛刊》上发表的郭沫若的《斥反动文艺》、荃麟执笔的《对于当前文艺运动的意见》等文对沈从文的批判。[1] 王瑶在这部著作的自序中说，他编著这部教材的"依据和方向"，是教育部召集的全国高等教育会议通过的"高等学校文法两学院各系课程草案"对"中国新文学史"这门课程的规定和内容说明。[2] 也就是说，这部教材对作家的评判，并不完全出自作者个人，这种评判的"权威性"和力量当然也不只是个人的。

　　沈从文什么时候读到王瑶《中国新文学史稿》对他的评价，不能确切地肯定；但这样的评价令他长时间不能释怀，从他后来多次提到可以感知。一九五七年"鸣放"期间，北大新闻系一个学生采访沈从文，被沈从文拒绝；沈从文写信给北大的朋友，说："昨天有个北大新闻系学生来访问我，介绍信十分离奇，一信中计有三个不相干名字，除我外还有陈慎言和小翠花，给我一种痛苦的压力。这个介绍信真是不伦不类，……如果真是新闻系开来的，也证明新闻系办得有问题，大致学生只看王瑶教授《现代文学史》，习于相信一种混合谎言和诽谤的批评，而并未看过我的作品。"（20；179）一九六一年七月，张兆和给时在青岛的沈从文写信，说到他缩手缩脚写不出东西的情形，有这样的话："你能写而不写，老是为王瑶这样的所谓批评家而嘀咕不完，我觉得你是对自己没有正确的估计。至少创作上已信心不大，因此举足彷徨无所适从。"[3]

　　文坛之外的沈从文还是关注着文坛。"近来在报上读到几首诗，感

1　王瑶:《中国新文学史稿》（下册），上海：新文艺出版社，1953 年，238—244 页。
2　王瑶:《中国新文学史稿》（上册），3 页。
3　张兆和:《致沈从文》（19610623），《沈从文全集》第 21 卷，76—77 页。

到痛苦，即这种诗就毫无诗所需要的感兴。如不把那些诗题和下面署名联接起来，任何编者也不会采用的。很奇怪，这些诗都当成诗刊载，且各处转登不已。"使他痛苦的是这样一种对比："那么艺术或思想都不好的作品，可以自由出版，另外有些人对国家有益有用的精力，却在不可设想情形中一例消耗了。这也就是历史，是时代！文艺座谈虽经常在人手边，为人引用，毛本人和我们作群众的究竟相隔太远了。如何把许多有用精力转到正常工作上，形成新的时代桥梁，更有效的使每一支有用的笔能得其用，不再一例消耗于无何有上，是他想不到的。巴金或张天翼、曹禺等等手都呆住了，只一个老舍成为人物，领导北京市文运。……时代十分活泼，文坛实在太呆板！"

这一年，发生了对电影《武训传》的大规模批判运动。这部由孙瑜编导、赵丹主演的电影，于一九五〇年十二月经批准上映，先是引起广泛赞扬，后出现批评意见乃至根本否定，一九五一年五月二十日，《人民日报》发表了毛泽东所写的社论《应该重视电影〈武训传〉的讨论》，从而掀起了新中国成立后第一次全国规模的文艺——政治批判运动。沈从文写了一篇《〈武训传〉讨论给我的教育》，一是承认个人过去的工作走的改良主义的道路，二是对近几年的文教政策提出质疑，认为文化领导工作如何团结如何鼓励作家用笔做得不好。沈从文为什么要写这篇文章不清楚，这篇文章也没有发表。

在《凡事从理解和爱出发》这封长信里，沈从文充分表达了他对《武训传》讨论的观点，他直言不讳地说，费去万千人的劳动时间来做这样的讨论和批判是浪费，"如只把个武训来作长时期批评，武训这个人其实许多人就不知道，少数人提到他时还可能会说是鲁迅的……如托古射今，把现在人中有因种种原因工作一时和政治要求脱了节的情形，认为即是武训的再生，即动员一切可动员的来批判，还是主观上有了错误的结果。因为这个时代那里还有武训？当时太平天国之革命，无从使武训参加，很自然。至于现在革命，那是太平天国可比？革命者还自信不过似的比作太平天国，已不大近情，如再把时下人来比武训，未免更远了。……一检查偏向，去主观，再莫把自己当成太平天国的英雄，也莫把人当成武训来有意作践，就什么都不同了"。"不想办法鼓励更多新作品代替《武训传》，来通过艺术娱乐方式教育千万人民，只作破题令万千人学习诵读检讨，费力多而见功少，似乎不大经济。即把一个导演、一个演员，并一个在坟墓中的武训，完全骂倒，新的优秀作品还是不会凭空产生！——这自然可能还有更深意义，我们一点不了解。"（19：112，107，108，109）

　　就在《武训传》的批判声中，六月，沈从文写长文《我的学习》，这是属于"亮相"性质的检讨文章，沈从文回忆和"初步清算"了自己过去的写作和思想。这样的文章大概很难写，八月改写初稿，秋天又再次改写。十一月十一日《光明日报》发表了《我的学习》，十四日《大公报》转载。这时沈从文已经在四川参加土改了。

三、三兄弟

　　这一年，沈从文的大哥沈云麓在家乡凤凰做了省文物委员，沈从文去信跟大哥谈如何收罗家乡兄弟民族创造的文物，如何展开工作。他特别说道："不用念我，国家问题多，事情多，个人不足念。要注意为下一代年青一代工作。不要以我得失为念。"（19：102）

　　沈云麓（1897—1970）是沈从文心中最理解他的亲人，也是他一生中最重要的交流者。现存沈从文书信，最早的是一九二七年的两封，是沈云麓保存下来的；沈从文在各个时期给大哥写了大量的书信，特别是在一九四九年之后的长期孤独中，大哥一直是他无话不谈的倾诉对象。这本传记会时常引用到这些书信。

沈云麓先天体弱，眼睛近视且常年流泪，患有鼻炎，耳朵有些背，"相貌奇古"。可就是这样一个人，年轻时代曾有千里寻父的壮举。父亲沈宗嗣（1878—1930）一九一五年因在京参与密谋刺杀袁世凯事泄，流亡关外；一九一九年沈云麓只身前往东北、内蒙、热河等地寻访，终于在承德找到了父亲，一九二三年父子一道返回家乡。后为谋生沈云麓又去东北，大约在一九二七年辗转回湘后就一直在家乡生活。抗战爆发后，沈云麓在沅陵的"云庐"曾经接待了大批南迁的文化人，包括梁思成、林徽因夫妇，闻一多，"还有刘开渠、庞薰琹、林风眠。这些人经过沅陵的时候他为艺专跑过腿。他那时很兴奋，见到一生没有奋斗到的现实。他原本应该成为很出色的艺术家的"——他少年时代学过画炭像，当年闯关东，就靠这个技艺糊口。"他没有孩子，也没有产业。'文化大革命'给年轻造反派们提夹着在大街上狂跑，七十多八十的人了，居然没有死，还活了好些年。照样地吃大碗饭，照样地发脾气。拄了根拐杖上街，穿起风衣，还精神抖擞地翻起了衣领子。""死了，没留下什么痕迹，外号叫做'沈瞎子'。"[1]

沈从文给大哥的信里，还问三弟沈荃的情况如何。他不知道，沈荃已经在二月被辰溪军分区收押。沈荃（1916—1951），字得余，一九二六年毕业于黄埔军校四期，一九三六年任一二八师七六四团团长，

1　黄永玉：《这一些忧郁的碎屑》，《沈从文印象》，孙冰编，212 页，213 页。

一九三七年十一月率部与日军在浙江嘉善惨烈激战，负伤；一九三八年九江战役，血战日军再次负伤；一九四一年参加长沙第三次战役。一九四二年后再没有领兵打仗。一九四八年任国防部少将监察员。一九四九年脱离南京政府，回到家乡，后随陈渠珍和平起义，有功于凤凰的和平解放。一九五〇年十二月，在镇压反革命运动中失去自由。一九五一年十一月二十八日，被判处死刑。

过了一年多，沈从文才得知这个消息。沈虎雏在《沈从文的从武朋友》中，这样叙述："一九五三年初，妈妈在清理桌面时突然有所发现：'小弟你看，我估计三叔叔已经死了。'她手里拿着云麓大伯的信。……云麓大伯在信里反复叮嘱爸爸，务必把病养好，'我再不能经受失俦之痛了！'妈妈解释说，'俦'字可以指同辈、伴侣。""不用妈妈嘱咐，家里谁也不会对爸爸提起三叔。"

"我们一直关注爸爸的反应。他沉默，彻底的沉默。"[1]

黄永玉说："从文表叔承受着同胞手足的悲剧性遭遇的份量，比他所写出的故事更沉重。""他不提，我们也不敢提；眼见他捏着三个烧红的故事，哼也不哼一声。"[2]

弟弟沈荃的命运，是"三个烧红的故事"中的一个。[3]

1　沈虎雏：《沈从文的从武朋友》，《新文学史料》2012 年第 1 期。
2　黄永玉：《这一些忧郁的碎屑》，《沈从文印象》，孙冰编，214 页。
3　关于沈荃生平经历，参见李辉：《破碎的将军梦——记沈从文和其弟沈荃》，《人生扫描》，上海远东出版社，1995 年，29—49 页。

第四章

川行土改：“群”、“单独”的生命、“有情”的传统

一、到“群”里去

　　一九五一年十月二十五日，沈从文随北京土改团，启程去四川参加土地改革。

　　这样重大的历史性事件，卷入的人数众多，个人不过是群众中的一员而已，本不必有什么特殊的想法；但对两三年来强烈地感觉到自己被隔绝在“一个群”的运动之外的沈从文来说，现在给他机会参与到“一个群”的运动中，他不能不郑重其事。他去找过丁玲一次，征询她的意见，丁玲“鼓励他下去”[1]。沈从文其实有自己的打算。九月初，在给一

1　丁玲 1955 年 11 月 22 日致刘白羽、严文井的信里提到此事。此信现存故宫博物院档案，信文见郑欣森《新发现的沈从文、丁玲书简》，《文汇报》“笔会”版，2005 年 5 月 16 日。

个青年记者的长信的末尾说，"特别是要告你，我拟在十月中旬去参加土改"，"更重要是学习明白人民如何处理历史中这个大事情，如何生长，如何生产。也只有从这种学习中把我认识清楚些"。弄明白正在发生的历史，认识清楚自我，或许——他不敢肯定，但有这样的期望——还能够恢复文学写作。他邀请这位记者朋友来吃晚饭："你们觉得什么是最为一般人认为成功的短篇小说，也为找点来看看。我自己已看不懂目下说好的和不甚好的差别。如最近些日有有关土改报告文章，你认为好的，也盼望找点来看看。"（19：120）

出发的那天上午，孩子们上学走了之后，沈从文在小房间给张兆和写一封短信。他提笔即"不免稍微有点儿感伤"，"像是三十年前第一次出门，和十四年前离京上云南一样，心相当衰弱"。不过，他安慰妻子说，"到群里，会健康起来的"："这次之行，是我一生重要一回转变"，"希望从这个历史大变中学习靠拢人民，从工作上，得到一种新的勇气，来谨谨慎慎老老实实为国家做几年事情，再学习，再用笔，写一两本新的时代新的人民作品，补一补二十年来关在书房中胡写之失"。"不要为我担心。我一定要从乡村生活中使健康回复过来的。"
（19：121，122）

下午五时到火车站集中，七点排起队伍进站上车。土改团大约六百多人，二十七号到汉口后，分坐两只船去重庆，再分散下乡。沈从文乘坐的华源轮二十九日凌晨才起航，停留的这一天空闲，他到武汉文协见到了三十年代北平结识的旧友田涛，时在《长江文艺》编辑部工作；田涛又约了中南局宣传部干部、以前受过沈从文帮助的刘祖春，一起来船上看他。而最触动他的，是汉口江边景象，特别是来自各地的万千小船，其中有一些是从洞庭湖那边漂来的，"船上水手有我极熟的口音……这些口音是极有感情的"。他在甲板上给孩子们写信说："如能在乡下恢复了用笔能力，再来写，一定和过去要大不相同了。因为基本上已变更。你们都欢喜赵树理，看爸爸为你们写出更多的李有才吧。"（19：126）

　　在船上过集体生活，六人一桌吃饭，早饭后学文件，其中有《湖南农民运动考察报告》，沈从文是第一次读。与在革命大学时对抽象、空洞的政治学习的强烈排斥不同，沈从文觉得这次学的文件和实际工作相关，具体深入。同行的人，分别来自北京各个不同的阶层和单位，虽然大多并不相熟，他却都充满了亲切感。船行三天后即将到达宜昌的时分，沈从文不禁心潮暗涌："江岸边有在作船的，许多人抬着木梁作龙骨，向架上搁去，孩子们乱跑，许多年沅水流域所见印象回复到我生命中时，我眼睛全湿了。因这种印象同时带回了我卅年前的心，完全的孤立、单独、脆弱，那些造船人近在我身边，彼此却隔着。那些杉树高摇摇的在堤坎边直矗而上，那些小房子白墙黑瓦，如只是特意为给人一种印象而排列得如此规矩整齐。那些小孩子，到处乱跑。那些用网子捞鱼的人，站在河边岩上不停的挥乱摇网。一切永恒。一切常在。而我和人的关系，却彼此在常动中。世界也在人的意志和信念中而改变，在改造。三三，要爱国家！要好好的来为国家多作几年事。看到这一切，使我只感到个人的渺小，以及生命的脆弱。我们国家太大了，历史太长了，而这一回变动又太重要了，个人适处身其间，接触了历史一点，也若成为历史一部门，要来叙说它，讴歌它，通不知从何说起。""我似乎在一种完全新的感情中，来接受一切，来学习一切。"（19：132—133）

二、自己想写的作品，想做的研究

十一月一日，船入三峡，两岸景象令沈从文十分动情，"照我理想说来，沿江各地，特别是一些小到二百或不过三十户的村镇，能各住一二月，对我能用笔时极有用，因为背景中的雄秀和人事对照，使人事在这个背景中进行，一定会完全成功的。写土改也得要有一个自然背景！""不知道一切人事的发展，都得有个自然背景相衬，而自然景物也即是作品一部分！"这里，明显地透露出对土改文学的不满。后来他还谈道，即使是赵树理的作品，也不免"背景略于表现"。表面上这似乎是个写法上的问题，或者是作者个人爱好习性的不同，其实却关涉如何认识人事巨变在世界——包含自然和人事的世界——中的位置。

同一封船过巫山时写的信里，他又说道："川江给人印象极生动处是可以和历史上种种结合起来，这里有杜甫，有屈原，有其他种种。特别使我感动是那些保存太古风的山村，和在江面上下的帆船，三三五五纤夫在岩石间的走动，一切都是二千年前或一千年前的形式，生活方式变化之少是可以想象的。但是却存在于这个动的世界中。世界正在有计划的改变，而这一切却和水上鱼鸟山上树木，自然相契合如一个整体，存在于这个动的世界中，十分安静，两相对照，如何不使人感动。"在自然背景之外，沈从文又提出历史的感兴，而他所说的，并不是在作品里添加形式上的历史内容和历史符号，而是作者及其作品要能够深入到"常"与"变"的关系中，从历史和现实的关系中产生出深刻的感情和长远的关心。

沈从文设想，表现新的现实的文学，既得和自然结合，也得和历史结合。"江上在这时已起了薄雾，动人得很。可是船上学画的，作曲子的，似乎对这一切都视若无睹，都似乎无从和他待进行的工作有个联系，很奇怪。其实这个江城这个时节的全面，一和历史感兴联系，即是一非常感人的曲子。""我似乎十分单独却并不单独，因为这一切都在我生命中形成一种知识，一种启示，——另一时，将反映到文字中，成为一种历史。"(19：139—140)

经过七八天的航行，十一月四日到达重庆。同行的队伍里有音乐家嵇振民，沈从文和他合作，写了一首歌，名叫《土改团来到重庆》："我们从首都来，／排成整齐队伍，／来自各阶层，／万众一条心……"(19：149)

沈从文分在第七团四队，七日乘车离开重庆，经过璧山、荣昌、隆昌，第二天到达内江县城。在此停留几日的空闲里，他写出了以革命大学厨房一个炊事员为原型的短篇《老同志》，修修改改，抄了三次。这似乎是个好兆头，也许真能从此恢复文学写作；眼下的川行，也好像提供了一个契机。"这么学习下去，三个月结果，大致可以写一厚本五十个川行散记故事。有好几个已在印象中有了轮廓。特别是语言，我理解意思，还理解语气中的情感。这对我实在极大方便。"(19：156)他一定想到了当年《湘行散记》是怎么写成的：路途中写了大量的家信——即沈从文去世后才由家人整理出版的《湘行书简》，在此基础上改写出《湘行散记》；这个方法也许仍然可以再用。土改四个多月，沈从文写了大量家书，对见闻、感触、情绪、思想，都有细致入微的描述，包含的信息涉及诸多方面，极其丰富而复杂。

他甚至还想把自己的创作和以前的接续起来，完成三十年代中后期到四十年代期间酝酿构思的湘西系列作品，那时候他就已经向读者预告过，《边城》之后，还有好几个小城故事。"我实在希望趁三年内有机会把我拟写的另外几个中篇故事草稿完成。辰溪的一个特别好，因为有背景。而另一个是常德，全是船只。另外还有三个，凤凰是其一，都有了个轮廓。我意识到，有三个必然可得到和《边城》相近的成功。会写得好的。只要有时间，能在三年内写完成的。……这些乡村故事是旧的，也是新的，事情旧，问题却新。比李有才故事可能复杂而深刻。也还得把满家《雪晴》以下故事续完，这个作品分章写，本意可作到十五节，比《湘行散记》好，因为正是地主斗争事。"

但是，要写出这些在心里盘桓了如此之久的作品，他担心的，一是时间，不能自由支配；二是体力和头脑跟不上。他越来越感受到体力的限度，高血压和心脏病时常使他头昏、心跳加剧、失眠，有时胃病也能使他半夜痛醒。就在从北京出发的当天，林宰平还打电话给他，说身体不好，最好不去。在火车上他摔了一大跤，脖颈和膝盖都受伤；后来的路途中又丢失了几件衣物。似乎是衰老慢慢来临了，来得有点过早。

与此同时，他心里又急着去进行工艺史方面的工作和研究。"工艺学校要成立，我盼望了几十年有个国家工艺学校，来接受优良传统再创新。我应当来参加这个工作。如成立，就调我回来筹备也好。……还希望能主持一个研究资料室工作，因为可以把工艺史中几个重要部门理个清楚。也要赶快作几年，体力再一消耗，即不成功了。即有机会来作，有些材料特别是由清代丝织物花纹来作唐宋丝织物的比较工作，就不大容易作了。""想起这一串待作的工作，我就十分痛苦。我们国家对于这些事，已耽误了四十年，许多事已来不及搞了。……我得来为国家做点事。但是，现在从何说起？"（19；159—160，161）——"来不及了"的紧迫感，让他内心"痛苦"。

三、对存在有了理会，对人生有了理会

十一月十三日，沈从文和工作队走了三十里路，下到内江县第四区烈士乡驻地。住处在山上，是一个地主的大糖房改成的公所，四围竹树环抱。

初来此地，自然和人事的交织、对照，即让沈从文感触深切，随手化为文字，朗然在目，澄明见心："昨天饭后天气好，独自出去走走，到屋后高处悬岩边去，但见四野丘陵连亘，到处是褐土和淡绿色甘蔗林相间相映。空气透明，而微带潮润，真是一片锦绣河山！各处山坡上都有人在点种豌豆，远处人小如米点，白布包头蓝长衫，还看得清清楚楚。每个山坳或悬岩绝壁间，照例都有几户人家，一片竹子林，杂树林，在竹木林间扬起炊烟，田埂间有许多小孩子和家中瘦狗在一齐走动。山凹间冲里都是水田，一层层的返着明光。有些田面淡绿，有些浅紫。四望无际天边渐渐漾成一片青雾。一切温和静美如童话中景象，一切却十分实在。一切极静，可是在这个自然静默中，却正蕴藏历史上所没有的人事的变动。土地还家，土地回到农人手中，而通过一系列变动过程，影响到地面上每一个人，以及每一个人和其他另一个人的关系。一面是淡紫色卷耳莲在山顶水坝中开得十分幽静，塘坝边小小蓝色雏菊，和万点星野黄菊相映成趣。一面却是即只五岁满头疥癞的小孩子，挑了小小竹箕去捡狗屎，从这个水坝过身时，见了我们也叫'土改同志'，知道是北京毛主席派来帮穷人翻身的。你想想看这个对照意义多深刻。一面是位置在一个山顶绝崖上的砦子，还完全保留中古时代的风格，另一面，即在这些大庄子和极偏僻穷苦的小小茅棚下，也有北京来的或本地干部同志，在为土地改革程序而工作。三，这对照太动人感人了！特别是一

群活在这么一个历史画中的人的活动，竟没有人注意到这个历史性的变动如何伟大稀有，凡事如平常，更使我感到一种奇异。不知为什么，在那个悬崖上站着，竟只想哭哭。"

他想起自己准备了多年的一个计划，以张兆和的堂兄张鼎和为原型写一部长篇小说，眼下产生出一个想法：把这里的背景和张鼎和的故事结合起来。"有些东西在成熟，在生长，从模糊朦胧中逐渐明确起来。那个未完成的作品，有了完成的条件。给我时间和健康，什么生活下都有可能使它凝固成形。"

那个"创造的心"似乎又要回来了，"从早上极静中闻竹雀声，和四十年前在乡下所闻如一，令人年青回复，不敢堕落"。

他接触当地农民，体会他们的哀乐，觉得这些人在好多方面和他写的三三、萧萧、翠翠相似，在土地关系的变化中又有了些新的内容。他自己的感情浸入得深，不免就会觉得同来的人用情浅。"对于那么好的土地，竟若毫无感觉，不惊讶，特别是土地如此肥沃，人民如此穷困，只知道这是过去封建压迫剥削的结果，看不出更深一层一些问题，看不到在这个对照中的社会人事变迁，和变迁中人事最生动活泼的种种。对于这片土地经过土改后三年或十年，是些什么景象，可能又是些什么景象，都无大兴趣烧着心子。换言之，也即不易产生深刻的爱和长远关心。"

有时间他常到山顶，四处望望，自己的生命仿佛融合进无边的视野和历史的悲欢进程中，有天地悠悠之感。他想，如果有机会把一切结合起来，"必然会生长一片特别的庄稼"——他这样称呼自己预想的作品。"一面是仿佛看到这个庄稼的成长，另一面却又看到体力上有些真正衰老，受自然限制，人事挫折，无可奈何的能力消失。……只要有充分时间，这点天地悠悠感即会变成一份庄稼而成长，而成熟。但是这个看来十分荒谬的设想，不易有人能理解，能相信的。……是和风甘雨有助于这个庄稼的成长，还是迅雷烈风只作成摧残和萎悴？没有人可以前知。我常说人之可悯也即在此。”

他自认，“生命已到了个成熟期”。惟其如此，才能“总仿佛接触到一种本体，对存在有了理会，对时代有了理会”。此时看文学，“似乎更深一层理解到作品和作者的动人结合。作品的深度照例和他的生命有个一致性。由屈原、司马迁到杜甫、曹雪芹，到鲁迅，发展相异而情形却相同，同是对人生有了理会，对存在有了理会”。但是，他自己目前的现实的另一面却是，“身心都脆弱得很”，虽然“已尽了极大努力”，“时代既日日向前，自然不可避免即衰老者毁灭，而青春健全的大踏步而迈进”。(19：172，173，177，179，180—182)

四、生日

在糖房改成的公所住了一个月，工作队又迁了住处，离原来的地方四里多路，是一个拔贡的旧式庄院，院坪很大，可用作村中集会。刚来的那天晚上，隔壁住户的妇人用竹竿子打老鼠，木桶、缸子、家私、门板，到处乱打，边打边骂，这么搞了半夜，沈从文听了半夜。“那种半醒半睡到骂声，听来有异国远方感……醒来头重心跳，在院子中看屋后白雾茫茫，竹梢滴着重露……这时读杜甫诗，易懂得好处和切题处。”(19：225—226)

附近山上有个旧堡子，名叫卢音寺，有一天沈从文到那里去，“在一个孤立的四围是绝壁悬崖的山顶上，且见到一个老头子在小水塘中钓鱼",土改已经进行到划分阶级的阶段,"男女日夜都开会,这个老人却像是和这个动荡的社会完全不相关,在山顶上钓鱼,多奇怪!我想用一个短篇小说写它,写出来一定动人"。(19;236)

十二月二十七日,沈从文给小儿子写了一封短信:

> 我们工作已入第三段,即最紧张活泼的阶段,每个庄院都有激烈的斗争,每户人家男妇老幼通参加。……我们每到一定时日,即转到别一村子去开会,多自背被包,拄个竹竿子,一面撑路一面打狗。有时一人上路,有时又一大群。总得从一些大小竹林子过身,走错了路就在山头上去看方向。晚上每人用个手电,我用的是牛油烛,巴巴灯,亮得很,一买来就烧掉。每会二三天,照例相当累,但是休息两天又好了。……我总是心脏不受用,晚上醒来,胸部痛苦(也可能是胃膨胀),得不到药,毛地黄片闻有用,也得不到。(已得,每天只敢吃一片。)

> 我刚从七里外村上回来,躺到铺有稻草的大床上,有些三十年前从军感,且正和有时开拔到一新地方一样——除了天气或环境中的空气,什么都生疏。有些人好像熟极了,其实生疏。但是另外有些东西又极熟习,别的人不如我熟习,即田家生活种种静的方面,和动的方面的彼此错综。

> ……你看的土改小说,提起的事都未免太简单了,在这里一个小小村子中的事情,就有许许多多李有才故事,和别的更重要故事。

> ……

> 我们这次又开了四天会,完事后我独自背了个被卷先回来,

大院子中只几只母鸡在啄谷子，我胸部极难受。看看报纸，才知
道今天廿九。吃了一碗红苕饭，坐在院子中休息，到晚上也许还
得去参加斗争会。（19：249—251）

《沈从文全集》第十九卷这封信后面，给"今天廿九"加了个注
释："即农历冬月廿九日。直至今日，收信人为整理此信文稿，才明白
写信的那一天，是作者虚岁五十岁生日——一九九六年三月七日编者附
记。"

五、时代的锣鼓声，被土地的平静所吸收

一九五二年一月四号，在山上糖房坪子里，开了一个五千人大会，
"解决"了糖房的主人"大恶霸"。糖房依然还在用简单离心器生产白
糖，已经归老百姓掌管。沈从文向两个儿子描述当时的情形："来开会
的群众同时都还押了大群地主（约四百），用粗细绳子捆绑，有的只缚
颈子牵着走，有的全绑。押地主的武装农民，男女具备，多带刀矛，露
刃。有从廿里外村子押地主来的。地主多已穿得十分破烂，看不出特别
处。一般比农民穿得脏破，闻有些衣服是换来的。群众大多是着蓝布
衣衫，白包头，从各个山路上走来时，拉成一道极长的线，用大红旗引
路，从油菜田蚕豆麦田间通过，实在是历史奇观。人人都若有一种不可
理解的力量在支配，进行时代所排定的程序。"

感受就是这样锐利：在"历史奇观"中，他看到"人人"都在"一
种不可理解的力量"的"支配"之下；这种锐利的感受更进一层，却一
下步入了天宽地厚包容载重的境界，而这种境界，同时也就是最平常真

实的情景：开完了会，"工作完毕，各自散去时，也大都沉默无声，依然在山道上成一道长长的行列，逐渐消失到丘陵竹树间。情形离奇得很，也庄严得很。任何书中都不曾这么描写过。正因为自然背景太安静，每每听得锣鼓声，大都如被土地的平静所吸收，特别是在山道上敲锣打鼓，奇怪得很，总不会如城市中热闹，反而给人以一种异常沉静感"。（19；267）

　　上面引的两段文字，沈从文是连着写在一起的：轰轰烈烈的历史大事，"被土地的平静所吸收"——有谁能在时代巨变之中如此感受时代的巨变？沈从文能，因为他有"自然背景"；而他始终情之所系的"自然背景"，不仅仅如字面所示是与人类相分离的"自然"和人类活动的"背景"，更重要的，是人类活动的依托和承载，是在放宽拉长的空间和时间范围里评判人类活动的无言而常在的参照。

　　后来又有公审大会，公审之后不久还有一次没收地主财产的活动，这个活动在沈从文的简单叙述里，也是如第一次公审大会的情形，有那种沈从文式的感受转折：地主家中大小十多口跪在屋前菜园地里，武装部队、农会人员把所有东西陆续搬走，锣鼓声震，群情兴奋，"人民全体行动都卷入在这个历史行进中"——"但是到黄昏前走出院子去望望，丘陵地庄稼都沉静异常，卢音寺城堡在微阳光影中更加沉静得离奇，我知道，日里事又成为过去了。"（19；341）

　　毫无疑问，时代的变动带来了新的空气，但同时不变的仍然长存，那就是"在农村中延续了一千年二千年的平静，由任何社会变动都搅不乱的平静"。为什么会有这种"搅不乱的平静"？沈从文说，"为的是土地中庄稼本来就是在平静中生长的"。（19；321）

六、用温习旧年来过旧年

工作紧张激烈，时间不觉到了年根上。一月二十四日，旧历腊月二十八，沈从文住处的其他人都到县里去了，剩下他一个人过年。"今年会到这么一个地方过年，且用过去许多次过年光景来温习，作为这回年景的点缀，实在是不可思议的。"

他过年的方式是：用温习旧年来过旧年。

"温习到三个旧年，都是在辰州过的。一个是在船上，身边剩下铜子一枚那一回，黄昏前船始停靠，想法从他人船篷上爬上岸后，进得城门时，大街上一切铺子都关上了门，在门里却有各种笑闹，有玩锣鼓的，玩骰子的，每家都如浸在欢乐年景空气中，看了许多新年对，回船时，看到同渡船的穿上新衣的船老板，皮抱兜中胀鼓鼓的，可知正要了钱来。生命完全单独，和面前一切如游离却融洽，经过整三十二三年了，这一切均犹如在目前，鲜明之至。另一回是廿三年那次返家，龙虎都还不在世界上存在，我一个人在小船上，船正向下行。经过沅水上大滩横石、青浪，一路都是破船搁在滩头上，我的一叶扁舟，却从中流而下，急于奔马。过柳林岔，河边寒林清肃之至。生命虽单独，实不单独。《湘行散记》和《边城》，因之而产生。三次是廿六年和小五哥萧乾等从武昌过沅陵，同在芸庐，他们放了许多爆竹后，同到大哥住房中玩牌去了，只剩下我独自在楼上一个大房中烤火，也是完全单独，但是虎虎的大眼蜷头发，和龙龙的小车子上大街，和其他都在生命中。得余的战争叙述更深刻的和北京的第一回轰炸，南京的夜袭，武汉的空袭，同在生命中。"

三个旧年情景，勾连起沈从文生命的不同阶段：当小兵的时代；新婚不久之后的幸福期；战争爆发后流离南迁的途中。都是单独的生命，状态却有所不同。而现在，在川南的一个小村子里，又别是一种境况。这地方空气，使他又想起两个乡村年景。

"一次是在凤凰高枧乡下满家作客，那地方全村子姓满。先住一地主家，后改住一中农亲戚家。村子也是在一个冲子里，两面住人，中夹小溪，雪后新晴，寒林丛树如图画，山石清奇，有千百八哥成群聒噪于大皂角树上。从竹林子穿过时，惊起斑鸠三五，积雪下卸，声音如有感情。故意从雪深处走去，脚下陷极深。我一个人从田坎上由此到彼，先是进到一个榨油坊，油坊中工作正十分热闹，有二十多人在动手作事；进到一个碾米坊，却只有满家穷老太太一个人在打筛。两相对照，印象格外深刻。当时什么都还不曾写，生命和这些人事景物结合，却燃起一种渺茫希望和理想。正和歌德年青时一样，'这个得保留下来！'于是在另外一时，即反映到文字中，工作中，成为生命存在一部分。"直到一九四六年写《雪晴》，一九四七年接续《巧秀与冬生》、《传奇不奇》，年青时代的这一次经历才化为系列作品，这些作品也是沈从文创作生涯中最后发表的小说。现在在川南身历土改，想起旧作，似有新的认识："如能将作风景画的旧方法放弃，平平实实的把事件叙述下去，一定即可得到极好效果。因为本来事情就比《李家庄的变迁》生动得多，波澜壮阔及关合巧奇得多。不过事件太巧，太富于传奇性，写来倒反而如不大近人情了。"

"还有另外一次，是在保靖地方，我住在一个满是古树的半山上，年终岁末，大家都在赌博放烟火，我只一个人在一个小小木房子中用一盏美孚灯读书，远远的听到舞狮子龙灯的锣鼓喧闹声，如同梦里一样。一种完全单独的存在。看的书似乎是《汉魏丛书》中谈风俗的。半夜后，锣鼓声都远了，大致是下面军官们在吃东西，或者偶然想起我可能还在看书，派个小护兵送了些年糕和寸金糖来……时间过去了，所有房子民十二即一把火烧了。许许多多当时生龙活虎的人，都死的早死，老的不成个人样了。这一切却在我生命中十分鲜明。即我当时的寂寞痛苦的情形也若可以完全用文字重现。"

回忆不只是回忆。由当前而回想过去，回想过去也是回到当前。"这些遗忘在时间后的年景，这时都十分清新的回复到生命中来。也是竹子林，斑鸠，水田。也是永远把自己如搁在一个完全单独没有谁理解的生活环境中，对身边发生的进行的事情，似乎无知又似乎知道得格外细致明澈。……目下种种，有些也正和三十年前情形一样。什么事都十分真实，而又恰如在非真实的梦里！……也因此感觉得写作真是一种离奇的学习过程。比起一般人说的复杂得多。目前人用一种简单方式培养、改造，因此总不大和问题接触。人和人彼此不同，应如何从生命全部去看，惟局限于经验知识，能理解得如何有限！"

由回忆而串联起个人生命的历史，自是感慨万千；但感慨之上，更有宏阔的进境：个人生命的存在，放到更为久远的人类历史的进程中，会是怎样庄严的景象？

万千人在历史中而动，或一时功名赫赫，或身边财富万千，存在的即俨然千载永保……但是，一通过时间，什么也不留下，过去了。另外又或有那么二三人，也随同历史而动，永远是在不可堪忍的艰困寂寞，痛苦挫败生活中，把生命支持下来，不巧而巧，即因此教育，使生命对一切存在，反而特具热情。虽和事事俨然隔着，只能在这种情形下，将一切身边存在保留在印象中，

毫无章次条理，但是一经过种种综合排比，随即反映到文字上，
因之有《国风》和《小雅》，有《史记》和《国语》，有建安七
子，有李杜，有陶谢……时代过去了，一切英雄豪杰、王侯将相、
美人名士，都成尘成土，失去存在意义。另外一些生死两寂寞的
人，从文字保留下来的东东西西，却成了唯一联接历史沟通人我
的工具。因之历史如相连续，为时空所阻隔的情感，千载之下百
世之后还如相晤对。

　　沈从文的思想最终通到了这里：一个伟大的文化创造的历史，一个
少数艰困寂寞的人进行文化创造的传统。

　　由个人生命的现实遭遇而体认历史，会心一个文化创造的传统，
又由历史和传统而确认自我、接受命运："新的人民时代，什么都不同
过去了，但在这个过程中，恐还不免还有一些人，会从历史矛盾中而
和旧时代的某种人有个相同的情形。……应当接受一切，从而学习一
切。……我在改造自己和社会关系，虽努力，所能得到的或许还是那
个——不可忍然而终于还是忍受了下去的痛苦！"（19；308—312）

七、"有情"的传统

　　第二天，腊月二十九晚上，在老式油灯下反复翻看从糖房垃圾堆
中捡来的一本《史记》列传，继续前一天个人命运和历史文化创造的思
考，夜不成寐。"不知不觉间，竟仿佛如同回到了二千年前社会气氛中，
和作者时代生活情况中，以及用笔情感中。"

　　此时记忆又活跃起来："记起三十三四年前，也是年底大雪时，到

麻阳一个张姓地主家住时，也有过一回相同经验。用桐油灯看《列国志》，那个人家主人早不存在了，房子也烧掉多年了，可是家中种种和那次作客的印象，竟异常清晰明朗的重现到这时记忆中。并鼠啮木器声也如同回复到生命里来。"但沈从文此刻并不想在个人的回忆里多做停留，他为通向理解历史的某种普遍情形而感同身受，追忆旧事之后，没有什么过渡，直接就说："换言之，就是寂寞能生长东西，常是不可思议的！中国历史一部分，属于情绪一部分的发展史，如从历史人物作较深入分析，我们会明白，它的成长大多就是和寂寞分不开的。"

而"寂寞"生长"有情"，所以接着就谈"有情"：

"东方思想的唯心倾向和有情也分割不开！这种'有情'和'事功'有时合而为一，居多却相对存在，形成一种矛盾的对峙。对人生'有情'，就常和在社会中'事功'相背斥，易顾此失彼。管晏为事功，屈贾则为有情。因之有情也常是'无能'。现在说，且不免为'无知'！说来似奇怪，可并不奇怪！忽略了这个历史现实，另有所解释，解释得即圆到周至，依然非本来。必肯定不同，再求所以同，才会有结果！"（19；317—318）

为什么谈"有情"要在与"事功"的矛盾纠结中谈呢？过了几天致张兆和信里说："管仲、晏婴、张良、萧何、卫青、霍去病对国家当时为有功，屈原、贾谊……等等则为有情。或因接近实际工作而增长能力知识，或因不巧而离异间隔，却培育了情感关注。想想历史上的事情，也就可以明白把有功和有情结合而为一，不是一种简单事情。因为至少在近代科学中，犹未能具体解决这件事。"谁要把"有情"和"事功"合而为一？"政治要求这种结合，且作种种努力，但方法可能还在摸索实验，因为犹未能深一层理会这种功能和情感的差别性。只强

调需要，来综合这种'有情'于当前'致用'之中，是难望得到结果
的。"（19：335）

　　这就明白了，沈从文要谈的不是一个于自己于当前无关的理论问
题，而是他自己正遭遇的思想和文学上的困境。政治要求"事功"，要
求"致用"，甚至以"事功"和"致用"为标准和尺度，"有情"如果不
能达到这个标准，不符合这个尺度，就可能被判为"无能"和"无知"。
沈从文认为应该先"肯定不同，再求所以同"，那是把"有情"和"事
功"放在平等的位置上，不以一方来衡量、判断，甚至是裁决另一方；
但政治未必如此。

　　"有情"从哪里来？"过去我受《史记》影响深，先还是以为从文
笔方面，从所叙人物方法方面，有启发，现在才明白主要还是作者本身
种种影响多。……事功为可学，有情则难知！……特别重要，还是作者
对于人，对于事，对于问题，对于社会，所抱有态度，对于史所具态度，
都是既有一个传统史家抱负，又有时代作家见解的。这种态度的形成，
却本于这个人一生从各方面得来的教育总量有关。换言之，作者生命是
有分量的，是成熟的。这分量或成熟，又都是和痛苦忧患相关，不仅仅
是积学而来的！年表诸书说是事功，可因掌握材料而完成。列传却需要
作者生命中一些特别东西。我们说得粗些，即必由痛苦方能成熟积聚的
情——这个情即深入的体会，深至的爱，以及透过事功以上的理解与认
识。"（19：318—319）

　　深陷困境的日子已经不算短了；没有意想到，在川南的小山村，在
土改的进程中，在过年的孤单时刻，沈从文产生了深刻的历史醒悟，自
觉地向久远的历史寻求支撑的力量，把个人的存在连接到令人肃然的文
化创造的伟大传统上来。

沈从文的困境主要表现在两个方面：文学的困境和个人的现实困境，这两个方面也可以看作是一体的。他的文学遭遇了新兴文学的挑战，这个挑战，不仅他个人的文学无以应付，就是他个人的文学所属的五四以来的新文学传统也遭遇尴尬，也就是说，他也不能依靠五四以来的新文学传统来应对新兴文学；况且，他个人的文学和五四以来的新文学传统的主导潮流，也并非亲密无间。但他又不愿意认同新兴文学和新时代对文学的"事功"或"要求"。这个时候，就需要一种更强大的力量来救助和支撑自己。一直隐伏在他身上的历史意识此时苏醒而活跃起来，帮助他找到了更为悠久的传统。千载之下，会心体认，自己的文学遭遇和人的现实遭遇放进这个更为悠久的历史和传统之中，可以得到解释，得到安慰，更能从中获得对于命运的接受和对于自我的确认。简单地说，他把自己放进了悠久历史和传统的连续性之中而从精神上克服时代和现实的困境，并进而暗中认领自己的历史责任和文化使命。

八、尾声

腊月三十日，沈从文写信告诉儿子，这里"经过清匪反霸、减租退押复查等等过程"，每个村子"都大斗过地主，有过种种残酷的斗争，杀的已杀（别处闻有一乡打杀数十人的），管的已管"，再"不大会有何等剧烈动作"。〔19；322〕

大年初一，沈从文和工作队去给去年牺牲的二十八个土改工作干部扫墓。扫墓结束后，工作队又出发去捕捉漏网坏分子，沈从文独自先回村庄，"沿路拜年一路问庄稼，或蹲在田坎边谈胡萝卜甘蔗，当成新年课学到了家"。〔19；330〕

一九五二年二月二十日，工作队离开烈士乡回内江县城，乘坐新建成的成渝线火车，二十四日到达重庆，在这里停留几天，做土改总结会。沈从文以第七团中队部调研组成员的身份，"也上到台上去，在播音器面前说了廿分钟的糖房剥削问题。如有四十分钟从从容容说，就把问题展开，还像个报告了。只压缩到廿分钟，说到一半时，却有个人来递一字条，'已超过五分钟'，这种打岔是完全成功的，就不想说下去，结束了"。（19；351）

二十八日坐船离开重庆，到汉口后再换火车，三月七日回到北京。

从出发到回来，历时四个多月。

此行初始，沈从文确曾抱着把"单独"的生命融合到"一个群"中去的意愿；但最终，"单独"的生命投向了"有情"的传统——他没有直接说，精神上却已经非常自觉而明确地把自己放到了这个文化创造的长远传统延续下来的脉络上。

[第五章]

杂乱的工作，纷扰的事

一、搬家、检查

一九五二年三月七日，沈从文结束了前后四个多月的随土改团在四川内江的工作，回到北京。他从火车站疲惫不堪地拖着行李，来到交道口大头条胡同十二号，站在院门口问，沈从文在不在里面住。[1]他在内江期间，北京的家已经搬迁，因为原来住的中老胡同三十二号院是北京大学的宿舍，他已经不算北大的人了。一月给老朋友杨振声的信里提到，"闻兆和说，学校催搬住处"（19：300）；二月家信里问："你们可搬了家？搬了好，我们没有权利住下去的。不过地方太僻，和一切隔绝，即和图书馆还隔得那么远，要读书可无可为力。但是，只要你们觉得

1　沈虎雏:《团聚》,《沈从文印象》,孙冰编，270 页。

好，也就成了。"（19：350）新的住处是租的民房，离历史博物馆比较远，沈从文上班，一般得天不亮就做饭，六点左右出门，下午六点左右离开单位赶回家里，在外至少十二个小时。

刚从香港回到北京的黄永玉一家寄居在这里，"现在租住下的房子很快也要给迁走的。所以住得很匆忙，很不安定，但因为我们到来，他就制造一副长住的气氛，免得我们年轻的远客惶惑不安。晚上，他陪着我刻木刻，看刀子在木板上运行，逐渐变成一幅画。他为此而兴奋，轻声地念道一些鼓励的话"。[1]

一九五三年三月，历史博物馆给沈从文分了宿舍，在东堂子胡同五十一号。宿舍与院子的男厕所为邻，此前还要路过女厕所，均为茅坑式，沈从文自嘲住处是"二茅轩"；但总的来说，有了稳定的住处，他似乎感觉还不错，到十月份他还有心情向老友高植细致地报告说："我已迁入宿舍住。还是三间房子，白天有极好太阳照满房子中，可是我却一天亮不久即离开宿舍，到上灯后才回住处。来时向一个亲戚借了个床铺，前几天取回了，我这几天就稍微发挥了一点创造精神，用五个书箱（三大二小），三个煤油桶（一翻身就光当一声），十多函旧书，一块一尺半宽七尺长床板，三块二尺方书箱板，拼拼凑凑成一个床，对付下来了。到礼拜六时，再和孩子们'孔融让梨'似的互让，一个上床，两个在地面想办法，打地铺的且多些安定感。生活虽这样，一切还是很好。"但一转念，还是忍不住说："我这几天躺在铺上，一面常担心有创造性的板床忽然坍下，会惊醒隔房的病人，一面且发奇想，什么亲友会借我一个床铺，好每天安心睡个六小时觉，天亮时再起来作事？……我竟想

1　黄永玉：《太阳下的风景》，《沈从文印象》，孙冰编，184 页。

得个结实一点或软和一点的一铺床，也似乎没有办法。"

"隔房的病人"是妻子张兆和，约在一九五三年七月患肋膜炎，只能卧床休养，严重时辗转通过关系得以到协和医院住院治疗过一段时间，但迟至一九五五年初仍然未见全好。沈从文自己的身体状况也不怎么样，心脏病和血压高的影响如影随形。在博物馆工作一天回到家里，已是上灯时分，"见三姐躺在床上总无转机，我对我自己真有些莫名其妙起来，竟想问问：'我是谁？我在作什么？'没有什么痛苦，但是竟好像是由于麻木或低能的发展，有越来越糟糕情形"。（19：366，367）多少令人安慰的是，张兆和一九五四年调入《人民文学》做编辑，下班后就能回家，不必再像在西郊圆明园一〇一中学任教时那样需要住校了。

东堂子胡同居住的时间较长，一直到"文革"开始后，局面发生变化：三间房不得不让出两间。

再回到一九五二年。沈从文从四川一返回北京，就被抽调参加文物行业"五反运动"联合检查组，历时一个月左右，"作战"般检查了八十多家古董铺。工作十分辛苦，"记得和几个公安人员一道，他们搬移东西，我说文物名称、年代，后来喉咙也嚷哑了"。（27：245）

因为去四川而未能参加"三反运动"，所以四月份沈从文去兼课的辅仁大学对学生做了思想检查，算是为运动"补课"。现存一份《"三反运动"后的思想检查》手稿，应该就是这个时期写的。这份检查简略概括如下——优点：并无何等优点。缺点计七项：一、所学驳杂，大多是文学史、美术史零散知识，不够用；二、脱离群众；三、怕负责任；四、理想空洞，不切实际；五、不善于批评与自我批评；六、在业务学习上贪多务得，不切目前应用，常常把一个文物局长或博物馆长脑子里还没有考虑过的问题，也拿来空想；七、在政治学习上水平不高，认为个人能做一事，比说十事有用具体，但政治水平的标准，常视一个人发言多少而定，所以个人政治水平实在不高。"这些毛病还可以概括成四点：即思想落后，脱离现实，自高自大，懦弱无能。……因懦弱无能，所以一切理想只是空想，无从实现。能用笔，还可以从文字中表现，笔一搁下，什么都说不上了。"（27；124—126）

"三反"、"五反"结束后填写《博物馆工作人员交代社会关系表》，最后一项，也是思想检查，沈从文说到目前："和新社会的一切也无多联系，只觉得一切十分陌生，十分隔绝。在博物馆工作，就事而言，就只希望手边能够多有些书，多有些对于古器物的知识，便于明天能更好些完成任务，因为明白'爱祖国文物'及'接受优秀传统'，都不是空口说的空话，只有能掌握丰富知识，并具体理解问题，明白传统优秀伟大何在的工作者，才能完成这个新的历史任务。一切研究都是为了可启发国家新一代的创造心。"（27；135—136）

这一年七月，全国高等学校院系调整正式开始，沈从文兼课的辅仁大学将并入其他院校，商调他去人民大学任专职教授，但他还是选择留在历史博物馆。国家工资制度由折实工资转为固定工资也在这一年，如果按照沈从文任北大教授时的工资定级，则高于管业务的馆长，沈从文提出薪资永远不要超过馆中业务领导。此后二十五年，他的职称一直是副研究员。

二、一个解说员和一个参观者的故事

一九五二年七月，历史博物馆成立文物收购组，沈从文为四个成员之一；转年一月成立出版组，他也是四个成员之一，主持编选了《长沙出土古代漆器图案选集》（人民美术出版社，一九五四年）、《中国古代漆器图案选》（北京荣宝斋新记，套色木刻水印，一九五五年），两本图录出版时都以单位署名。

日常工作中沈从文还是解说员，一九五三年七月为观众做说明时认识了志愿军军人王㐨，这次偶然相遇对成为忘年交的两个人都具有非同一般的重要性：一九五八年王㐨从朝鲜复员回国，在沈从文的参谋下选择工作单位，进了中国科学院考古研究所，日后成为考古专家；对沈从文而言，他后来的研究工作有了一位最重要的助手。不仅如此，在沈从文去世以后，他的服饰研究事业更有王㐨等人来承传接续。

说起一个解说员和一个参观者的相遇，这真是一个朴实、温暖、美好的故事；多年之后重温这个故事，才可以清楚地看出它当时还没有显现出来的意义。一九五三年，朝鲜停战，王㐨第一次到北京，有一天一个人去看历史博物馆。先看午门内朝房，东西两边长廊里面的房子，东面布置的是从猿到人的社会发展史展览，看完再到西朝房看历史出土文物展。王㐨晚年口述当时情景，历历在目：

　　　　我刚一进门，一个穿着白衬衫的五十来岁的人就站起来，跟着我看，然后就跟我讲。我记得那是铜镜展柜，唐宋的铜镜，几十面，一个柜子。这一个柜子就给我讲了两三个小时，使我非常感动。两个人约好了第二天再来看。我就这样一个星期看完了这个西朝房。看东朝房只用了几个小时，看西朝房就用了一个星期。那个时候我有许多问题，对文物可以说一窍不通，这位讲解员就非常耐心给我讲，就像教幼儿园的孩子一样。

　　　　在这期间，我们每天中午就到劳动人民文化宫，就是原来的太庙，去吃一个面包，吃一只香蕉，算是午饭。吃完了饭说说话，问问朝鲜的战争情况和巴金到朝鲜的情况。巴金到朝鲜就在我们军里去体验生活的，梅兰芳我也都遇到了。问问这些情况，并且带我到他家里去吃饭，好像是吃面条。那个时候看到先生的夫人，那么年轻，就像二十几岁一样，不怎么说话。先生就说呀……妈妈，你快过来听一下巴金在朝鲜的情况。叫我讲那个战争的一些问题和情况，他说战争是个立体的，他也当过兵。

我就更纳闷啦！我一直没有问陪我看展览的这么博学的一位老先生是什么人，什么名字，越来越不好问。到分手的时候就非问不可啊。我说："这么多天你陪我，我一直张不开口问你尊姓大名。我非常感谢你花了这么多时间。"他说他是沈从文，我吃一大惊。

……

一直到一九七九年，我才有机会当面问沈先生。我说沈先生，我认识你的时候，简直是一个谜，你这个人完全跟你小说脱节。文字写得很美，那是文如其人，可以这么说；那些故事那么野，那么浪漫，跟别人的那么不同，又吸引人又叫人觉得新鲜，这是怎么回事？我原来以为你是一个荒唐人，就像那编荒唐故事的那种荒唐人一样，说亲身经历哪！

沈先生告诉我，他说做人要规矩，写小说要调皮，不调皮怎么能写成小说呢？说得把我心里一个从一九五三年到一九七九年这么长过程的谜解开了。……此后我每年出差只要到北京，都去探望他，看他在做什么工作。他给我讲解一些重要展览，带我去听罗尔纲的太平天国史，在政协礼堂里听的，罗尔纲是他的学牛。那时候最时髦讲解政治斗争，讲农民运动、农民革命。听完了以后，他说我们都是来听天书的。[1]

三、"外行"之"杂"

沈从文还是很多单位和很多个人的义务工作员、咨询服务员。譬如"建国瓷艺术设计委员会"聘他做顾问，他就常去中央美院实用美术系陶瓷科协助设计，买来古瓷供参考，事后捐给学校做资料；譬如给中央美院的留学生和研究生讲授中国染织美术史等课程，却分文不收兼课费；譬如经常为各地多所大学文史、艺术院系代购教学用的文物；譬如，从他一九五三年零星的日记里可以看到，三月二十八日到四月四日，"为温同学拟出一百种"牡丹花纹图案，"代表各种器形和时代"（19；360，363）；还譬如，一九五六年六月二日致昌煌信，列出六十四种有关小孩形象、衣式的文物和图画，从殷商而下，直到明清。（19；460—464）从《沈从文全集》的第十九卷到二十六卷，我们可以发现，写这种提供文物资料线索和相关意见的书信，在沈从文后半生的各个时期，简直就成了日常生活的一部分，连"文革"下放到湖北劳动时期也不例外。

他"个人"的研究呢？一九五三年，作为文物研究者的沈从文终于"亮相"：七月二十六日《光明日报》发表《明代织金锦问题》，九月《新建设》杂志刊出《中国织金锦缎的历史发展》。一九五四年又为《明锦》图录撰写《题记》（人民美术出版社，一九五五年）。经过时间的验证，回过头去看沈从文文物研究的"开张"论文，更能见出其意

1　王㐰口述，见《章服之实》，王亚蓉编著，北京：世界图书出版公司，2013年，41—42页。

义和价值。《中国织金锦缎的历史发展》"提出许多新问题，别人没有研究过的。许多东西的命名、定名也是沈从文定的。比如玉衣，我们到一九六八年才从满城汉墓挖出一件完整的。过去被盗墓出来卖的这些零零碎碎的长方形玉片，四个角有孔，在历史博物馆展出的时候就说是古牌饰玉片。沈从文就在文章里说这个东西可能是玉衣，历史上的金缕玉衣。他的判断、预见，从一九五三年到一九六八年十多年以后就得到证实。他有深厚的对中国古代这些杂七杂八的工艺、文物的知识，不然的话做不出这个判断"。但在论文发表的当时，甚少有人会产生这样的认识。一九六六年发现满城汉墓，出土了金缕玉衣，王予根据沈从文的指点，主持修复工作，这是全国第一件恢复成原来样子的玉衣，"郭沫若来看，他就为我鼓掌，一面鼓掌一面说伟大伟大！"[1]

一九五四年十月三日沈从文在《光明日报》发表《文史研究必需结合实物》，阐述他以后一再强调的改变以书注书、代之以文献和文物互证的主张和方法。依据这种方法，一九五五年上半年应邀为《红楼梦》中的服装、器物等作注，写出近五百条注释稿，一九五七年十月人民文学出版社出版的四卷本《红楼梦》部分注释参考了他的注释稿。

但是更多的改业以来所写大大小小的论文，未能面世。今天我们阅读《沈从文全集》后五卷的物质文化史部分，仍然会惊讶他当年涉猎的广泛和头绪的繁多。沈从文把他的研究叫做"杂文物"研究，真是"杂"得让人眼花缭乱。在他自己，一方面是研究时沉浸其中，欲罢不能，"几千花花朵朵坛坛罐罐尽在脑子中转，也许有一部分只是梦里的，并非真见到的"。（19：403）另一方面，研究总时不时受到各种各样

1　王予口述，见《章服之实》，王亚蓉编著，43页。

的干扰，不被理解，无从实现其价值，不免感到异常沮丧："工作实在可怕的琐碎而沉闷，即在馆中，也没有人注意到这工作有什么意义。有时候，我自己也不知道"，一九五四年冬天，他在给大哥沈云麓的信中这么写道；接着又说：

> 近来写了个马鞍具问题小文章，谈它的前后三千年的发展，写完了看看，只觉得真是一种浪费，这种文章谁来看？有什么用？但既在博物馆工作，不写这类问题，又写什么？一堆书，一堆问题，真是把我快要收拾了。
>
> 真是奇怪，我为什么用这些问题消耗自己？长处没有人知道。（19：396）

沈从文研究的那些"杂文物"，那些仿佛是"杂货铺"里的东西，在不少人眼里，能不能算得上文物，有没有研究价值，即使有又有多大的价值，都是大可怀疑的。

纺织物是一大堆"杂文物"中沈从文最为倾心倾力的，这也是传统的文物研究中特别薄弱、特别不受重视的部分。一九五五年四月，沈从文致信副馆长韩寿萱，为他的苦心孤诣说明、辩解："搞纺织物正是其中一个。材料冻结已近千年，年青人即有心来搞，也无可下手处，有文献知识的少实物知识，更少比较美术知识；搞美术的又少文史知识，且不弄服装制度，因之即到今天，万千种材料已搁在面前，其实都近于死物，又各个孤立，毫无关连。问题何在，无人注意。中国即有个三千年丝绸历史，到要一个纺织物博物馆时，从何着手？我本来并不比任何人高明，只是从常识出发，稍明白问题何在。"（19：415）沈从文只是希望，甚至是恳求馆里能放手让他去做这项研究，但观念和认识上的差异，却常常带来压力、阻碍，甚至是伤害。

前面提到沈从文是博物馆收购组成员之一，这项用心的工作，却带来了意外的困窘。在一次全国博物馆工作会议期间，历史博物馆在午门两廊精心布置了一个内部"反浪费展览"，展出的是沈从文买来的"废品"。不可思议的是，还让他这个"当事人"陪同外省同行参观，用意当然是给他难堪。什么"废品"呢？举两个例子。一件，从苏州花三十元买来的明代白绵纸手抄两大函有关兵事学的著作，内中有图像，画的是奇奇怪怪的云彩。这是敦煌唐代望云气卷子的明代抄本，却被视为"乱收迷信书籍当成文物看待"的"浪费"。还有一件，是一整匹暗花绫子，机头上织有"河间府制造"宋体字，大串枝的花纹，和传世宋代范淳仁诰敕相近，花四块钱买来的。"因为用意在使我这文物外行丢脸，却料想不到反而使我格外开心。"这一事件除了表明沈从文在历史博物馆的现实处境和政治地位，还显示出，从文物的观念上来说，沈从文的"杂货铺"和物质文化史研究，确实不被认同，以至于被认为是"外行"而安排如此戏剧化形式的差辱。多年以后提起这件事，沈从文还耿耿于怀："当时馆中同事，还有十二个学有专长的史学教授，看来也就无一个人由此及彼，联想到河间府在汉代，就是河北一个著名丝绸生产区。南北朝以来，还始终有大生产，唐代还设有织绫局，宋、元、明、清都未停止生产过。这个值四元的整匹花绫，当成'废品'展出，说明个什么问题？"（27；381，382）

沈从文的文物工作，从一开始，不仅要承受现实处境的政治压力，还要承受主流"内行"的学术压力。反过来理解，也正可以见出他的物质文化史研究不同于时见的取舍和特别的价值。

四、跛者不忘履

一九五二年五月，沈从文把在四川内江写的短篇《老同志》第三稿投寄报纸编辑，八月被退还后不死心，又寄给了丁玲，"望为看看，如还好，可以用到什么小刊物上去，就为转去，不用我名字也好"。（19；353）但此稿后来还是被寄还。上半年他还写了一篇纪实性的《中队部》，描述土改工作队的生活，也未能发表。

一九五三年九月二十三日至十月六日，沈从文以工艺美术界代表身份出席了第二次全国文代会。其间毛泽东、周恩来等接见十二位老作家，沈从文也在其中。毛泽东问过他年龄后，说："年纪还不老，再写几年小说吧……"沈从文当时的理解是，这对于他过去的全部工作，"总也不会是完全否定意义"。（27；248—249）胡乔木来信表示，愿意为他重返文学岗位做安排。秋冬之际，由严文井出面，约请他写历史人物小说，并要安排他当专业作家。

面对文学，沈从文岂能无动于衷？但他再三思量，还是决定留在博物馆。十一月他写信给周扬，同时也是间接回答胡乔木的好意，说自己还是做点工艺美术研究，比写文章切实际；同时请他和胡乔木斟酌，能否"拨一笔钱，调几个人"，支持他开展陶瓷和纺织物花纹研究。（19；369—370）这个设想没有得到回应，也是预料之中的事。

沈从文对文学念念不忘，为什么放弃了这个"归队"的机会呢？在此期间，发生了一件对他打击很大的事。开明书店通知他，因为他的作品已经过时，所有已印未印书稿及纸型，均奉命销毁。稍后他又辗转从香港媒体得知，台湾也明令禁止出版他的一切作品。这等于说他过去全部的文学都没有什么意义。沈从文对他大哥说，希望他把家中的一切作品也烧掉，免得误人子弟。"在床上躺着听悲多汶，很觉为生命悲悯。可惜得很，那么好的精力，那么爱生命的爱人生的心，那么得用的笔，在不可想象中完了。不要难过。生命总是这样的。我已尽了我能爱这个国家的一切力量。"（19；381）

而在香港，一九五二年，长城电影公司却拍摄了根据《边城》改编的黑白片《翠翠》，导演严峻，他还同时饰演片中的外祖父和二佬，林黛饰演翠翠。一九五三年公映后，女主角一炮而红。这部电影在香港早期电影史上有重要的位置，电影插曲也风行一时。

一九五四年十月，日本河出书房出版《现代中国文学全集 第八卷 沈从文篇》，收入《边城》、《丈夫》、《夫妇》、《月下小景》、《从文自传》等十一篇作品，由松枝茂夫、冈本隆三、立间详介翻译。

一九五五年，沈从文又偷偷写小说《财主宋人瑞和他的儿子》，这是一个中篇，一直到一九五八年二月才完成。与五十年代尝试的其他文学创作不同，沈从文没怎么向人说起过这个作品，却用了那么长的时间写完了，而且篇幅对他来说也相对比较长。我们今天读这个作品，会重逢沈从文以前的创作中为读者所熟悉的某些特有的东西，而且能够明显感觉得到沈从文写作时的状态相对放松。这与其他不成功的文学尝试过程中的忧心忡忡、犹犹豫豫、缩手缩脚，形成对照。这种相对放松的状态也只此一例，或者说，这就是个例外。

五、调动而未动

一九五五年十一月，沈从文的工作调动又一次提到议程上来。起因之一，是沈从文当时外调参加出版总署组织的《中国历史图谱》的编写工作，负责的领导和写提纲的专家之间意见分歧，做实际编辑、写材料说明的沈从文夹在当中，左右为难，进展缓慢，他着急而又无望，给丁玲写了一封极简短的信，劈头就说："帮助我，照这么下去，我体力和精神都支持不住，只有倒下。"

丁玲把信转给了刘白羽和严文井，刘白羽向周扬汇报，周扬批示，文物局副局长王冶秋按照指示和沈从文谈了两个小时，了解情况，再汇报给中宣部和文化部领导。周扬又做批示："把这样一个作家改造过来，也是一件值得做的事。"一九五六年二月，中国作协党组致函文化部党组："关于沈从文先生的工作问题，经我们几次和他本人及夫人接触，最后他夫人表示还是去故宫博物院主持织绣服饰馆，同时进行写作为好。"五月七日，文物局正式下发调沈从文到故宫博物院工作的通知。

到了这一步，按理说事情已经定了，但沈从文并没有到故宫博物院报到，最后还是没有离开历史博物馆。虽然没有调入，却被聘为故宫织绣组研究员。他这个研究员不同于一般的兼任研究员，实际上是织绣组的陈列展览、学术研究、人才培养等方面工作的负责人，每周有一定时间到故宫上班，以致故宫博物院的一些领导和职工自然而然地就形成一种印象，以为沈从文就是故宫的工作人员。[1]

为什么没有去故宫报到？沈从文一九五六年八月给大哥的信里提到："现已调我到故宫去办丝绣馆，也得把书编成后再去。"（19；472）这大概是一个直接的原因，虽然未必重要。《中国历史图谱》的工作他一

1　故宫博物院保存了一份沈从文工作调动的档案，包括文物局《调沈从文到故宫博物院工作通知》和沈从文、丁玲、刘白羽、王冶秋及中国作协党组的信函。对这份档案的介绍和沈从文调动议程的详细叙述，见郑欣淼：《新发现的沈从文、丁玲书简》，《文汇报》"笔会"版，2005 年 5 月 16 日。

直参与到一九五七年，重组编委会后他还是编委，但只是挂名。后来此书也没有编成。

这次工作调动牵扯到多个部门和个人，其重视程度和处理上的及时快速，都有点儿不同寻常。如果联想到时代气氛的变换，或许就可以明白了。一九五六年一月，中共中央召开关于知识分子问题的会议，周恩来在报告中首次提出，我国知识分子绝大多数已经是劳动人民知识分子；五月二日，毛泽东在最高国务会议上提出，在文艺和学术研究中应实行"百花齐放，百家争鸣"的方针。在这一大背景之下，一月底二月初召开的政协第二届全国委员会第二次会议，沈从文以特邀委员身份出席并发言，表示争取用"荒废已久的笔，来讴歌赞美新的时代"。此次会议后，沈从文成为全国政协委员。四月十四日，《大公报》发表了沈从文的短文《从龙谈起》；这个月出版的《旅行家》刊出沈从文改业后的第一篇文学作品《春游颐和园》，刊物的主编是沈从文的老朋友、著名记者彭子冈；《人民日报》副刊在胡乔木的一再建议下向沈从文约稿[1]，七月九日发表了他写的《天安门前》；十月十五日，《文汇报》"笔会"版发表了他的《北京有许多博物馆，同时又是个大型建筑博物馆》。香港三联书店八月出版了一本《美丽的北京》，署名的编者是沈从文和曹禺。

看起来情形似乎在好转，沈从文却对大哥说："写了几个小小文章，都不大通，熟人却说好。写的真正还好的，是几个小论文，却没有发表地方"（19：473-474）；此前跟大哥说："近来正是'百家争鸣'的时

1　参见袁鹰：《胡乔木同志和副刊》，胡乔木特意叮嘱"一定要请沈从文为副刊写一篇散文"。《我所知道的胡乔木》，《胡乔木传》编辑组编，北京：当代中国出版社，1997年，194—197页。

代，到处都鸣起来了，我似乎已没有什么可鸣处，却只想把所学的好好用到具体工作上去。写小说算是全失败了，不容许妄想再抬头。近来文物工作也搞得不好，如又弄错，还不知再换什么工作会对国家有用一些。一举手，一投足，都会犯错误，写什么自然更不好办，不知怎么办。"（19：471）

[第六章]

行行重行行

一、济南："没有人知道我是干什么的，我自己倒知道"

一九五六年十月十日，一个五十多岁的人走进山东师范学院。门房问他是干什么的，他说："什么也不干。"门房笑了。他在文物室看了两个钟头。上午散学，学生们拥挤着出门去食堂，他夹在中间挤来挤去，没有一个人认识。他觉得这样极有意思；又想，即使"报上名来"，也没有人知道他是谁。

不知怎么一转念，想到了老朋友巴金："如果听说是巴金，大致不到半小时，就传遍了全校。"接着又有点负气但到底还是泰然地想道，"我想还是在他们中挤来挤去好一些，没有人知道我是干什么的，我自己倒知道。如到人都知道我，我大致就快到不知道自己究竟是干什么的了"。（20；19）

沈从文此行，是以历史博物馆文物工作者的身份出差南下，济南是行程的第一站，八日上午到，十三日下午离开。其间接触当地有声望第一流老文化人，这是其一；其二是看文物，主要是在山东博物馆等处看陈列、看库房；再就是，看"街上一切，给人印象有些别致"。

沈从文心情不错，甚至说得上是兴致勃勃，对济南的印象相当好。前后不足六天的时间，给妻子张兆和写了九封信，约一万五千字，细细地描述所闻所见所感。

到达当天，他就感受到，"济南给从北京来人印象极深的是清净。街道又干净，又清净。人极少，公共汽车从不满座，在街中心散步似的慢慢走着，十分从容"。他还特别观察了济南的"住家"："济南住家才真像住家，和苏州差不多，静得很。如这么作事，大致一天可敌两天。有些人家门里边花木青青的，干净得无一点尘土，墙边都长了霉苔，可以从这里知道许多人生活一定相当静寂，不大受社会变化的风暴摇撼。但是一个能思索的人，极显然这种环境是有助于思索的。它是能帮助人消化一切有益的精神营养，而使一个人生命更有光辉的。"(20；5，6)

看了这些话，也许就能够明白沈从文为什么喜欢济南了。他这个受社会变化的风暴剧烈摇撼的人，从风暴的中心出来，一眼就看上这里生活的静寂，从容，"不大受社会变化的风暴摇撼"。他住在山东博物馆办事处，对窗是一座教会楼房，晚上月影从疏疏树叶间穿过，令他产生"非现实"的幻觉；就是早晨被广播吵醒，放的也是好听的交响乐，而不像北京，大清早要人听"刘巧儿"和"小河淌水"。

他眼中的济南，除了几座刺眼的建筑，似乎一切都好。

譬如说，饮食，水果。"这里一般饮食似比北京干净，面包和饭馆中饺子，都很好。水果摊在架子上如小山，如黄永玉父子同来，一定各有领会。从现实出发的小蛮，必乐意挑选最大的梨子石榴回家，父亲呢，却希望把这个摊子作背景，为作买卖老头子刻个彩色木刻。我还没有见到一张彩色木刻，比我所悬想永玉来刻这个果子摊的结果那么动人。果子也干干净净的，比北京好，不知何故。到处如画有诗，可惜我不能动手。"他在趵突泉公园附近小馆子吃饺子和馄饨，惊异于"馄饨皮之薄，和我明朝高丽纸差不多，可见从业人员对于工作之不苟，也可见生意必不太忙。味道也比北京一般小馆子好"。（20：8—9，12—13）

譬如说，小街上墙边剃头摊，"清水洗头，向阳取耳"，和一百年前差不多！剃头的"得心应手"，可以得到"庖丁解牛"之乐；被剃的"目闭口张"，可以得到"麻姑抓痒"之乐。（20：11）

平平常常的一切，他都看得很有兴味。市场上的说书处，黄黯黯灯光下贩卖和出租小人书的小铺子和翻书的大人小孩，图书馆的书架，等等，处处入眼；旧街饭堂盘子摆得极有错综之美，绿色琉璃砖浮雕花朵值得本地艺术家学习还值得北京来取花样，仿佛什么都能引起感想。

在千佛山崖前，他买了一件艺术品，费钱五分。

他当然还注意到了人。"在这里街上看到的许多中小学生，有一个特点和北京不同，和我却有一点点相同，就是头发通长长的。"他随手就画了个像，旁边写："小学生长得眉清目秀头发长。"到师范学院那天，更证实，"长头发同学当真相当多！无怪乎乡下中学教员，总居多是头发长长的！有些人头发长而上竖，如戴胜一般，决不是无心形成，还似乎有点时髦味道，大致平时必有什么名教授也这样，相当用功，所以弟子们不知不觉也受了点影响"。一向对时髦看不大顺眼的沈从文，对此的评价却是："这里有一种淳朴之风流注，很可爱。我说的是包括了戴胜冠式的头发和其他一切。"（20：14，19）

　　最有意思的是，医学校的女生让他浮想联翩。

　　十日傍晚，住处附近的医学校散学，"许多着白衣的女孩子，快快乐乐的当真一队一队从我前面走过。记得但丁在什么桥头曾望见一个白衣女郎和她的同伴默默含情的走过，我估想在学校附近，也必然有这种未来诗人或第一流大医生，等着那些年青女孩子走过，而这些女孩子对于那一位也全不在意"。他想起了但丁有名的文学典故及其蕴涵的深邃感情，此时，他不做文学家，已经好多年了。

　　这天晚上，他去看了场电影，印度的《流浪者》，回来约二里长的路上，碰巧又遇上医学院的学生。这些学生谈文学，谈小说技巧，"我好像是这些人的父亲一样听下去，觉得很有意思，也是一种享受。我想起三十多年前在城头上，穿了件新棉军服看年青女人情形，我那时多爱那些女人！这些人这时也许都做祖母了，我却记得她们十五六岁时影子，十分清楚"。而眼前的这些女生，他真想看看她们怎么恋爱，怎么斗气，怎么又和好。有一位"长得极美丽，说广东话，我猜想她一定是学牙医，很愿意将来在什么牙医院再见面时告她，什么什么一天她们在瞎谈文学，我却一个人在瞎想"。这天晚上，他想到文学，想到过去弄文学的日子，"睡眠就被赶走了"。(20;18, 20)

　　在济南的最后一天，早晨起来，沈从文给妻子写信："早上钢琴声音极好，壮丽而缠绵，平时还少听过。声音从窗口边送来，因此不免依旧带我回到一种非现实的情境中去。……琴声越来越急促，我慢慢的和一九三三年冬天坐了小船到辰河中游时一样，感染到一种不可言说的气氛，或一种别的什么东西。生命似乎在澄清。"(20;29)

　　音乐总是能够唤起他对人生的理解。他接着写下去："至于一支好曲子，却从不闻因时地不同，而失去它的光彩。假若它真有光彩，就永远不会失去。只有把它的光彩和累代年青生命结合起来成为一种力量，或者使一切年青生命在遭受挫折抑压时，还是能够战胜这些挫折抑压，放出年青生命应有的光辉。总之，他是力量和崇高愿望、纯洁热情一种混合物，他能把这一切混合或综合，成为一种崭新的东西，在青年生命中起良好作用，引起一切创造的冲动，或克服困难的雄心。在老年生命中也可唤回一切童年生命中所具有的新鲜清明。真是个了不起的东西！"（20：30）

二、南京、苏州："三姑爷来了！"

离开济南到南京，沈从文的好兴致似乎消减了不少。因为忙于谈话和看材料，想去的中山陵和明陵等也只好放弃。南京人说话像吵架，在博物馆陈列室"想要静静的看才理解好处的东西（例如字画），只有在百家争鸣情形下看去"。大街上、公交车上，他特别注意到此地一般妇女的样貌，三四十岁的"多瘦瘦的，眼小小的"，"血气枯竭的样子"；"二十到三十岁女子，面目多呈营养不足或肺病特征，总像是骨肉发育不平均，肉少骨多，颧骨突出，耳根枯焦，眼目无光，发枯不润"。"妇女多参加重劳动，如拉大板车车……可见求生之不易。"（20：33，32）

在南京住了一周，二十一日离开，傍晚到了苏州，沈从文的兴致陡然而起：他快乐地享受着与张家的亲情。当天晚上他就到九如巷张家看望张兆和的继母韦均一，谈了很久；第二天晚上又来，一一分送礼物。沈从文向妻子报告说："最好礼物还是大家谈笑，用你和龙虎等为题，用宗和及其他，说得一众（或群众）哈哈大笑。"张兆和五弟张寰和，做一个中学的校长，陪同看了虎丘塔和几处园林，还去买了双皮鞋——

"小五哥已和我到一苏州著名皮鞋店买成黑色皮鞋一双，价目是我有生以来所购最贵的一双鞋子。计十六元五角，一只已达八元二角五！"第三次到九如巷，兴奋的孩子们在门外喊："三姑爷来了！"门里面的老保姆用合肥话跟着喊："三姑爷来了！"喊声中夹着笑声。临走的前一天晚上，沈从文第四次来九如巷。（20：38，42，46）

二十四年前，沈从文利用暑假，从任教的青岛大学经过上海来苏州，看望苦苦追求的张兆和。他没有料到，张家姐弟一开始就欢迎他，给了他极大的热情。这种热情一定也感染了对他的突然到访有些不知所措的三小姐，使得他的追求出现转机。五弟张寰和，用自己的零用钱买瓶汽水来款待客人，他大为感动，当下许诺："我写些故事给你读。"后来写《月下小景》，九篇中有八篇文末注明"为张家小五辑"字样。到寒假，沈从文又来，张充和晚年的记忆里还异常清晰地保留着当年鲜明的情境："我们同他熟悉了些，便一刻不离的想听故事。晚饭后，大家围在炭火盆旁。他不慌不忙，随编随讲。讲怎样猎野猪，讲船只怎样在激流中下滩，形容旷野，形容树林。谈到鸟，便学各种不同的啼唤，学狼嗥，似乎更拿手。有时站起来转个圈子，手舞足蹈，像戏迷票友在台上不肯下台。可我们这群中小学生习惯是早睡觉的。我迷迷糊糊中忽然听一个男人叫：'四妹，四妹！'因为我同胞中从没有一个哥哥，惊醒了一看，原来是才第二次来访的客人，心里老大的不高兴。'你胆敢叫我四妹！还早呢！'这时三姐早已困极了，弟弟们亦都勉强打起精神，撑着眼听，不好意思走开。最后，三姐说：'沈先生，我累了，你去吧。'真有'我醉欲眠君且去'的境界。"[1]

1　张充和：《三姐夫沈二哥》，《沈从文印象》，孙冰编，155—156 页。

往事可追；经历了那么多风雨变故之后，亲情虽然无从改变人生的坎坷波折，却足为动荡人生的珍贵安慰。"三姑爷来了"的喊声笑声里，沈从文享受到久违的单纯的快乐。他住的地方曾是太平天国王府一小侧院，清静，无人声，有鸟鸣，有花香，他大清早拿起笔给妻子描绘庭院图，"可惜院子中一派清芬我画不出，齐白石来也画不出！"（20：52）

除了到博物馆看陈列，沈从文还参观了苏州最大的刺绣合作社以及宋锦生产社、漳绒织厂。博物馆里一些新出土的文物，让他兴奋："许多东东西西过去都是看不见、想不到的。这里的工作同志，即或已把东西挖出来，也还不知道它丰富了文物历史知识多，.对南中国文化知识具有何等重大意义！""如方格漆盒且完全如过去我所推测，证实了有些陶器实为仿漆器而作。又有些新东西可以证历史文献。又有些更为我们研究宋人绘画、服装等提供了崭新而十分重要材料。还有一片稀见大锦缎。"（20：38，44—45）

三、上海："天不变，地不变，陈蕴珍可爱处也不会大变"

二十八日下午到上海，住南京路市工人招待所，第二天晚上迁到外白渡桥边上的上海大厦。参观博物馆和建设博物馆之外，和老朋友会面才是沈从文开心的事。一九五三年十月上旬，沈从文借到南京和上海出差参观博物馆的机会，和巴金等老友相见；时隔三年，这次他的心情要轻松许多。

他给巴金家打电话，陈蕴珍接的，依旧热情得在电话里嚷了起来。"天不变，地不变，陈蕴珍可爱处也不会大变，可说是性格中的'阴丹士林'！正和形象中的阴丹士林，可爱处是一样的。"沈从文兴奋不已，想象着见面的情景，给妻子写信说："今天将去见笑眯眯充满好意的蕴珍女士了，听到说起龙虎时，一定要伸伸舌头，眼睛圆睁，头略偏着的说：'三姐开心！'我如老派一点，将要请她作媒，如再新派一点，将要请她介绍对象，不老不新，于是只有笑笑，'女朋友，慢慢来，是他们的事，我们不着急！'也必然要问到树藏和萧乾，对萧乾有斗争，这是历来的态度！也可能问到凤子，连类的说：'三姐可不老！'我也许会要她陪同去买袜子，到时却先请她买一枝拐杖，问用处时即说是'为龙龙的老母亲买的'。笑得她个人仰马翻，我才不管！"（20：59，62）

三十日中午沈从文和巴金、靳以、陈蕴珍一起在巴金家附近一个有名的小饭馆吃午饭；十一月三日，一早就到巴金家取张兆和转寄到这里的信，两位老友在花园廊子前坐了两个小时，"看陈蕴珍用玻璃茶杯一杯一杯倒水浇盆中花草"。后来一同到慕鸣大厦去看靳以，沈从文戏称靳以为章大胖子，说他的房子大五间小二间，"阔气来哉！"（20：84）

上海还有一位友人，程应镠，沈从文习惯称呼他的笔名流金，其时担任上海第一师范学院历史系主任。程应镠早年在燕京大学读书时，因"一二·九"文艺社要出版一个叫《青年作家》的刊物，来沈从文家里请求支持，沈从文写了一篇《对于这新刊诞生的颂辞》发表在一九三六年的创刊号上。从那时起，两人保持了五十多年的友谊，尤其是在昆明时期，来往密切。他负责学校的历史学科建设工作后，受沈从文历史教学要结合实物这一观念的影响，筹办文物陈列室，委托沈从文代购了不少文物。程应镠陪沈从文到虹口公园看鲁迅墓，逛城隍庙。第二天沈从文又如约来程家吃晚饭，四个小孩子一字排开，他掏出酸梅糕，掰成小块儿放到张开的小嘴里，然后数"一、二、三"，让孩子们用力抿一下，

"有趣呀！流金，我真喜欢看这些小家伙的表情！"[1]当晚，沈从文宿在程家的小书房中。

沈从文一九二八年二十六岁时从北平到上海来开拓事业，先是与胡也频、丁玲合作创办《红黑》、《人间》两个月刊，组织"红黑出版处"，不久都相继失败；之后经徐志摩推荐，胡适聘请他到吴淞中国公学任教，到一九三○年九月转往武汉大学任教以前，他在上海过了几年颇为艰难酸苦的生活。上海这座城市，他始终不能产生亲近感。多年之后旧地重游，仍然生疏隔膜如昔。但他也"理性"地注意到了这座城市的变化：旧上海是个"罪恶窝窝"，现在的上海变成了"十分规矩又极勤勉的社会"，能支援任何一个新的城市的建设，产品供应全国以及海外需要，"上海伟大处也在这里"。（20：74）

不过，最重要的还是，这里有他多年的老朋友。相聚虽然短暂，温暖的气氛和相知的默契，却是对从过往曲折延续到现在的生命存在形式的无声肯定。是的，老友本身就是肯定，在老友面前，他用不着否定自己的过去，也用不着否定自己的现在。

四、长沙："除看《三里湾》也看看《湘行散记》"

十一月上旬，沈从文结束了近一个月的出差，从上海返回北京。但未过多久，下旬又赴湖南，这次的身份与上次有所不同，是政协委员，此行是全国政协安排的视察活动，与精通古琴的音乐研究家查阜西和一位李老先生同行，二十四日到达长沙，住省府招待处。

1　程怡：《父亲、叔叔和那个时代的人》，《书城》2004 年第 8 期。

不凑巧的是，沈从文这次出行成了"病号"。车过武汉短暂停留时，因扁桃腺炎去了医院，到长沙看了一天博物馆后，又因为高血压心脏病去了两次医院。

二十七日晚，视察团被安排观看全省文艺会演节目，凤凰的"文茶灯"当然引起他的兴趣，他感受到其中"好到惊人程度"的部分，但这种湘西民间盛行的小型歌舞剧经过了改造，"你想想看，六七个做微笑态的年青女孩子用凤凰腔说'那样……'唱着跑着，岂不有一定程度滑稽！""装扮衣服可急坏了我，一头的花，穿的是粉红衣，粉绿裙，可远比《采茶舞》差劲。"他在信里给妻子画了张人物形象图，旁注道："看看这个样子，岂不是简直有一点儿全国味？"（20；88，91）沈从文希望看到的，自然是本来样子的"文茶灯"，没有"全国味"，而要保留浓郁的湘西味。

到二十九日，沈从文病情加重，住进湘雅医院。在医院里待不住，却也不得不待了五天，他常常想象自己是好兵帅克，可以自己宣布病好出院。无聊时读《三里湾》，给小儿子的信里说："我因卖书人介绍说是名作家作的，花了六毛三买一本，看下去，也觉得不怎么好。笔调就不引人，描写人物不深入，只动作和对话，却不见这人在应当思想时如何思想。一切都是表面的，再加上名目一堆好乱！这么写小说是不合读者心理的。妈妈说好，不知指的是什么，应当再看看，会看出很不好处来。"（20；97）

出院之后的几天，到博物馆开会，参观附近一个寺庙里百十尼姑织帐罗，看师范学院历史教学材料同时游览学校所在的岳麓山，在文管会看文物，还抽空去见了凤凰籍军事将领戴季韬，时任省政府参事。也许是因为生病，或是过于疲劳，他感觉精神不如在济南、南京时活泼；政协委员的身份，处处受招待，吃、住都过于官样，回到故乡省份，反倒产生了"一种作客心情"。想到即将返回阔别二十二年的老家凤凰，自是心潮起伏，搁笔以来的这些年里，有时会不切实际地幻想，回到故乡熟悉亲切的环境中，也许就能重新找回创作的信心；可是现在，他十分清醒地意识到，目下的状况实在也无法产生出好的作品："照我想，如再写小说，一定得有完全的行动自由，才有希望。如目前那么到乡下去，也只是像视学员一般，那能真正看得出学生平时嘻嘻哈哈情形？即到社里，见到的也不能上书，因为全是事务，任务，开会，报告，布置工作。再下去，虽和工作直接接触了，但一切和平日生活极生疏，住个十天半月，那里能凑和成篇章？……如照赵树理写农村，农村干部不要看，学生更不希望看。有三分之一是乡村合作诸名词，累人得很！"

感慨油然而生："我每晚除看《三里湾》也看看《湘行散记》，觉得《湘行散记》作者究竟还是一个会写文章的作者。这么一只好手笔，听他隐姓埋名，真不是个办法。但是用什么办法就会让他再来舞动手中一支笔？简直是一种谜，不大好猜。可惜可惜！这正犹如我们对曹子建一样，怀疑'怎么不多写几首好诗'一样，不大明白他当时思想情况，生活情况，更重要还是社会情况。看看曹子建集传，还可以知道当时有许多人望风承旨，把他攻击得不成个样子，他就带着几个老弱残丁，迁来徙去，终于死去。曹雪芹则干脆穷死。都只四十多岁！《湘行散记》作者真是幸运，年逾半百，犹精神健壮，家有一乌金墨玉之宝，遐迩知名（这里犹有人大大道及）！或者文必穷而后工，因不穷而埋没无闻？又或另有他故。"（20：110—111）

梅兰芳到长沙来演出，在当地是很轰动的事。沈从文不想看，因为"一看到洛神穿的衣服，就替古时洛神叫屈"，他说自己不懂戏剧艺术，正如不懂相声艺术："我实在不懂'艺术'，懂的是不知应当叫做什么！这也真是一种无可如何的事情。《湘行散记》作者不能再写文章，情形也许相同。"但还是被邀请去看《贵妃醉酒》，"在一丈内看他作种种媚态，谢幕约八次之多"，"谢幕时还作女孩子嗲态，以手捧心"，"衣服真是不美观"。他说《贵妃醉酒》"毫无唐代空气"，看的感觉是"更加累人"。（20；102，112，115）沈从文的"偏见"堪比鲁迅，鲁迅由梅兰芳的"黛玉葬花"照而"刻薄"中国"男人扮女人"的"艺术"："男人看见'扮女人'，女人看见'男人扮'。"[1]两个人还都不喜欢京剧乒乒乓乓大锣大鼓的热闹。沈从文看戏，比一般人又多了一点对服装的讲究，他说梅兰芳的戏装"不三不四"，看到"就生气"——这个研究服饰史的人，总希望不要脱离或违背历史的实际情形才好。

五、湘西："许多都像变了又像不变"

十二月十二日，沈从文和查阜西一起游览常德，感觉"一点不认识了，什么全变了"。十三日，两人离开长沙去吉首，车经桃源到沅陵，住了一晚。沈从文上次来沅陵，是抗战爆发后南迁的途中，在大哥沈云麓的"芸庐"住了近三个月（一九三八年一月中旬到四月中旬）；再早就是当小兵时代的记忆了。此次路过，看见城门洞边卖汤圆的担子，想起"民七时我常在这门洞中吃汤圆"；"当时看鸡打架小孩打架及麻阳大脚婆娘坐在门边衲鞋底的麻阳街，还是和过去差不多。"时在深冬，沅陵光景依然入眼，"河岸边有许多船，河滩上还有大船横搁在被斧斤打

1　鲁迅：《论照相之类》，《鲁迅全集》，北京：人民文学出版社，1981 年，第 1 卷，187 页。

削，和岸边一列打铁炉的红光叮当声映照，异常动人。撑渡船的依旧是十六七岁女孩子，独据船尾在寒风中摇桨，胆大心平，和环境如已融而为一。江水碧绿"。（20；119，120）

　　第二天去吉首，车到"张八寨"，停下来等船过渡。新渡口往上游一点有老渡口，用老式小渡船，拉渡船的是个梳双辫女孩子，十四五岁，情形如同《边城》。沈从文心里惊叹："一切陌生一切又那么熟习。这实在和许多年前笔下涉及的一个地方太相像了。""我为了温习温习四十年前生活经验，和二十四五年前笔下的经验"，就随同几个乡下人一道上了小渡船。（12；313，315）这一短暂的经历几个月后写成了散文《新湘行记——张八寨二十分钟》，发表在一九五七年六月的《旅行家》杂志上。

　　吉首是湘西苗族自治州州委所在地，来此地主要的事情是，查阜西邀请了几个苗家歌手录音。晚上在火盆边工作，"一面唱一面吃本地麻饼鸡蛋糕，唱各种情歌和神歌，极别致！可惜的是只能记音不能记背景或照出背景，但这些歌之有意义却正在背景"。"在这里烧的是大火盆。坐在火盆边谈天，情景极离奇，特别是容易使我温习到几十次不同火盆边事情。"（20；123）后来，沈从文写了一篇《湘西苗族的艺术》，记叙了在吉首的"三个离奇而且值得永远记忆的晚上"——"歌声中总永远夹着笑声，微笑时却如同在轻轻唱歌"：

　　　　大家围坐在两个炭火熊熊的火盆边，把各种好听的歌轮流唱下去，一面解释一面唱。……解释到某一句时，照例必一面搔头一面笑着说："这怎么办！简直没有办法译，意思全是双关的，又巧又妙，本事再好也译不出！"小学校长试译了一下，也说有些实在译不出。"正如同小时候看到天上雨后出虹，多好看，可说不出！古时候考状元也一定比这个还方便！"说得大家笑个不止。

虽然很多歌中的神韵味道都难译，我们从反复解释出的和那些又温柔、又激情、又愉快的歌声中，享受的已够多了。那个年纪已过七十的歌师傅，用一种低沉的，略带一点鼻音的腔调，充满了一种不可言说的深厚感情，唱着苗族举行刺牛典礼时迎神送神的歌词，随即由那个十七岁的女孩子接着用一种清朗朗的调子和歌时，真是一种稀有少见杰作。即或我们一句原词听不懂，又缺少机会眼见那个祀事庄严热闹场面，彼此生命间却仿佛为一种共通的庄严中微带抑郁的情感流注浸润。让我想象到似乎就正是二千多年前伟大诗人屈原到湘西来所听到的那个歌声。照历史记载，屈原著名的九歌，原本就是从那种古代酬神歌曲衍化出来的。本来的神曲，却依旧还保留在这地区老歌师和年青女歌手的口头传述中，各有千秋。（31：330—331）

十八日，自治州州委派一位年轻的文化干部陪同沈从文回凤凰老家。大嫂背了个竹笼子来车站接。晚饭后正值放电影《天仙配》，沈从文也很有兴致地去城隍庙改造的放映场看，散场后和本城人同道在小街上走，恍如三四十年前看戏回家情形。

在凤凰，给祖父母、父母和亲故挂坟，看望两三个老熟人，和大哥谈天。大哥是当地公认的"老文化人"，"文物保卫工作者"。弟弟沈荃入土已经五年，弟弟的女儿朝慧已经长得和自己的儿子虎雏一样高。始建于清嘉庆时的庵院石莲阁，就在这一年被拆除，但本地人不忍打毁观音，就抬到合作社牛栏中放起来，几个教员陪沈从文去看了看。

置身记忆里无比熟悉的故乡，倒反而觉得有些生疏。"地方给人印象'奇怪'，因为许多都像变了又像不变，许多小孩子骑着'高跷'在路上碰撞，正是我过去最欢喜玩的。酸萝卜小摊子还到处是。许多老太婆还是那么缩颈敛手的坐在小摊子边，十分亲切的和人谈天，穷虽穷，生命却十分自足。许多干部是外来的，却在生根。当地广播电可到各乡村，每天广播歌曲时事并传达命令、通知。"当地人织的土布，好看之至，但"本地人不穿，干部不穿，苗人也不大爱穿"，"真是货到地头死"。"人材也可能有相似情形"——"没有出路，慢慢的自然也就耗尽了。"（20；126，127）

沈从文当作"宝贝"收集了一些苗族和土家族编织物，本地人说他是"收荒货的"；他想不通，为什么这么精美动人的东西不受待见，充斥市场的反而是"丑不可言"的上海轻工业用品。"也奇怪，怎么会这样丑？"（20；133）

二十二日，沈从文离开凤凰返回吉首，几天后再回到长沙，二十八日离开长沙，三十日回到北京，结束了一个多月的湖南之行。

六、上海：黄浦江里的艒艒船

转年三月，沈从文出席了政协第二届全国委员会第三次会议，就加强博物馆的文物研究和少数民族文化工作发言，题为《历史文化和民族文化工作的四点建议》（31；322-325）。随后，又参加了全国政协安排的视察活动，四月十二日南行，先后到南京、苏州、上海、杭州，历时近一个月。同行的约二十人，各自领域不同，沈从文主要是考察丝绸生产，访问博物馆，了解高校对文物的应用等问题。看到的情况总让他忧心、着急，也因此而对自己的工作加深认识。他在给妻子的一封信中，甚至对比了物质文化史研究和文学创作："小妈妈，工作看来简直是什么都还待重新走第一步。是一种崭新的工作。走在前面的人却那么少。这比写点散文短篇故事，实在难得多，作用也大得多，要人肯担当下去。我知识也极有限，可是却明白这么作对整个文史研究工作是一种革新。"（20；176）

此行在上海住了十多天，和巴金见过好几回，王道乾还带着女儿来巴金家和他会面。他很有兴致地给自己的两个孩子描述他们的同辈人："巴老弟"（李晓棠）"用吃糖后的小纸团打王道乾小女孩"，五六岁大的小女孩"简直受不住那种进攻，又不好哭，只藏在她爸爸身后去，眼睛湿莹莹的，直到拿得桌上一颗糖才稳定情绪"。男孩的姐姐"巴小姐"（李小林），"声音也和她妈妈一样，说话时比一般人高半音"。（20；165—166）

社会上的现实可不像家庭日常生活中的情形那么好玩。这个时候，"大鸣大放"开始了。本月，中共中央发布《关于整风运动的指示》，决定在全党开展普遍、深入的反对官僚主义、宗派主义、主观主义的整风运动；五月，统战部邀请各民主党派负责人和无党派人士举行座谈会，征求对党的工作意见，以便推进党的整风运动。沈从文在上海，也不能不关注这场运动。

四月三十日，他写信告诉妻子："这里报上正在'鸣'。前天是小说家（巴金等），昨天是戏剧界（曹禺、熊佛西、李健吾、师陀），一片埋怨声。"他的反应是，有点不以为然——"鸣总不免有些乱。"他的不以为然不是基于对政治、体制、形势的判断，而是出于那种认为作家任何时候都应以自身作品说话的意识："上海报纸上载作家鸣得相当热闹，真的热闹必然还在后面些，时候还未到。但是什么时候就到来？模模糊糊。真的鸣应当是各种有分量作品，诉之于万千无成见，少偏见，且不为空气控制影响的读者。但是目下这种有资格说话的读者，却无多机会说话。这个读者群应当包括教授（教这一行的）、编辑、作者和各种干部、学生、市民读者。这个群的意见，比目下少数人批评就公道正确得多！""这里出书极多，到一个书店去，满架子是新书，问作家有什么特别引人的作品？没有。"（20；168，169）

正是这样一种根深蒂固的做好自己的事情的意识，使得沈从文不为各种各样的"热闹"所蒙心蔽眼，而能特别注意到"大热闹"之外为人忽略的"沉静"。不说政治形势，就说上海这座城市的生活，市声鼎沸，吵吵嚷嚷，沈从文从他所住的上海大厦十楼望出去，一派繁密景象，他随手画了一幅速写，图画中却有了"热闹"和"沉静"的对比。他给这幅速写写了一段话：

> 带雾的阳光照着一切，从窗口望出去，四月廿二日大清早上，还有万千种声音在嚷、在叫、在招呼。船在动、水在流，人坐在电车上计算自己事情，一切都在动，流动着船只的水，实在十分沉静。（20；157）

这幅速写是沈从文到上海的第二天早晨画的。到五月一日这天，他又画了三幅速写，也是从窗口望出去所见的情景。一九五七年的五一国际劳动节，上海外滩的外白渡桥和黄浦江——我们应该注意到这个时间和地点所提示的时代气氛和性质。每幅画都有文字描述。

第一幅，"五一节五点半外白渡桥所见"：

江潮在下落，慢慢的。桥上走着红旗队伍。艒艒船还在睡着，和小婴孩睡在摇篮中，听着母亲唱摇篮曲一样，声音越高越安静，因为知道妈妈在身边。

第二幅，"六点钟所见"：

艒艒船还在作梦，在大海中飘动。原来是红旗的海，歌声的海，锣鼓的海。（总而言之不醒。）

第三幅：

声音太热闹，船上人居然醒了。一个人拿着个网兜捞鱼虾。网兜不过如草帽大小，除了虾子谁也不会入网。奇怪的是他依旧捞着。

时代的宏大潮流汇集和裹挟着人群轰轰隆隆而过——外白渡桥上正通过由红旗、歌声和锣鼓混合成的游行队伍——这样的时刻，沈从文的眼睛依然能够偏离开去，发现一个小小的游离自在的生命存在，并且心灵里充满温热的兴味和感情，这不能不说是一个奇迹。

如果不嫌牵强的话，我们可以把沈从文"静观"的过程和发现的情景，当作他个人的生命存在和他所置身的时代之间的关系的一个隐喻。说得更直白一点，不妨就把沈从文看作那个小小的艒艒船里的人，

"总而言之不醒"，醒来后也并不加入到"一个群"的"动"中去，只是自顾自地捞那小小的虾子。沈从文的"小虾子"，不用说，就是他投注了生命热情的历史文物研究。

已经是半夜了，沈从文还不能自已地向妻子抒发他投射到艒艒船上的情怀："这里夜一深，过了十二点，江面声音和地上车辆作成的嘈杂市声，也随同安静下来了。这时节却可以听到艒艒船摇橹荡桨咿呀声。一切都睡了，这位老兄却在活动。很有意思。可不知摇橹的和过渡的心中正想些什么事情。是不是也和我那么尽作种种空想？它们的存在和大船的彼此相需的关系，代它想来也有意思。……这些艒艒船是何人创造的？虽那么小，那么跳动——平时没有行走，只要有小小波浪也动荡不止，可是即到大浪中也不会翻沉。因为照式样看来，是绝不至于翻沉的！"（20：177—178，176—177）

[第七章]

"老去"的文学，"不算是学问"的学问

一、"我和我的读者，都共同将近老去了"

　　一九五六年提出并逐步实施的"百花齐放，百家争鸣"方针所形成的"早春天气"，一直延续到一九五七年的头几个月。二月二十七日，毛泽东在最高国务会议上作《如何处理人民内部的矛盾》的讲话，以温和的口吻宣告大规模的阶级斗争已经结束，肯定了王蒙等人干预生活的作品。[1] 沈从文列席了这次会议，并做了详细笔记。

　　在文艺政策"调整"的形势下，动员老作家重新拿起笔来写作，成了文艺工作的一个特别重要方面。譬如，一九五七年七月大型杂志《收

1　毛泽东的讲话在 1957 年 6 月 19 日《人民日报》正式发表时有重大改动，标题也改为《关于正确处理人民内部矛盾的问题》。

获》创刊,《发刊词》十分突出地强调:"《收获》应该团结更多的作家,尤其是老作家们。他们在文学的大道上辛勤地工作了几十年",接着列举了老作家的种种"优势",然后说到现在,"他们有多少心底涌出的话语要说呵,他们有多少欢乐的感情要写在纸上呵!老作家们的个人的收获,将成为《收获》的最丰盛的果实和粮食"。创刊号发表了老舍的《茶馆》、艾芜的《百炼成钢》、柯灵的《不夜城》以及冰心的诗、沙汀的短篇、巴金谈《家》的文章、严文井的童话,等等。[1]

《收获》的创刊及其编辑方针,是反映时代氛围的一个例子。在这样的氛围下,我们就不难理解会发生这样的事:周扬对《人民文学》主编严文井说:"你们要去看看沈从文,沈从文如出来,会惊动海内外。这是你们组稿的一个胜利!"[2]不久,七、八月号的《人民文学》就发表了沈从文的散文《跑龙套》和《一点回忆、一点感想》。

中国作协要沈从文提交创作计划,三月他起草了一份,但就是在写这份计划时,他的心思也不全在文学写作,反倒更偏重文物研究。他说"大致有两个中篇的初步准备",一以安徽为背景,一以四川内江糖房生产为背景;"又还想试再写些短篇游记特写"。接着笔锋一转,"如照目下生活方式,大部分脑子中转的,只是一堆待进行未能好好进行的研究工作,和越来越多的一些坛坛罐罐,绸子缎子,花花朵朵问题,及将来如何转用到新的生产上问题。用头脑方法不是写小说的,即拿起笔来,也难望写得出什么像样东西"。最后,他谈的还是文物研究,对工

1　《收获》创刊号《发刊词》,文末有写作时间:1957年6月24日。创刊号7月24日出版。该杂志由巴金、靳以主编,出版者为人民文学出版社。
2　涂光群:《沈从文写〈跑龙套〉》,《中国三代作家纪实》,北京:中国文联出版公司,1995年,273页。

作条件之差难掩其火："我在历博办公处连一个固定桌位也没有了，书也没法使用，应当在手边的资料通不能在手边，不让有用生命和重要材料好好结合起来，这方面浪费才真大！却没有一个人明白这是浪费，正如没有人明白这部门工作落后，对于其他部门工作影响一样，好急人！谈到这里我脑子不免有些乱起来了，因为正像一辆破车子在烂泥中挣扎前行，许多工作好难推进！如善于使用人力物力，这边研究工作会作得更具体些，抽出部分时间来写作业就方便得多；这辆车子也许还可走好远的路，如总这么下去，恐怕什么都作不好，定的任何好计划也必然落空！"（ 27 ; 509, 510—511 ）[1]

八月，各方协调后安排沈从文去青岛休养和写作。一九三一年到一九三三年，沈从文在青岛大学（一九三二年改名山东大学）教书，这座海边城市给他留下了深切的记忆和感情，那两年也是他的生活摆脱早年的困窘，写作日趋成熟，生命转为愉快和从容的时期。二十多年后再来这里，没有工作任务，他一下子体会到了久违的自由感："似乎生命全部属于自己所有，再也不必为上班或别的什么老像欠债一般，还来还去又总不会完，——这里却真作到了自己充分支配自己。"他早晨五点即起床写作，"简直下笔如有神，头脑似乎又恢复了写《月下小景》时代，情形和近几年全不相同了。"（ 20 ; 185）休养不足一个月，他就写出了三四篇文章，其中有一篇后来未发表的长文《边远地区少数民族文化与中原文化之关系》。

不过，他刚去没几天就完成的一个短篇，却被张兆和泼了冷水："拜读了你的小说。这文章我的意思暂时不拿出去。虽然说，文艺作品

---

1 沈从文这份创作计划原稿存中国作家协会档案。

不一定每文必写重大题材，但专以反对玩扑克为主题写小说，实未免小题大做；何况扑克是不是危害性大到非反不可，尚待研究。即或不是在明辨大是大非运动中，发表这个作品，我觉得也还是要考虑考虑。"[1]

"明辨大是大非运动"——全国范围内的"反右"，到八月已经如火如荼。春天开始的"大鸣大放"还在兴头上，正风风火火地进行，形势却出乎意料地直转急下。五月十五日，毛泽东撰文《事情正在起变化》；六月八日，中共中央发出毛泽东起草的《组织力量反击右派分子的猖狂进攻》的党内指示，《人民日报》发表社论《这是为什么？》，就此正式拉开了大规模"反右"运动的序幕。

沈从文因为在"早春天气"里拒绝了有关"鸣放"的约稿和采访，幸免此劫，但许多熟人和朋友就没有这么幸运了。从报纸上，从张兆和的信里，他不断得知谁又被揪出来了的信息：彭子冈被点了，陈梦家见了报，程应镠已逐渐交代，丁（玲）陈（企霞）问题有详细报导，批评萧乾右派言论的大会开了……在这样的氛围中，凡事谨慎就成了自然的反应，即便海边的清静让沈从文明显地感觉到体力和脑力的恢复，他又能写什么，又能怎么写呢？内心里，他恐怕不得不承认张兆和的批评有道理，他试写的作品其实是失败的。他跟大哥信里说："可惜的还是写短篇的能力，一失去，想找回来，不容易……人难成而易毁……"说起这点他当然会有伤感，特别是想到早年的抱负的时候："三十年前用笔时，只想把纪录突过契诃夫。"好在他另有安心的事业："现在又变成了半瓶醋的文物专家。而且有欲罢不能情形。聊以解嘲，也可用古人说'失之东隅，收之桑榆'自慰。若又因此出毛病，那就真是天知道是怎

1　张兆和：《致沈从文（19570811）》，《沈从文全集》第20卷，183页。

么办才好了。"（20；197）

沈从文写信嘱咐妻子把仅有的几百元存款捐给凤凰办中学，"将来如有钱，还是得学你爸爸……许多对人民有益的事，要从看不见处去作，才真是尽心……"（20；207）张兆和的父亲张冀牖二十年代独资兴办了苏州乐益女中，沈从文可是把自己装牙齿的钱也捐了。离开青岛前几天，沈从文去萧涤非家里吃了顿晚饭，两人是青岛大学和西南联大的同事；又一起去看望了赵太侔，青岛大学时期的旧识。

回到北京后，沈从文马上投入到故宫保和殿九月举办的"中国古代织绣展览"的工作中。十月，北京十三陵的定陵地下玄宫大门打开，沈从文应邀前往发掘现场，考察刚刚清理出来的服饰、丝织物等。

一九五七年沈从文发表的与历史文物、民族艺术相关的文章不少，有《故宫的建筑》（《人民画报》第一期）、《从一本书谈谈民族艺术》（《旅行家》第五期）、《人民时代人民艺术的成就——庆贺全国工艺美术艺人代表大会》（《光明日报》七月二十七日）、《古代镜子的艺术特征》（《文物参考资料》第八期）、《湘西苗族的艺术》（《民族团结》试刊号）、《埋藏了两千三百年》（《人民画报》第十二期）等，当然他写的不止这些，还有几篇未能发表的手稿。尤其让他欣慰的是，十二月，中国古典艺术出版社出版了《中国丝绸图案》，署名沈从文、王家树编。这是他文物研究的第一本专书，在自存样书扉页上，他题写了几句话："此书重要处，即大部分均系唯一图样，且多据残本复原，家树同志贡献特别多。"[1]

这一年他还有另一本书出版，引发的感受则复杂得多。还是在"早

---

[1]《沈从文全集》关于《中国丝绸图案》的编者说明，第30卷，2页。

春天气"里，人民文学出版社准备出版沈从文的小说选，一九五七年
一月他就着手搜集自己的旧作进行编选，但同时心里很清楚，"这个选
集即或印出来，大致也不会有多少读者，只不过是供一小部分教书的作
参考材料，同时让国外各方面明白中国并不忽视'五四作家'，还有机
会把作品重印而已"。清醒到这样的程度，自然就不会欢欣鼓舞；而想
到当年写作时曾经怀有的巨大野心——"拿作品到世界上去和世界第
一流短篇作家或文学史上第一等短篇作品竞赛成就"——便不能不倍
增伤感："过去看契诃夫小说时，好像一部分是自己写的。……现在来
看看自己过去的写作，倒像是看别人的作品，或另一世纪的作品，也可
说是'古典'的作品了。不仅不像是自己写的，也不像是自己能够写成
的。……近来北京正在上演巴金、曹禺、老舍等人的戏，很热闹，因为
这些人的名字都为读者极熟习。我完全如一个在戏院外的观众，只遥遥
的听着戏院中的欢笑喝彩声音，觉得也满有意思。这一切都像和我已隔
得远远的，正如同大学校和我隔得远远的一样。"（20；138-140）

　　十月，《沈从文小说选集》印出来了，收旧作二十二篇，约三十万
字。这是他一九四九年后第一次出版旧作，他告诉大哥这个消息，不但
没有显出多么高兴，还吐了口在心里压抑了很久的不平之气："解放后，
有些人写近代文学史，我的大堆作品他看也不看，就用三五百字贬得我
一文不值，听说还译成俄文，现在这个人已死了，这本文学史却在市面
流行，中学教员既无从读我的书，谈五四以来成就，多根据那些论断，
因此我这本小书的出版，是否能卖多少，也只有天知道！这也真就是奇
怪的事，一个人不断努力三十年工作，却会让人用三五百字骂倒，而且
许多人也就相信以为真。令人感到毁誉的可怕，好像凡事无是非可言。
看到那些不公的批评，除灰心以外还感到一种悲悯心情，想要向他们

说："你们是在作什么聪明事？你那种诽谤，对国家上算？你不觉得你那个批评近于说谎？'"（20；220—221）[1]

　　这样的激愤，自然不会写进书的《题记》，他在《题记》里只是说，"我和我的读者，都共同将近老去了……"这句话夹在长长的文字中间，像没人会在意的一声低微的叹息。[2]

二、长子被划成"右派"，"心中十分难过"

　　"反右"沈从文没有摊上事，他大儿子沈龙朱却意外地摊上了。沈龙朱在北京工业学院读到了四年级，已经入了党，担任班团支部书记，"反右"刚开始时还是领导小组成员，但到暑假运动迅速发展到党内"反右"的时候，他就成了被批判的对象，一九五八年初正式定为"右派"，开除党籍、团籍、学籍，没能正式毕业，转到校办机械厂，成了第三车间钳工班的学徒工。这一年他才二十四岁，等到一九七九年彻底摘掉"右派"帽子，已经四十五岁了。

1　沈从文这里所说的文学史，应该是指丁易的《中国现代文学史略》，作家出版社1955年初版，此后多次印行。丁易于1954年去莫斯科大学讲学，数月后病逝于莫斯科。此书是由在国内外讲课的讲义稿修改而成。有意思的是，这本书的英译本 A Short History of Modern Chinese Literature，最新出版时间为2010年8月，北京：外文出版社。

2　我们无从考察这本书的读者情况，但这样的一条信息，有点意思，不妨记在这里：这本书有个比沈从文还"老"的读者，即一贯欣赏他作品的周作人，他在1957年12月18日给日本的中国文学研究者松枝茂夫的信中说："近又见《沈从文小说选》，颇有废名之作风，而无其晦涩之缺点，故亦寄阅。又废名等人近亦有小说选之出版，日内亦拟寄奉。"《周作人致松枝茂夫手札》，小川利康、止庵编，桂林：广西师范大学出版社，2013年，256页。早在1938年，东京改造社就出版了松枝茂夫翻译的沈从文小说集《边城》，收九篇作品；1954年东京河出书房出版《现代中国文学全集　第八卷　沈从文篇》，译者是松枝茂夫、冈本隆三、立间祥介，收小说、散文十一篇。

　　沈龙朱早就认为自己做到了在思想上和父亲划清界限，即使被打成"右派"，还觉得"我是党内反右的，不是外头反右，不能随便和你们说"。他长时间待在西郊的学校不回家，实在熬不住了，才用写信的方式把自己的事逐渐透露给父母。有一个星期六，沈从文为苦闷却又不肯跟父母交流的儿子安排了一个特殊的会面，他邀请了刘祖春到家里来。刘祖春是凤凰人，一九三四年受沈从文大哥和三弟资助到北京，在北大读书期间是沈从文家里的常客，受沈从文帮助和影响写过一些湘西题材的小说；抗战爆发后到山西、延安投身革命；一九四九年任中南局宣传部常务副部长；中南局取消后调任北京市委工作。"父亲把刘祖春邀了来，把我弄回家。给我们创造一个机会，让我跟他吐出来，你懂吗？我觉得这是个党的干部，应该是能够倾心说话的，而且刘祖春又是那么多年前就跟我父亲有交往。于是，我就真是把什么东西都抖出来了，一下子很多东西都放开了。""我觉得父亲为了我，精心策划了这一招。那对我帮助真是非常大。"[1] 表面上，沈从文对儿子却什么都没有说。"父亲照顾着我剩下的那一点自尊，不过问任何与反右运动有关的问题。"[2]

　　在《"反右运动"后的思想检查》里，沈从文写道："许多熟人都成了右派，我思想中不免有种错觉，只担心以为我也属于右派。又家中大孩子，本来人极老实，入团多年，且已入党，在学校忽被划成右派，心中十分难过。"碰上大小运动，要求写思想检查，这已经成了惯例，沈从文写过不少这一类的东西，总是备受折磨痛苦。这一次，他以这样的

1　沈龙朱口述，见刘红庆：《沈从文家事》，北京：新星出版社，2012年，300页，301页，302页。
2　沈龙朱：《我所理解的沈从文——话说"思"与"信"》，《文艺报》"经典作家专刊"，2011年5月16日。

话结束检查："让我工作，头脑还担负得下。写思想检查，实在担负沉重，不知如何是好。"（27：159，161）

但检查还是会写下去。一九五八年"红与专"学习期间，他又得写自我批评，还得从自己的历史谈到现实，谈到运动中的表现："九年来，在各种运动中，我虽参加，多似乎被'推'着前进，而缺少自觉的'力争上游'。……越来越怕事，无能。"不但没有"做一个新国家主人翁"的态度，反而"表现出一种精神分裂退化的现象。未老先衰，而微带白痴的呆相，常反映到许多方面"。"本身已是一种'古董'，人在历史博物馆中工作，求在工作中不见出'厚古薄今'的倾向，那能办得到！那能避免！"（27：166，167，168）

运动一个接着一个。一九五八年最大的运动，是建设社会主义的总路线提出之后，全国掀起的"大跃进"。"大跃进"会和沈从文有什么关系吗？

六月，沈从文参加文联组织的第三次去十三陵水库工地访问，随后被安排到市郊八大处长安寺，写出纪实散文《管木料场的几个青年》，编入作家出版社《建设十三陵水库的人们》第二集，七月出版。这其实是接受"跃进"形势教育，用笔来歌颂新人新事。这样的文章，写得怎么样，沈从文岂能没有自知？他跟妻子说：这种写作方法，"得先考虑写的是否真，再考虑读者，自己兴趣、文字，放在第四五以后，写出来不可免会见得板板的，或者简直就写不下去。……读者和编者要求支配作者向浅处写，一时还不能习惯。"（20：243—244）

如果说这是"跃进"形势下的勉为其难，那么另一件事就得感谢"跃进"的大势了。在这种形势下，博物馆有了一个破例的举措：为生产、为社会做针对性专题巡展。这一举措很可能与沈从文的促成有关，他做杂文物研究的目标之一，就是能够为生产、为社会服务。八月下旬，沈从文带着一批故宫和历史博物馆收藏的明清丝绸、刺绣，到杭州、苏州、南京做巡回展览，目的是贴近丝绸、织绣生产基地，为生产第一线提供古为今用的参考资料，以促进产品花色纹样的改进和提高。巡展历时三个月，沈从文满腔热情地做了三个月巡回说明员。回到北京后，又立即投入到故宫准备在武汉举办的文物展览做陈列设计、撰写说明的工作中。这算是沈从文个人的"大跃进"，与整个社会轰轰烈烈的运动反差何其巨大。

这一年沈从文在中央工艺美院主办、九月份创刊的《装饰》杂志上发表了两篇论文，《龙凤图案的应用和发展》（创刊号）、《鱼的艺术和它在人民生活中的应用与发展》（第二期），并担任该杂志的编委。还有一篇《谈染缬》发表在《文物参考资料》第九期。中国古典艺术出版社十一月出版了他又一本文物专著《唐宋铜镜》。

沈从文晚年曾经讲起过一九五八年发生的一件事："为庆祝'反右'斗争胜利，周扬在西长安街邮局对面一个饭馆里，设宴招待文艺界人士，有三十多人参加，我也去了。席间，周扬当场宣布：'老舍工作很忙，准备让他多作一点全国文联的工作。北京文联主席，想请沈从文担任。'我一听急了，立即站起来说：'这不行。我还是作我的文物工作，我是个上不得台盘的人……'"[1]

三、"不算是学问"的学问，"生命力还充沛的一种象征"

"上不得台盘"，不合时宜，不懂政治而且对政治真没有兴趣，沈

1　凌宇：《风雨十载忘年游》，《沈从文印象》，孙冰编，128 页。

从文当然有这种自知自明。不过，有时候犯起"天真"来，也会让人惊讶。一九五九年一月三日，苏联成功发射"月球一号"探测器，《人民日报》第二天发布特大新闻称"开创星际飞行伟大新纪元"。沈从文给大哥写信说："全北京都为苏联卫星上天兴奋。（我觉得真是只有请求入党，来纪念这件大事，才足以表示对社会主义阵营理想全面的拥护和成功深深信心！）"（20；280）如何来理解他"入党"的念头呢？黄永玉描述的情形既真切有趣，也分明地显示出，实在不必从政治上来过于复杂地理解这个"貌似"政治的想法：

> 有时他也流露出孩子般天真的激动。五十年代苏联第一颗卫星上天，当日的报纸令大家十分高兴。
>
> 我恰好在他家吃饭，一桌三人：我、表叔和一位老干部同乡大叔。
>
> 这位大叔心如烈火而貌如止水；话不多，且无甚表情。他是多年来极少数的表叔知己之一。我十分欣赏他的静默的风度。
>
> "啊呀！真了不起呀！那么大的一个东西搞上了天……嗯、嗯，说老实话，为这喜事，我都想入个党做个纪念。"
>
> "党"是可以一"个"一"个"的"入"的；且还是心里高兴的一种"纪念品"！
>
> 我睁大眼睛，我笑不出来，虽然我想大笑一场。
>
> 大叔呢，不动声色依然吃他的饭，小心地慢吞吞地说："……入党，不是这样入法，是认真严肃的事。以后别这样说了吧！……"
>
> "不！不！……我不是真的要入党……我只是，……"从文

表叔嗫嚅起来。

　　大叔也喑着喉咙说:"是呀!我知道,我知道,……"他的话温暖极了,深怕伤了老朋友的心。[1]

　　一九五九年,为向共和国十周年大庆献礼,北京十大建筑相继落成,历史博物馆新馆是其中之一。历史博物馆初建于一九一二年,馆址设在国子监,一九一八年迁到午门及午门与端门间的东西朝房,一九二六年正式对外开放。一九四九年国立历史博物馆更名为北京历史博物馆。一九五九年建成的新馆坐落在天安门广场东侧,更名为中国历史博物馆。春末,沈从文写了一篇《历史博物馆十年》,以馆方的口吻概括工作,大概是馆里让他写的,手稿原件现存历史博物馆档案室;他自己在这里也正好用去了十年岁月:"十年来作职员,一天上下班四次,得来回换车八次,每天大约即有二小时在车中挤去,总是头昏昏的,黄昏过马路时,还得担心被车撞倒,除了我自己知道这么方式使用有限生命,真是对国家一种不大经济的浪费,此外绝对没有人会想得到。"但是,"我居然还存在,真应了诗人所说'此身虽在堪惊'!"至于工作,"忙的全是别人事情,学的又似乎永远不算是学问"。(20;286,285)

　　不过,这种"不算是学问"的学问,其核心和脉络越来越清晰起来。经过十年的摸索,从与种类杂乱、数量巨大的文物的广泛接触中,沈从文自己研究的重点慢慢凸显出来了,对自己的研究方法也愈发明确地意识到其特殊的意义。他给大哥写信,是不必掩饰自己的想法的:"以全国言,搞综合文物研究工作的,简直是屈指可数。'军中无大将,廖化作先锋。'正和三十年前写短篇小说差不多，我于是又成了'打前站'的什长一类角色，照旧戏说则是'开路先锋'。例如绸缎研究，千百年来没有人注过意，完全近于空白点，即谈到些，也似是而非，一枝一叶的，不着边际。这几年来机会好，条件好，摸了几万种实物，又有个综合文物基础，问题差不多就明白了。工艺美术装饰图案，过去也无人敢下手，也无从下手，这几年综合一搞，线索也有了，且因此发现了许多问题，为工艺花纹发展史打下个好基础。又从文物制度衣冠服饰上来研究人物绘画的时代，也是个新问题，再深入一步，将为这部门鉴定工作建立些新观念。总之，还是得力于文物和文献的结合和综合研究方法。新的艺术史研究工作，此后将成一门科学，是一定的。"有十年工作打底，他对研究自有信心；即便想到个人精力是否匹配的问题，他还是很骄傲地说："一个人能够在许多新的工作中，担当披荆斩棘开荒辟土的任务，也极有意义，能这么作，精力旺盛是条件之一，至少也可证明是生命力还充沛的一种象征！有时不是真正的精力强健，倒是一种学习勇气！"（20；301-302）

历史博物馆七月下旬开始搬迁，九月底完成新的陈列布置，沈从文参与了近于战斗的繁杂工作；再加上搬迁前几个月就为设计陈列、提供参考资料而忙乱，国庆日之后又有二十多天陪同外宾分批参观，这一年的大部分精力就用在这上面了。同时另有一件事是参加中国科学院组织的历史图谱编辑工作。

故宫博物院织绣馆国庆对外开放了，实现了沈从文的一个心愿。这个馆的陈列设计是沈从文做的，一万一千多字的《织绣陈列设计》缜密而系统，得到批准后他又参与了布展。织绣馆从筹建到终于开放，沈从文付出了大量精力，可谓有筚路蓝缕之功。吴仲超在一九五四年任故宫博物院院长不久，就聘沈从文参与故宫的有关工作；故宫档案记载，一九五七年拟定沈从文为织绣组研究负责人。他虽然没有正式调入故宫，但作为故宫兼职研究员，实实在在地常常来故宫上班，神武门内东侧大名堂原织绣组办公室有他的办公桌。织绣馆的建设和织绣人才的培养是他为故宫贡献突出的方面。[1] 当时织绣组的陈娟娟刚从中学毕业，对织绣文物既不懂也没有兴趣，是沈从文的培养使她爱上了这个专业，并在沈从文的长期引领下走向深入的研究，成长为中国织绣和文物鉴定的重要专家。

忙乱的一年里还发表了不少文物文章：《关于文物"古为今用"问题》（四月全国政协会议上的书面发言），《装饰》杂志第三、四、五、六期上的《谈挑花》、《介绍几片清代花锦》、《谈皮球花》、《蜀中锦》，《文物》第二、六期上的《金花纸》、《谈谈〈文姬归汉图〉》，《光明日报》十一月八日的《谈瓷器艺术》。

老朋友靳以去世，他写了《悼靳以》，发表在《人民文学》第十二期；另一位老朋友也是他隔了几层的上司郑振铎出访飞机失事遇难，他写了《怀念郑西谛》，但未发表。

年底他还写完了一篇回忆录《我怎么就写起小说来》，或者是应什么刊物的约请而写，但又不知道什么原因刊物没有用。

十一月中旬，沈从文把弟弟沈荃的女儿沈朝慧从老家接来北京，作为女儿抚养。

---

1 关于沈从文与故宫的关系以及他在故宫所做的多种工作，详见郑欣淼：《沈从文与故宫博物院》，《新文学史料》2006 年第 1 期。

[第八章]

"好辛苦的战斗"和"抽象的抒情"

一、长篇写作计划的实施，老和病

一九六〇年一开始，沈从文就有了一个明确的计划，请一年创作假，完成以张鼎和一家为原型的长篇小说。这个作品在心里反反复复构想了许多年，现在他已经有了基本的轮廓，从最初想写一个人，变成写一家两代人的故事。一月给大哥的信中说："因为第一代背景是合肥大地主家庭，到第二代背景是昆明一亲戚非常腐败的家庭，和当时昆明社会，学生，这种种，我多相当熟习，四嫂记忆力又特别好，能仔细复述往事，条理分明，所以如果那么写下去，大致年终当可将廿五万字初稿完成。"（20：374）四月，又跟大哥谈道："今年让我一年创作假，是写小说，试就三姐堂兄鼎和一生发展，写大地主家庭腐败、分解和大革命后种种。他是先在南开，逃广东，几乎死去，到日本又被捕，回国转安徽被捕保出，又到上海北京，又返安徽，终于牺牲。此后四嫂即带其子女随抗战作难民到湘西住了几年，再到贵阳、昆明。孩子们长大又参加昆明学运，复员后到上海参加学运，逃往解放区，现在各已作事，大女儿已在龙烟公司党委会作办公室主任……拟分三部分写，各十万字，在起始记材料。"他还说到写法，"只能当小说写不作传记写，并且只宜用我熟习体裁写，难望如近年几种长篇小说方法写……现在人乐意要一点浪漫夸张叙述法，我就不会。我也不会如巴金那么一写百十万言。我的文字有一定限制，用心处一般读者已不大懂了……绝不会如老舍那样成功，是可以预料的"。（20；406，407）

但是，三月上中旬，全国政协组织到武汉参观大型工业企业和水利枢纽工程，沈从文与百十人同行，参观了重型机床厂、轻型机床厂、钢铁厂、锅炉厂、丹江口水电站等。回到北京没几天，政协会议召开，用去了十多天。六月，又列席了全国文教"群英会"。六月二十五日，沈从文终于有时间坐上了从北京到宣化的铁路慢车，来到龙烟钢铁公司，采访张鼎和的妻子吴昭毅（四嫂）和长女张小璋（原名张以瑛），边谈话边记录，前后十一天。七月下旬到八月中旬，第三次全国文代会举行，沈从文出席了。一九四九年第一次文代会他不是代表，第二次一九五三年他是以工艺美术界代表的身份参加的；这一次，他的身份是作家，但他自己知道，只不过近于"挂名作家"而已，因为好多年没有作品了。九月上旬，他再次去宣化采访，历时一周。然后他试着写了一章，题为《死者长已矣，存者且偷生！》。十月上旬，吴昭毅来北京，住在沈从文家里，继续谈张鼎和一家的事情。十月末，参加政协民族组参观团，到包头等地短期参观钢铁工业基地。一年算下来，大概有三个月的时间消耗于各种活动和会议。但就是这样，到年底，沈从文还是记下了近十万字的材料。

给沈从文写作带来困扰的，不仅是活动和会议占去了时间，当然还有他心理上的顾忌："近来写作不比过去，批评来自各方面，要求不一致，又常有变动，怕错误似乎是共通心理，这也是好些作家都不再写小说原因。"（20；405）

最直接的困扰还不是这些，而是他的身体状况。这一年中的大部分时间，他都是在高血压（高压二百上下）晕头晕脑中度过的，有些日子降压灵每天吃六粒，还吃一种安眠药水，牙齿拔得只剩四颗，"坐到桌子边三小时以上，头即不免相当沉重，眼睛也朦朦眬眬，不免有英雄老去之感"。（20；412）按照沈从文写小说的方式，"照例又是全个故事老在脑子里盘旋，一章、一节、一行、一句也反复在回旋，只有这么整体在脑子中活动才会好。……我因为比较笨，照习惯总是'老师上刀梯'一般，全副精力来解决。年纪轻还好办，到老来，就只有心无力，不易回复当年工作方式，不免望洋兴叹了"。（20；408）

五十八岁，年龄不算太高，却实实在在地感受着来自身体内部的衰老。可是，他毕竟不甘心，因为同样真切的还有一份创造的欲望。向最知心的大哥，他是这样表达的："我目前正那么估想，如能换个比较单一环境，有太阳可晒，有三几种青菜可吃的地方去，从容不迫写它一年，抄改个三五次，这作品用十二万字到十五万字，可能在完成后给读者一点儿有分量的印象和知识的。可是向谁去商量找那么一个地方？空想而已。我的空想似乎即近于是在否认衰老、反抗衰老一种努力。……因为生命中似乎还有一份力量、信心和不易克制的创造欲，以及多年来即已成为习惯的对事物的感触体会力，生命即近于衰竭，这种种还是存在的。"（20；482）

一九六一年一月五日，沈从文住进阜外医院治疗高血压和心脏病，到二月十一日才出院。

二、服装史计划的开始

一九六〇年还有一项明确的工作，与写长篇穿插进行，那就是中国服装史的编著。这两个重点突出地显示出来。

前一年七月，沈从文给大哥信里提到，"我还希望有机会趁体力来得及时，把服装史工作打个基础，好供全国使用。明年可能调二三助手来试试，进行一年，即可见出效果"。（20；331）这是他较早谈及服装史计划的文字。一九六〇年四月，沈从文为轻工业出版社草拟中国服装史资料目录，规划比较大，预计编印十本书。六月计划提交讨论，文化部同意进行这项工作。到冬季，已经安排了三个人协助进行绘制图像资料。这是沈从文特别想做的一件事，做起来就非常投入，十二月中旬告诉大哥说："明年上半年若体力还支持得下去，大致可将服装史资料搞出个头绪来。已有三个人在画，还不坏。估计可绘出三千个不同形象，由商到清代，三千多年一直不落空。将来还可根据部分材料，加上颜色花纹，因为这方面常识也够用。体力如恶化，即只有待后人来接手了。我希望还要做好几件事，这只是其中一件！还有丝绸花纹史，工艺图案史，都要作下去。只要有助手，工作就好办！因为这十年记在脑子里还有好一堆东东西西！"（20；477）

沈从文总有时不我待的感觉，他太心急了，想一两年就做好服装史资料，没有预料到其后的过程波折变化，社会的更大动荡埋伏在前面，直到"文革"结束以后好几年，他才能完成这项工作。

　　这一年似乎杂事较少，但也总不免忙，多半还是因为他自己的热心。譬如二月为出版方面草拟工艺美术图录的出版计划，以历代文物为准，兼及近代民间工艺美术品，而且还兴致勃勃地憧憬，"一出即三百种"（20；378）；譬如人民艺术剧院要上演话剧《虎符》，他给剧组讲解古代服饰制度和生活习俗，介绍各种形象资料、文物和文献，供服装、舞美人员参考。此后几年，他为很多历史剧如《蔡文姬》、《关汉卿》、《武则天》等义务提供资料和咨询服务；十月下旬，他去定陵参加出土衣物绸缎鉴定。这一年发表了《玻璃工艺的历史探讨》（《美术研究》第一期）、《花边》（《装饰》总第十一期）。

　　作家出版社三月出版了《龙凤艺术》，这是沈从文的文物和工艺史研究论文集，收十五篇文章。沈从文称之为"近十年惟一收成"（20；398）。

三、九妹

　　衰老时时侵蚀，疾病缠身不去，越来越成为一个不能不有所考虑的现实了。沈从文想到自己，又想到大哥的身体状况也是病弱，在一九六〇年五月给沈云麓的信里，不知怎么就写了这么一段话——从这一时期的通信来看，似乎是忽然冒出来的一个念头，没有"上下文"；其实恐怕不是一时的想法——有些文字下面还特别加了着重号：

　　　　旧时代已过去了，新社会一切不同，你身体既不大好，应当把留下我的信清理一下，最好全部烧去，或全寄给我，不必留下，免得麻烦。什么也没有留下必要，因为实在没有用处。我这四十

年所有工作，实极不足道，写的东西也全过了时，再不宜让年青
人看了，烧掉也比较合理。新写的小册子，多是把文物和文献结
合起来谈问题的，方法虽比较新，不过学历史的嫌浅，学艺术的
嫌深，还是两不沾边，只能说是对搞问题方法还有些见解，别的
也无什么意思的。（20；418—419）

也就是在一九六〇年前后，沈从文的妹妹沈岳萌（1912—1960年
前后）在沅陵农村普遍的大饥荒中，被饥饿和疾病夺去了生命。沈从
文兄弟姐妹九人，二姐十七岁去世，两个弟弟和一个妹妹幼年夭折，所
以沈从文十五岁以后，上面有一个姐姐，一个哥哥，下面有一个弟弟，
一个妹妹，感情都非常亲密。这个妹妹排行老九，沈家叫她九妹，少
沈从文十岁。一九二七年九妹从湘西家乡出来跟着沈从文生活，直到
一九四五年，因患精神分裂症，不得已从昆明由一个凤凰同乡护送回大
哥住的沅陵。九妹后来嫁给了一个泥水匠，生了一个儿子，在沅水边一
个叫乌宿的寨子生活。"一九五九年和一九六〇年，我们湘西那一带是
饿殍载道。我们县紧邻乌宿，在那个时候，全县六万人就有一万八千人
非正常死亡（我可是做过县委机关干部的，不敢瞎说）。"——湘西人
颜家文这样描述其时的情形——"整日在乌宿河滩上转悠的九妹，那个
当年在北京、上海、青岛、昆明生活过的苗条、俊秀的女子，连美女张
兆和嫂子也深赞其美丽的小姑，没有熬过那段日子。没有饭吃，尽吃野
菜，先是浮肿，继而是瘦弱，和村里有的人一样，最后是可怜地一病不
起。""九妹就葬在河滩边上。"[1]

1　颜家文：《沈从文与九妹》，《文汇报》"笔会"版，2011年10月23日。

九妹的命运，如黄永玉所说，也是沈从文捏着的"烧红"的故事中的一个，像弟弟沈荃被处死后他什么都没有说一样，他仍然沉默，即使对亲友也不会喊出灼伤的疼痛；只有从前的好多篇小说，从《炉边》、《玫瑰与九妹》到《静》，再到《三个女性》以及《凤子》等等，为他宠爱的这个妹妹，留下了从孩子到少女到青春时期的娇美的身影。

四、汪曾祺："至少还有两个读者"

一九六一年初，沈从文住院治疗高血压和心脏病，药物治疗、食物调理之外，还以气功和站桩相配合；另外，约半年前左臂扭伤一直未好，这次用蜡热疗法——后来证明也没有多大效果。出院的时候血压是降下来了，但诊断出的心脏冠状动脉粥样硬化，却未见好，心常隐痛就是由此而起。

但在阜外医院的三十五天，对沈从文来说，就算得上一段难得清闲的日子了。他读了一本新译的《托尔斯泰评传》，又读了《安娜小史》和《战争与和平》，《战争与和平》边读边做了札记；之后又读高尔基的《我的大学》。

读托尔斯泰传又激起了他写作的冲动：写一部以家乡子弟抗日为主题的书——这本来也是他多年前的一个愿望。他想好好收集自己家中以及田、刘诸家和陈渠珍等人的材料，于是写信请求大哥："尽可能把你能明白的材料为记下来，由祖父起随日记下些，不拘记多少。我们将可以共同完成这个作品，也是对家乡一种责任。……特别是那些朴质勇敢的兵士！我因为从他们身边长大，极懂得他们的情绪。过长沙时，还看过得余集合他们出医院的一队人一次训话。记忆永新，动人得很。当时写《云庐纪事》就打了个腹稿，以为会写到廿多万字的。一搁下来即十多年。现在因读托的评传，忽又想到如果体力能许可，写完鼎和传记后，第二本书将是这个未完成的故事，有几个人一定可以在笔下写成活人的。"（21；6）

对《安娜·卡列尼娜》，他略有微词："写事，笔明朗，如赛马，猎鸟，农事收获，及简单景物描写，都很好。至于写人，写情感变化，有些过细，不大自然，带做作处，似深而并不怎么扎实，乍看好，较仔细看，即觉得不十分好。托自己并不十分满意，是有道理的。评传说英译本将重要议论涉及批评社会制度，思想激烈部分多删节，因此重点转成'恋爱悲剧故事'，不大合符本来目的，评得中肯。周译似即此经过删节的译本，所以讲到社会问题，对话多含胡。"（21；14）

对《战争与和平》，则推崇备至。他读的是二十年代即结识的老友董秋斯的译本，人民文学出版社一九五八年版："极好，也译得好。看三册火焚莫斯科，不过用一章文字写，却十分生动。不过从彼尔眼中看去，却极感人。写法兵抢劫，也不过用一页文字，写枪毙平民，不过五个人，可是却十分深刻。真是大手笔。写决定放弃莫斯科的一次军事会议，却只从一个六岁女孩眼中看到一个穿军服的，和一个穿长袍的争吵，又有趣又生动，真是伟大创造的心！写战争也是文字并不怎么多，不到二三千字，却全局开展，景象在目，如千军万马在活动。都值得从事文学的好好学习！""又在极大事件、伟大人物描写上，常常作些比拟形容，似乎不甚庄重，可是结果却生意盎然，充满生命，转近自然。"善于学习的可学得很多东西，但是不善于学习的，"只呆记住什么人评论托或其他的思想意识"、"论断"，不去学"具体的长处"，是没有丝毫

帮助的。(21；28，29)

沈从文是和做《人民文学》编辑的妻子谈托尔斯泰的，自然就谈到时下的创作："近于公式的歌剧、话剧及小说"和"在这里杂志上看到几个短篇"，他直接的印象是："都不好。都不会写，不会安排故事，不会对话，不会写人。散文和诗写到景物时，都不知如何着手，文字不够用似的，也一点不真实。"他说眼下的新文学"不能给多数人比玩麻雀牌更大一些的快乐"，这是不是因为"新文学和这个多数生活，根本上即并无什么关系"？这个疑问，其实近于根本性的质问了。"新作品对他们一点都不需要，你们可不曾注意到。……你们可以说并不懂读者，作者也不懂，批评家写的文章，和一般读者且隔得更远了。许多作品只有准备写文章和教师要看，和多数读者全无关系。这实在是一种值得注意的事情！"(21；15，16，17)

住院期间收到汪曾祺一封信。汪曾祺一九五八年被划为"右派"，下放到河北张家口农业科学研究所劳动改造，信正是从他劳动的张家口沙岭子寄来的。沈从文特别喜爱这个西南联大时期的学生，如今看着他身处逆境，心情可想而知，他写了一封异常鼓励的信，语重心长。以前，他曾经用过骂的方法：一九四六年汪曾祺到上海，找不到职业，情绪很坏，甚至想自杀，沈从文从北平写信把他大骂一顿，说他这样哭哭啼啼的，真是没出息。"你手中有一枝笔，怕什么！"此信不存，却在汪曾祺记忆里难以磨灭；他还记得老师同时让三姐张兆和从苏州写了一封长信来安慰。[1] 现在，"右派"分子下放劳动，可比当年一时找不到工作要严酷得多，沈从文的回信因此也大为费心。他先打了底稿，用钢笔

1　汪曾祺：《星斗其文，赤子其人》，《晚翠文谈新编》，147 页。

写在练习本撕下来的纸上，十二页，六七千字；从医院回家后，又用毛笔在竹纸上重写一次寄出。

沈从文写道："担背得起百多斤洋山芋，消息好得很！……应当好好的活，适应习惯各种不同生活，才像是个现代人！一个人生命的成熟，是要靠不同风晴雨雪照顾的。……热忱的、素朴的去生活中接受一切，会使生命真正充实坚强起来的。""我的生命就是在一种普通人不易设想的逆境中生长的。……这生活教育，也就变成自己生命的营养一部分，而且越来越丰富。……你如能有机会到新的人群中去滚个几年，……没有别的话好说，接受下来吧。高高兴兴的接受吧。我赞同你！"

他用轻松愉快的笔调，描述自己家庭里的情形：两个做工人的儿子，每到周末回家，打地铺，"卧听柴可夫斯基音乐，谈新机床某一轮子的转数"；家里还多了个十七岁的女孩子，能歌善舞，性格极好，"是我的侄女，到这里来已改成女儿"。自己呢，"对于外来干扰，人事得失，则一律用'微笑'招架抵挡！"

沈从文当然要谈写作，从自己谈起，目的则是谈到汪曾祺，要给他坚持的信心和勇气：他说自己还幻想"用契诃夫作个假对象，竞赛下去，也许还会写个十来本本的"。不过万一有什么人说这是"修正主义"，还是"招架不住"，所以"特别是怕批评家"，"再也受不住什么歼灭性打击批判"；"可是我却依旧还是想劝你在此后生活中，多留下些笔记本，随手记下些事事物物。我相信，到另外一时，还是十分有用。……你应当在任何情形下永远不失去工作信心。你懂得如何用笔写人写事。你不仅是有这种才能，而且有这种理解。……你应当始终保持用笔的愿望和信心！好好把有用生命，使用到能够延续生命扩大生命有效工作方面去。……完成这个愿心！"

"一句话，你能有机会写，就还是写下去吧，工作如作得扎实，后来人会感谢你的！"又说，你"至少还有两个读者"，就是他这个老师和三姐，"事实上还有永玉！三人为众，也应当算是有了群众！"（21：18—24）

一九六二年汪曾祺回到了北京，在北京京剧团做编剧。这多少让沈从文觉得欣慰，他在十月给老友程应镠的信里说汪曾祺的现状，"体力健康，精神也好，在《人民文学》前几期写了篇小说，大家都承认'好'。值得看看。目下在一个京剧团作事，还在写，下月可能还有篇更好的发表。本月份《北京文艺》也有一篇"。汪曾祺的点点点滴，他这个老师都看在眼里；不仅如此，还忍不住为他这个学生大抱不平："人太老实了，曾在北京市文联主席'语言艺术大师'老舍先生手下工作数年，竟像什么也不会写过了几年。长处从未被大师发现过。事实上文字准确有深度，可比一些打哈哈的人物强得多。现在快四十了，他的同学朱德熙已作了北大老教授，李荣已作了科学院老研究员，曾祺呢，才起始被发现。我总觉得对他应抱歉，因为起始是我赞成他写文章，其次是反右时，可能在我的'落后非落后'说了几句不得体的话。但是这一切已成'过去'了，现在又凡事重新开始。若世界真还公平，他的文章应当说比几个大师都还认真而有深度，有思想也有文才！'大器晚成'，古人早已言之。最可爱还是态度，'宠辱不惊'！"（21：245）

五、《抽象的抒情》

沈从文出院之后又经复查，鉴于心脏病等难以治愈，历史博物馆让他上半天班。他下午如果能睡一会儿，人就会感到轻松些。但是从五月份他又忙起来，不仅没有半日休息，还常常是白天连着晚上做事。这样一来，血压就又上去了。

　　一九六一年上半年文化部调集了十几位教师编写高等艺术院校工艺美术类教材，有《中国工艺史》、《中国陶瓷史》、《中国漆工艺史》、《中国染织纹样史》等多种，请沈从文担任编写组顾问——这个顾问，其实是事无巨细领头干的人。五、六两个月，他为各教材拟提纲和参考资料草目，还一次又一次地带领参编人员到故宫和博物馆看文物，为年青教师初步打个学习遗产的底子，再来进一步为他们帮忙作深入准备。"真为他们干着急！"（21：59）他自己本来定下来去合肥，为写作关于张鼎和的长篇进一步搜集材料，编教材的事一来，自然就去不成了。

　　六月底，中国作家协会安排沈从文去青岛休养，他住了一个多月，八月初回到北京。他写了一篇散文《青岛游记》，很难想象，这么一个看上去普普通通的题目，他竟然写了两万五千字，超过他多数小说的篇幅。这也透露出他对这座海滨城市的深厚感情，虽然他三十年代初期在这里生活的时间还不到三年，可是，这个时期却是那么珍贵，以至于以后再也不可复得。"我一生读书消化力最强、工作最勤奋、想象力最丰富、创作力最旺盛，也即是在青岛海边这三年。"（27：534）他在文中如此叙说。但这篇长文生前未能发表。

　　他是一个闲不住的人，本来安排他休养，一个意图就是离开北京可以少揽事，缓解血压和心脏问题的压力，但他在青岛一面进医院检查，一面还为景德镇陶瓷研究所审校了《中国的陶瓷》书稿，一九六二年又为这本书写了序言，一九六三年由北京财经出版社出版。

　　看似平静的休养期，精神内部却仍然在进行着不那么平静的活动。七月二十三日，张兆和在紧张的工作间隙给沈从文写了一封信："先后收到你五六封信，觉得有很多话要说，可一时又说不清楚。关于创作的一些经验和甘苦，你谈的我觉得很对，也正是这次文艺工作会议开了二十天会所要解决的问题。可是对于文艺批评家的态度，以及作为一个社会主义国家的作家对创作所采取的态度，你的一些看法我不敢苟同。我觉得你的看法不够全面，带着过多的个人情绪，这些个人情绪妨碍你看到许多值得人欢欣鼓舞的东西，惹不起你不能自已的要想表现我们社会生活的激情。你说你不是写不出，而是不愿写，被批评家吓怕了。但是文艺创作不能没有文艺批评，文艺应当容许批评，也容许反批评。百花齐放百家争鸣方针正是鼓励大家多发议论，用各种不同样式风格表现生活，文化艺术才能发展繁荣。说是人家要批评，我就不写，这是非常消极的态度。当初为寻求个人出路，你大量留着鼻血还日夜写作，如今党那样关心创作，给作家各方面的帮助鼓励，安排创作条件，你能写而不写，老是为王瑶这样的所谓批评家而嘀咕不完，我觉得你是对自己没有正确的估计。至少在创作上已信心不大，因此举足彷徨无所适从。写呢？不写？究竟为什么感到困难？不能说没有困难，创作这种复杂的活动，主观方面，客观方面原因都有，重要在于能排除困难，从创作实践中一步步来提高，不写，空发议论是留不下好作品来的。"信的最后，张兆和抄了土耳其诗人希克梅特的诗《一个死去了的广岛小姑娘》，并说："我们应当有这样的诗人和作家（包括你在内）。写出这样作品，是人类的骄傲。你说呢？"（21：76—79）

没有看到沈从文此前给张兆和的"五六封信"，大概已经不存；也看不到沈从文对这封信的回复。但是，他写了一篇《抽象的抒情》，与张兆和的信构成深层的"对话"关系。这篇文章当然未必就是因张兆和的信而写，所谈其实是多年来萦绕于心、反反复复思考的，但也可能由张兆和的问题而引发，写作时间大致在收到信之后的青岛休养末期或者回到北京最初的日子，最终也没有完稿。张兆和信中提到的文艺工作会议，指六月中宣部召开的全国文艺工作座谈会，讨论《关于当前文学艺术工作的意见》即"文艺十条"的草案，一九六二年四月中宣部正式定稿为《文艺八条》。这也是沈从文所谈问题的一个背景。

　　《抽象的抒情》有两行题记：

　　　　照我思索，能理解"我"。
　　　　照我思索，可认识"人"。

　　开篇即从根本上谈文学艺术和生命之间的关系：生命"惟转化为文字，为形象，为音符，为节奏，可望将生命某一种形式，某一种状态，凝固下来，形成生命另外一种存在和延续，通过长长的时间，通过遥遥的空间，让另一时另一地生存的人，彼此生命流注，无有阻隔。文学艺术的可贵在此。文学艺术的形成，本身也可说即充满了一种生命延长扩大的愿望。至少人类数千年来，这种挣扎方式已经成为一种习惯，得到认可"。伟大文学艺术的产生存在，"反映什么的发展，变化，矛盾，以及无可奈何的毁灭（对这种成熟良好生命毁灭的不屈、感慨或分析）。文学艺术本身也因之不断的在发展，变化，矛盾和毁灭。但是也必然有人的想象以内或想象以外的新生，也即是艺术家生命愿望最基本的希望，或下意识的追求。而且这个影响，并不是特殊的，也是常态的。……有如下事实，可以证明生命流转如水的可爱处，即在百丈高楼一切现代化的某一间小小房子里，还有人读荷马或庄子，得到极大的快乐，极多的启发，甚至于不易设想的影响。又或者从古埃及一个小小雕刻品印象，取得他 ——假定他是一个现代大建筑家——所需要的新的建筑装饰的灵感"——由此可证有些文学艺术的不朽。

问题接着就来了。"文学艺术既然能够对社会对人发生如此长远巨大影响，有意识把它拿来、争夺来，为新的社会观念服务"，就不可避免。"社会主义制度下对文学艺术的要求"，"十分鲜明，于是也不免严肃到不易习惯情形。政治目的虽明确不变，政治形势、手段却时时刻刻在变，文学艺术因之创作基本方法和完成手续，也和传统大有不同，甚至于可说完全不同"。这个不同，是文学艺术及其创作者所遭遇的巨变，沈从文感受到一种根本性的断裂：

> 艺术中千百年来的以个体为中心的追求完整、追求永恒的某种创造热情，某种创造基本动力，某种不大现实的狂妄理想（唯我为主的艺术家情感）被摧毁了。新的代替而来的是一种也极其尊大，也十分自卑的混合情绪，来产生政治目的及政治家兴趣能接受的作品。这里有困难是十分显明的。矛盾在本身中即存在，不易克服。有时甚至于一个大艺术家，一个大政治家，也无从为力。他要求人必须这么作，他自己却不能这么作，作来也并不能令自己满意。现实情形即道理他明白，他懂，他肯定承认，从实践出发的作品可写不出。在政治行为中，在生活上，在一般工作里，他完成了他所认识的或信仰的，在写作上，他有困难处。因此不外两种情形，他不写，他胡写。

在这样的历史处境下，"每一个作者写他的作品时，首先想到的是政治效果，教育效果，道德效果。更重要有时还是某种少数特权人物或多数人'能懂爱听'的阿谀效果。他乐意这么做。他完了。他不乐意，也完了"。如果还像过去那样，"妄想以为能用文字创造经典"，"实在更无根基"，因为"有个奇特现象：有权力的十分畏惧'不同于己'的思想"。社会还没有进步到"让一切创造力得到正常的不同的发展和应用"，"让人不再用个人权力或集体权力压迫其他不同情感观念反映方法"。

沈从文说，"事实上如把知识分子见于文字、形于语言的一部分表现，当作一种'抒情'看待，问题就简单多了。因为其实本质不过是一种抒情"。而目前，"观念计划在支配一切，于是有时支配到不必要支配的方面，转而增加了些麻烦。控制益紧，不免生气转促。《淮南子》早即说过，恐怖使人心发狂，《内经》有忧能伤心记载，又曾子有'蓬生麻中，不扶自直，白沙在涅，与之俱黑'语。周初反商政，汉初重黄老，同是历史家所承认在发展生产力方面努力，而且得到一定成果。时代已不同，人还不大变。……伟大文学艺术影响人，总是引起爱和崇敬感情，决不使人恐惧忧虑"。(16；527—537)

这篇未完稿"文革"中和其他许多材料一起被查抄，上面留下了专案人员用红笔划下的重点线，初次发表于沈从文去世后为纪念他而编辑、湖南文艺出版社一九八九年出版的《长河不尽流》一书中。

六、昧于"大时代"，执迷"小烦琐"

从青岛返回北京后，沈从文重新回到了工艺美术类教材编写工作的繁忙之中。他和陈之佛是这套书的总审定人，在十一月末又要离京之前，他主要看了漆工艺史和丝绸史的稿子，边看边费力改动。

　　自从改行到文物领域以来，沈从文一直强调文史研究要结合实物，要文献和文物互证，一九六一年他以平常阅读注意到的一些细微之处写了几篇文章，都发表在《光明日报》上：一篇《从〈不怕鬼的故事〉注谈到文献与文物相结合问题》（六月十八日），两篇关于《红楼梦》注释问题的，《"瓟瓟斝"和"点犀盉"》（八月六日）和《"杏犀盉"质疑》（十一月十二日），还有一篇《从文物来谈谈古人的胡子问题》（十月二十一日、二十四日）。最后一篇因王力《逻辑和语言》一文中的说法而引起，也得到了王力的回应，他写了《关于胡子的问题——答沈从文先生》（《光明日报》十一月十八日），表示不同意沈从文的意见。

　　沈从文"斤斤计较"的这些"琐琐碎碎"，在那个"大时代"的氛围之中，显得格格不入。以《红楼梦》的注释为例，从周汝昌多年后的一篇回忆文章中，能够约略感知沈从文的工作是多么"隔膜"于时代。人民文学出版社古典部小说组组长周汝昌负责整理《红楼梦》新版，即后来于一九五七年十月出版的四卷本。领导指示加新注，人选是启功。"那时已然是对'考证'尤其是'烦琐考证'批判得十分激烈严峻了（以为学术不需要考证，只需要突出政治……），启先生对此十二分害怕，唯恐挨了批，下笔极度谨慎——表现为：一条注释尽量字少话活，竭力避免一个'落实'的具体详实的讲解，亦即采取'繁琐'的另一极端的'策略'，用意甚苦。""谁知，沈从文先生对这样注法却持异议……主张要注这部小说，必须切实详实解清代的那些实物（皆非虚构），这与启功先生的用意恰恰相反——而且那时极忌把雪芹之书解释为'写实'，那在彼时是最错误的'文艺理论'。"一九五五年六月，沈从文写出近五百条注释，拟题为《〈红楼梦〉衣物及当时种种》，"'古典部'领导命我将沈稿送交启公'参采'。我遵命照办。启先生一见，吓坏了！……拙笔很难'表现'，尔时的形势气氛，'当事'者的表情与话语，我这'编辑'的尴尬处境。此处只好来一个'话要简断'——事情的结果是：启先生一字不敢采，我得负责对沈先生'退稿'，这还不打紧，最难的是我还必须在'新版'卷首'交代'，说启注'参考'了沈著，以'圆'其'场'。但这种'圆'法却又两面不讨好：启表示我何尝'参考'了他的大著？沈谓你们一点儿也不接受我的良言与诚意"。[1]周汝昌回忆说沈从文的注释"一字不敢采"，这是夸张了；但直到一九六一年沈从文还写文章讨论一九五七年新版《红楼梦》注释的问题，确实是昧于"大时代"的氛围而执于"小文物"的种种"烦琐"了。

　　十月大哥大嫂到北京来，住了一个月左右。沈从文曾写信劝阻大哥前来，大哥却执意要来看看一家大小的健康。沈从文的身体状况令他担心，张兆和也渐渐老弱下来；长子沈龙朱得了胸膜炎，住院之后在家卧床疗养；沈朝慧患肺结核，一直低烧不退，常需要打针，不能入学，只得在家里自己读书、学画画。大哥大嫂来京，住是麻烦，吃也是难题——一九五九年之后北京日益紧张的食品供应，到一九六一年已达极端程度，定量少得可怜。一九五七年四月大哥大嫂曾来北京住了两个多月，那时候的情形还没有如此困窘。

七、江西行（一）："白头学作诗"

　　十一月二十七日，沈从文离京，经上海转往南昌。这是中国作家协会和江西省安排的参观访问活动，并提供长时间居住进行创作的条件。

1　周汝昌：《沈从文详注〈红楼梦〉》，《文汇报》"笔会"版，2000 年 8 月 15 日。

沈从文想去把那部素材已经准备充分的长篇再试写几章，视情况决定停留时间的长短。实际上此行达三个多月之久，长篇却没有动笔，而意外地写起了古体诗。

或许是因为中宣部打了招呼，包括沈从文在内的九位作家受到江西高规格的接待，这多少让沈从文有些不安和不适。九个人中他年纪最大，但其他人也许更"配"得上享受特殊待遇——六个人有在"革命圣地"延安、一个人有在太行山区的光荣资历。他想起他的朋友胡也频一九三〇年过瑞金参加苏维埃区域代表大会，如果活到现在，他倒是"配"。显然沈从文和同行的其他作家——阮章竞、蔡天心、江帆、戈壁舟、安旗、华山、周钢鸣等——不能算是文学上的同道，不过他和他们相处得很愉快，庐山、井冈山、瑞金、赣州结伴而行，或全体或部分人员，倒也热闹。"因为诗人多，大家写诗，我也把四十年前老家当拿出试试，结果似乎比黄炎培老先生词汇略多，比叶老也活泼有感情些些。"四十年前当兵时，沈从文曾学写旧诗，没想到老来又捡回来了。"六十岁重新写旧诗，而且到井冈山起始，也是一种'大事变'！"（21：117，118）

现在从《沈从文全集》第十五卷可以看到这次江西之行的创作：《匡庐诗草》三首，《井冈山诗草》九首，《赣游诗草》四首，其中的大部分一九六二年春陆续发表在《星火》、《江西日报》、《人民文学》、《南昌晚报》、《光明日报》。最初的几首刚写出来时，沈从文难抑兴奋，寄给张兆和看，张兆和反馈回来的意见也意外地令人鼓舞——多年来，这可是少有的情形。"各信及古风均收到。诗写得很不错，白尘同志觉得惊异，连我也没想到。编辑部准备发，除《史镜》篇外，准备全部发表……《资生篇》第二、三首和《花径》写得真好，确有些老杜风呢！

其他各篇也都不错。各诗感旧歌今，不落俗套，写景抒怀，浑然一体，情真意挚，读了鼓舞人，也给人以艺术享受。"张兆和是敏感的，她从沈从文的写作中感受到了他这个人情绪上的变化："全家都为你高兴，问题不在目前写出多少首诗多少篇文，主要的是心胸开扩，情绪饱满兴致高，这对你身体有好处，也是重新拿起笔来写出更多好文章的开始。"（21；145，146）

夫妻二人在通信里讨论诗，之间的共感确实让沈从文振奋。但也存在分歧，这些分歧看起来不重要，其实耐人寻味。以《资生篇》为例。诗前有小序："赞江西生产建设成就，兼及山川景物之雄秀壮美。由史起兴，共成三章，计五百四十字。"张兆和认为第一章《史镜》"整个是谈历史，读来比较干，和前后各篇以抒怀写景见长风格调子不同"，倾向于不用（21；145）；这个意见大概也代表了《人民文学》编辑部的意见。沈从文却不能接受这样的看法："来信说《资生篇》上部得去，那最好不发表。你们不懂前部分正和本题关系密切，和江西目下建设成就有关，如拟用，最好莫删节（和交响乐一样）。"（21；168）《人民文学》最终发表的时候还是做了处理，没用第一章，把第二、三章作为两首诗刊出。

沈从文的古体诗是"温旧歌今"，"咏史"是"温旧"，可是文学刊物更感兴趣的是"歌今"——这当然不仅仅是编辑们个人的趣味使然，而更是时代的兴趣和要求。事实上，这么多年过去之后，我们现在再来读沈从文的诗作，会明显感受到"温旧"写得更好，而"歌今"的内容，经过时间的淘洗之后，不免露出时代或轻或重斧凿的痕迹。其实沈从文创作的当时心里就很清楚，他跟张兆和说过这样的话："其中除了三五句用时事，不免近打油，其他似乎还有气势、感情，文字也足相副。"（21；117）这样就把"用时事"和"其他"分开了，以诗的标准，他心中自有高下的判断。遗憾的是，"你们不懂"。

《资生篇》第三章《回南昌途中》即使从整篇中拿出来，作为单独的一首诗，其基本的结构也是"温旧歌今"：

> 昔人在征途，岁暮百感生，
> 江天渺萧瑟，关河易阻行。
> 王粲赋登楼，杜甫咏北征，
> 食宿无所凭，入目尽酸心。
> 遥遥千载后，若接昔苦辛。
>
> 我幸生明时，千里一日程。
> 周道如砥矢，平稳感经营。
> 连村呈奇景，远山列画屏。
> 待渡赣江南，江水清且深，
> 群峰幻青碧，千帆俱崭新。
> 倏忽白云驰，比翼雁南征。
> 默诵王勃文，入目壮怀增。
>
> 还过永丰县，绿橘万树荣。
> 丹实勤采摘，社社庆功成。
> 田畴布方罫，牛鹅总成群。
> 老幼貌怡悦，冬衣各上身。
> 生聚滋地力，谋国见典型。

　　　　白头学作诗，温旧实歌今，

　　　　无泪湿青衫，才多慕庐陵。

　　　　诸事难具陈，笔拙意朴诚，

　　　　多谢贤主人，作客愧深情！（15；259—260）

　　沈从文诗用五言古体，而不用更普遍的七言形式，对这一点他有自负："一般人多作七言，易写难工，境格不高，常借助于三百首调动调动字句而已。我倒'人弃我取'，专写五言，因为古文底子好些，又记得较多典故，且熟读汉魏诗，所以旧瓶装新酒，写来倒还有意思，和目下一般旧体诗不大同"（21；173），"笔拙意朴诚"而自有其格。自负之外他也有自知："但是不是手边没有本《诗韵集成》？走韵处恐不少，好在正如简笔字，可以自我作古，一般要求不高"；另一方面是对能否被理解的担心，"遗憾的是有些用典使事精彩、准确、有分量处，近人已不大懂了，不免有不上不下情形"。（21；117，118）

八、江西行（二）：设想一部生活回忆录

　　一九六二年一月五日，农历十一月二十九，是沈从文的生日。住在南昌的江西宾馆，"我一个人在房中过了六十大庆，吃了一个小小橘子"。回想起个人生命的历史和半个多世纪以来的社会变迁，"若能平铺直叙写出来，即当成信来给虎虎等写回忆录，也一定将是一大部头好书。因为内中包括事事物物可真多……若当信札体写，也许比较容易落笔，正和当年写自传，整整三个礼拜脱稿，记得还重抄一次。我或许得

试个三几回看看。事实上只要肯写，必然会成为一部留得下而且近于'史'的东西。因为全是社会一面，而且再巧没有，即由极小乡城到最大都市，所经历的又正是社会大变动的近五十年。……我得想办法挤时间，多活几年，为后来人留下份礼物，让他们明白廿世纪前半世纪我们是怎么活下来的"。（21：143）

这颗创造的心总是不死，一有机会，就又跃跃欲试起来，用沈从文常用的一个词来说，是"挣扎"。之所以会这样，是因为生命里积蓄了太多的东西，在内部活动和孕育，"生命里总像有种综合势力，在作种种挣扎"；是"生命的一种总和"，在要求化为创造的形式。"只能说是生命的一种总和。包括极小极小性格的形成，和生活经验的复杂，以及千百种书，万千种画，和无数古里八怪不同的人，不易设想的种种生活，以及生活中所接触的人事，且用了个六十年揉杂成一体。"（21：129，131）

写旧诗固然也是一种转化的方式，但沈从文并没有因为兴奋而以为这种形式无所不能，譬如，普通人"生活在卑微平凡中的哀乐，十分十分熟习，懂得他们的心。因为我事实上懂他们比懂古董还细致具体。但这份知识，可不能用旧诗来表现了，因为太平凡琐碎。如好写，还有好多东西，都必然使人感动！特别是他们的爱恶哀乐的形式，我熟习的可比契诃夫还多好多。但是不是目下文学要求的重点，不好写，即只有听之成为过去了。其实说来还应当写，从这里才具体的接触到人"。（21：135）这才是他的文学的方式、核心和特质，过去是，现在仍然萦绕于心，还想让它是。

从这里也可以理解，那个关于张鼎和一家人的长篇，花了那么多精力准备素材，为什么却迟迟不能落笔写出来。"四哥那个小说……不知用某一方法，"他跟妻子这一次说得比较清楚了，"我对一般方式（如《红旗谱》、《青春之歌》）不拟采用，应还有更合我本来长处相配合的表现法，但是又受材料的现实性束缚，反而难于下笔。这点为难也近于一种反抗。我不希望用《红旗谱》那种手法得到成功，可是自己习惯的又不大易和目下要求合拍。"（21；154—155）

倘若写生活回忆录，沈从文设想的是用信札体或者《猎人日记》（他随身带着这本他早已熟透于心的书，不断重读）、《湘行散记》的手法，这样写起来应该会顺手——后来，我们当然知道这也是一个没有实施的计划。可是当时，这个念头让他不断回想起过去生命的种种，这也是一种"温旧"；从"温旧"中总结自己的生命特征："一面是'成熟'，一面却也永远近于'幼稚天真'。……放在任何情况下，支配自己生命的，不是一般社会习惯，却是一点'理想'，理想也可以当成庸俗的迂腐的不切实际的打算看待，但究竟还是理想！""在一个长长时间里去陶冶、锻炼，学什么都习惯于抓得紧紧的，将一切消化，逐渐积累成为个人的力量，永远在进取中充实自己，丰富自己，也修正自己……到后来，便似乎和一般存在日益不同了。……总像是有一种动力推之向前……支配他的不是当前，恰恰是大量种种过去和一堆未来。……多少有些莎士比亚戏剧中角色倾向。……不管如何，人中间却确实有这样一种人。但是也不会太多……"（21；152，154）

二月上旬，张兆和从北京来南昌与沈从文会合，一起去了景德镇和大茅山参观游览。下旬，两人离开江西，到上海、南京各住了三四天。三月上旬，回到北京。

"这次出行，整一百天，在江西坐汽车即走了五千公里……也可说是一生一次参观跑路最多的。"（21；192）

九、人与事

回到北京，就是又回到了日常的忙乱中：工艺美术类各专史初步脱稿部分要看之外，"依旧在不断揽些杂活，不计酬，不要道谢的杂物。近来正在参加审定五千件藏画，可以学习许多东西。此外还在为景德镇研究所改《中国陶瓷》稿，为人艺剧院介绍武则天材料，为另一人介绍绘《文姬归汉图》材料，为一搞美术史的介绍古玉方面材料，为馆中编图录提修改意见，……事像老作不完"。（21：197）

说这个话是在五月初，此前，三月下旬到四月中旬，参加了政协第三届全国委员会第三次会议。会议期间，四月十三日晚上，沈从文去看巴金和沙汀，沙汀日记里有细致的记载："他精神、情绪都好，刚一坐下就说：'三姐派我来请你们去吃杂酱面呢！'随即问我哪天有兴，喜欢喝什么酒？"两个人从创作和生活的关系谈到批评，谈到作家之间的关系。等巴金回到房间已经九点，然后一同去楼下喝酒，喝到十点钟，又一道乘车去看三姐。"我三年前同巴公去过他们家里，感觉两间屋子都小。这晚上感觉得更小了，挤满了东西。""回到家里，一直到上了床，我们仍不停地谈着从文和他过去的作品。"更有意思的是两天后，沙汀日记里写了沈从文不在场的一个情景：几个人的话题是文学批评，"于是我同光年的争执，也就更加剧烈起来，我以李健吾为例，对当前的批评工作谈了自家的意见，并且侧面举了前天夜里从文的话：'按照批评家的意见，是写不出东西来的！'这时，文井忽然插嘴：'啊？他敢说这个话？'而他显然感觉得很高兴……"[1]

---

[1] 沙汀：《沙汀日记选（1962年4—5月）》，《新文学史料》1988年第2期。

四月十日，沈家意外地收到了张充和的信。自一九四九年分别，多少年音信未通。沈从文回信，为张充和与傅汉思已有公子二人道贺，却避谈自己这边的沧桑巨变，而说碰到的老朋友查阜西、朱光潜，"我们都好"，"你们料想不到即是大家都似乎还相当年青"；二姐做了祖母，三姐即将退休；"近年来好戏好曲子真多"；"北京日来已开玉兰，中南海边杨柳如丝，公园中有兰花也极好。我们一家文娱，主要是古典音乐唱片，一般多苏联的。"——那个时代寄往美国的信，除了说这些，还能说什么？"闻美国有将张萱《捣练图》用彩色印，如有又不贵，可为找一幅来，我们将复制。"——这倒真是沈从文平日所关心的一类事。信中抄录了好几首自己在江西写的诗。（21；193—194）

七月中旬，沈从文到大连休养，住了一个多月。这大概是政协安排的，同行的人中有顾颉刚、金岳霖。在海滩，同伴下水游泳，"我和顾颉刚作'老太太'，在沙上帐幄下谈天"。"晚上又是一大车去看晚会，我即宣告休息。这些近代生活正和我们在江西景德镇看跳舞差不多，永远和生活习惯隔得远远的，总似乎无什么意义。……看跳舞，可只得到一种与这种种远隔感。但是到这里来看'自由市场'，可只得到'凄凉感'，因为什么物资也没有……那里是什么'市场'？……事实上还是得在各种'近代生活'中讨生活，人还像十九世纪的人，所以心情有些离奇感，滚来滚去，可始终不像个近代人。"（21；225，227，228）

老友金岳霖也是一个不能融入到集体娱乐中的人，沈从文给妻子的信里描述了这样的情景："老金只有一个人坐在客厅里翻扑克牌玩……我还记得清清楚楚他住在叔华家情形，后来搬到北总部胡同情形，和到昆明我们住处喂鸡情形。在这里看他客厅中一个人玩牌（和洋老太婆卜课一样），我坐拢去问他，他说'无聊'才玩这个。同样是这两个字，用到他生活里，我才明白这两个字的分量。的确是有一点儿分量！人都说他'怪'，神气的确怪，但事实上和他一熟，将承认他是个最近人情的人了……老金的'寂寞'真是有点儿×，听说不久已可搬家，新住处将有四间房子可住，正是希望原来厨子回来管家，一个人不结婚到了老年，实在是相当惨，特别是到这么一种过渡社会情形里，所学的一行也没有充分得用机会，另外许多长处，年青人都学不来了。趣味广博，知识广博，如和卅岁以下的年青人生活多有些接触，照理都可以使得卅岁以下的年青一代生活活得更扎实丰富，但却没有机会这么接近年青人了。等他搬新家后，我们全家福带上张之佩去作一次客吧。"（21；234—235）

　　在大连，还有一次和文学同行的不期而遇。农村题材短篇小说创作座谈会——即当代文学史上著名的"大连会议"——在这里开了半个月，由作协党组书记邵荃麟主持。大连市委请吃饭，把两拨人安排到了一起。"我和赵树理、周立波、侯金镜等一桌。茅盾、周扬也在此。……邵说，你来参加吧，但不正式邀可不好去。……赵树理喝了不少白酒，还未唱戏，可能回到住房就唱起来了。"（21；230）邵荃麟的邀请或许只不过是顺口说说而已，沈从文当然不会不知趣到真去参加座谈会的地步；但比起一九四八年的声色俱厉——"大地主大资产阶级的帮凶和帮闲"，"直接作为反动统治的代言人"[1]，客气一下已经是很大的差别了。当然，此一时彼一时。赵树理回房间后唱没唱戏不知道，后来人

1　本刊同人（邵荃麟执笔）：《对于当前文艺运动的意见——检讨、批判和今后的方向》，《大众文艺丛刊》第一辑，香港生活书店，1948 年 3 月。

知道的是，他在这次会议上对农村形势的长篇发言[1]，直陈现实，振聋发聩，有人说是中国文坛在"文革"前夜凄美的"天鹅绝唱"。过了还不到两年，"大连会议"和"中间人物论"受到严厉批判，邵荃麟作为主要当事人倒霉挨整，罪行不断升级，更于"文革"中被捕，一九七一年病死狱中。

因为大连休养，错过了文化部的座谈会，沈从文回到北京后立即给文化部党委写信，结合他在政协的提案，就文物工作向传统学习、古为今用问题提了四点建议：一、摄制一些教学和生产用工艺美术电影；二、试印十七八世纪的彩瓷、丝绣、漆器、雕玉、竹雕、扇面、地毯等专题性图录，为当前生产改进作参考；三、帮助青年教师补课进修，分别情形和需要，到故宫等条件较好大博物馆参观学习；四、举办专题文物到各地作针对性短期展出。(21；236–241)

高血压和心脏病使得沈从文有时不能去博物馆上班，即便如此，从一九六〇年开始的服装史资料的工作还在持续，好在有几个助手可以在他指导下绘制图像。让他特别苦恼的是没有资料可以放在手边，他常幻想，要是有三万张图片会如何如何便利，"目下所有杂知识全得靠记忆，塞到一个三斤六两重的脑子里……人一完事，一切即随同完事"；"还有经常是一家四人得挤在一个房间里过夜，求夜里睡得安定一些可不容易办。半夜醒后待开灯看看书，又会妨碍早上六点多些即得出城上工人的睡眠。心脏已有了毛病。在这么一种生活方式下，我还在打量如何加强学习，好来回答杨贵妃或王昭君蔡文姬等等材料问题，真有点像

---

1 赵树理：《在大连"农村题材短篇小说创作座谈会"上的发言》，《赵树理文集》第4卷，赵树理著，北京：工人出版社，1980年，1710–1722页。

是一个人用力拔自己头发，以为可望举起自己身体一样，傻得可笑。"他小心翼翼地问老朋友陈翔鹤，"不知道熟人中能有什么办法，让我能从什么方面得到一两间房子没有？只要在目前住处附近，即自己每月出一笔租钱也成。只要有个地方稍微可松动一下，我就等于已经把自己拔到空中了"。（21；280—281）

十、隔世

北京出版的《中国文学》英文版，一九六二年二月号刊登了沈从文的《鱼的艺术》一文之后，又在十、十一月号上刊出戴乃迭翻译的《边城》；日本平凡社出版的《中国现代文学选集》，第六卷有松枝茂夫翻译的《丈夫》，第十九卷"诗·民谣集"有今村与志雄翻译的《你就像鹿一样》。而此前，法国巴黎《法国与亚洲》一九六一年第十七卷第一百七十期刊出大卫·基德（David Kidd）翻译的《雨后》。这些旧作的外文译介，没让沈从文多么高兴，反而更加强了他挥之不去的隔世之感。给程应镠的信里，他说："最近英文的《中国文学》译出的《边城》，只听说译文还好。又看日译的两种选本，听人说译的也好，选的也好。事实上十分离奇，这好像已和我并无什么关系。不仅因为我不懂英文日文，即中文本子，我间或看看，也像不会是我写的，和我没有什么关系的。"他谈到自己居然写起了旧诗，因为是诚挚的老友，他可以说出自己复杂的感受："打油作品竟有人赏识，也是幸运。但是认真到用全生命以赴的工作，却毫无结果，近于败北，实不可解。"（21；243，244）别人未必感觉得到，他自己内心里却不得不领受着——这是一种什么样的痛苦讽刺。

"人已居然活过六十岁，真正是如写《边城》时说的老船夫，凡是

'命里'应分得到的种种，都得到了。一生好辛苦的战斗！"（21：243）

沈从文当时并未得知，一九六一年，耶鲁大学出版社出版了夏志清的《中国现代小说史》。在这部一出版就受到关注、其后影响持续长久的英文著作里，夏志清于第八章专章讨论沈从文的作品，不吝赞词。学英美文学出身的夏志清，常常把沈从文和重要的英语大作家并列比较，如："沈从文的田园气息，在道德意义上讲，其对现代人处境之关注，是与华兹华斯、叶芝和福克纳等西方作家一样迫切的。"谈到沈从文笔下的萧萧和福克纳小说《八月之光》被诱奸的利娜·格洛夫，"两人人格之完整，却丝毫未受侵害。由此看来，沈从文与福克纳对人性这方面的纯真，感到相同的兴趣（并且常以社会上各种荒谬的或残忍的道德标准来考验它），不会是一件偶然的事"。即使是沈从文短篇中并非最上等级的《夜》，故事里的那个老人也令夏志清印象深刻，认为他"代表了人类真理高贵的一面：他不动声色，接受了人类的苦难，其所表现出的端庄与尊严，实在叫人敬佩。相较之下，叶芝因自己老态龙钟而表现出来的愤懑之情，以及海明威短篇小说《一个干净明亮的地方》中那个患了'空虚感失眠症'的老头子，都显得渺小了"。夏志清还观察到，沈从文对中国"革命青年"的态度，"颇像英国批评家兼诗人马修·阿诺德对浪漫诗人的评价一样：他们的热心和勇气都够了，可是懂的却不多"——我所以要特别挑出夏志清把沈从文与西方作家相参照的意见，是因为，在沈从文文学写作的生涯中，他心里藏着这样一个宏愿，或者叫野心：他要使自己的文学，特别是短篇小说，达到与世界作家比肩而毫无逊色的程度。不得不放弃文学之后的漫长岁月里，这样的宏愿还会时常萦回，让他为中断了这一愿望的充分实现而耿耿于怀。

夏志清认为，造成沈从文在中国文学上重要地位的，"是他丰富的想象力和对艺术的挚诚"。他赞叹《静》这个短篇，说："除沈从文外，三十年代的中国作家，再没有别人能在相同的篇幅内，写出一篇如此富有象征意味、如此感情丰富的小说来。"专章之外，在第十四章，夏志清又对抗战时期的《长河》高度评价，"《长河》暴露了农民对于政府的原始恐惧……单就发挥道家这一深厚的人生智慧上，《长河》已经超越了作者最早期的另一本小说《边城》……《长河》也超越大多数现代中国一般的乡土作品，它们充其量只是表现了忧伤和暴力，缺乏可以相提并论的严肃'视景'"。夏志清最后还提到了一九五七年人民文学出版社的小说选集。[1]

　　夏志清在注释中说到马逢华的文章《怀念沈从文教授》。马逢华是西南联大时期沈从文的学生朋友，他在一九五三年写了这篇文章，内容是沈从文一九四九年后的遭遇。此文一九五七年二月发表于台北《自由中国》半月刊第十六卷第三期；若干年之后，台北《传记文学》一九六三年一月号转载，香港《当代文艺》一九六七年十二月号又转载。这没有什么奇怪，大陆之外关心沈从文的人能够得到的信息极其有限，这篇文章提供了时代转折那几年沈从文的一些情形。一九六二年八月，华盛顿大学的施友忠在英国举行的"中共文学讨论会"上提出报告，后把其中的一部分以《摇旗呐喊者和逃避主义者：老一辈的中国作家》为题，发表于伦敦《中国季刊》一九六三年春季号。论文参考了马逢华的文章，并且讨论到沈从文的旧体诗和他从事文物研究的选择，这大概是西方学术界最早讨论到一九四九年以后的沈从文。

1　夏志清：《中国现代小说史》，上海：复旦大学出版社，2005年，134页，142页，145页，146页，149页，237页。

第九章

大动荡前："临深履薄，深怀忧惧"

一、"一行行看下去，一字字改下去"

一九六三年三月，沈从文写散文《过节与观灯》，篇幅不短，发表在四月的《人民文学》上。五月，为三年前去世的林宰平的《北云文集》作跋。林宰平在二十年代沈从文初到北京时即给予鼓励和帮助，沈从文感念甚深，他的跋语把感情隐藏在简洁、朴厚的文字中，未有一句直接道及私人交谊。他还写了一篇《我国古代人怎么穿衣打扮》，收在中国青年出版社出版的《中国历史常识》第五册中。

馆里馆外的工作照旧忙乱而且永远也忙不完，他自愿担当"文化服务社问事处干部"的名分，"什么人要什么时，即为从记忆中挤出来"——因为无从保留资料、图片，"一切全靠记忆"。（21；303）比较紧迫的一件事是工艺美术系列教材的审读。六月十八日，沈从文和七个人同上西山看稿子，用去大约四十天。住的地方是香山饭店，正是一九二五到一九二六年间沈从文生活无着，经林宰平和梁启超介绍，来熊希龄创办的香山慈幼院担任图书管理员的地方。现在的房间，似乎由过去的校舍改造而来。"四十年前我在这里住的小房子，至今还未坍圮，有人住下。只是校中到处是荒草，住在这里的人大致也多不知熊希龄是谁了。历史变化之大，真是不可设想。"（21；332）

　　他在家信里描述了工作的情形："近来我经常是十二点还不能睡。吃药不甚灵，早上二点醒来，再睡睡，到五点就起床了。五点到八点空气最好，黄鹂也叫得格外清脆好听。这一段时间工作效率非常高，能敌整天有余。总是在两株大松树下去看四十万言稿子，一行行看下去，一字字改下去。"本来这一套书的主审是沈从文和陈之佛两个人，陈之佛去年辞世，沈从文自然承担得更多更重。譬如说最厚的一部稿子是《中国工艺美术史》，一块来看稿的几个人看到一半就看不下去，干脆就让沈从文一个人看。"因为稿子分量重，内容杂，边看边增改用力大，睡得又少，前几天鼻子流了点血，心脏也总是隐痛，不大好办。""我已看过三次，这是第四回，仔细增改，也易接触问题。"虽然异常辛苦，但他心里还是欣慰，"书用的材料多，写得还不坏，若文化部同意付印，将是中国第一部《工艺美术史》，我这十年学的杂项在这里有了用处，因此多为费点心也应该。前后不过两年，居然有此成绩，比起文学史、美术史前后积累四十多年经验，至今还只能到目前水平，这本书的完成，就可以说实在很不错了"。（21；333-335）经过四次审改，沈从文为这部书稿补充的文字约占三分之一。

　　从香山回到城里后，出这套书的人民美术出版社不断把将出的书稿送给沈从文审，稿子的麻烦他不怕，还要考虑稿子之外的事，这就有些别扭。譬如一本《图案基础》，沈从文认真写出一些意见，却特意嘱咐出版社编辑把他的意见另抄一份，"作为你们编辑部一点建议……总之不必说是我的意见，免得编者感到扫兴。因为编者是国内唯一专家，自尊心强，自信心高，好意协助不一定需要（有时或胡乱恭维一阵，倒反而能起鼓舞作用）"。（21；340）

还有特别生气的时候。有一本书稿作者强不知为知，自矜发明，不肯修改不说，还把别人所提的意见、建议附于说明文上，加以批驳，理由又没有根据。沈从文给编辑写了一封压不住火气的信，说："他的工作方法和工作态度，和我们有相当距离，彼此无共同点可得。这么夹缠下去，了无意义，费力不讨好。即此打住，还是时候。""回想一下经过，还是出于'热心误用'，不免变成'自找麻烦'。但是也由此增加了点常识，下不为例。……把说明上凡是我们意见删去……"（21；355，358）

家乡有人来信请教"写作问题"——这些年来，倒也碰到过几次这样好意请教的人——真是让沈从文觉得为难："新的写作方法"，他自知没有发言权；他自己的老方法已经"过时"，唯恐"毒害"别人。所以常常只能简单回复。不过这样的事情确实刺激他去思考、去对照，并会把所想到的跟亲近的人说一说。八月给大哥的一封信里，他的思考就说得清楚而明了：自己写作，"当时只以为文学是个能独立存在的东西（十九世纪看法），不怕用半个世纪努力，也得搞好它，和世界上最优秀作品可以比肩。因此写过卅本书后，还只算是未满师的习作，用一个极普通劳动者工作态度接受各种考验，这么下去，任何技术上困难似乎都自然可望逐渐克服。可是实在太辛苦了一点。而且结果并不好，时代一变，一切努力不免付之东流。反而不如另外有些聪明懂事人，只把写作当个过渡工具，不太费力，从人事交际上多用点心，到如今却得到双丰收！"更显著的对比是，"做一个现代作家，真正是幸福！……大家写什么你也写，文字比较顺，过不多久即可有出路。……过去我们写作，以艺术风格见独创性，题材也不一般化为正确目的，现在搞写作，主题却不忌讳雷同，措辞也不宜有什么特别处，用大家已成习惯的话语，写大家懂的事情，去赞美人民努力得来的成果，便自然可以得到成功！"（21；344—345）

二、"无聊"及其转向

入秋后，政协组织了一次到南方的活动，沈从文和三十多位人大、政协代表委员十月十九日到达广州，住广州迎宾馆。他们先后参观了黄花岗、红花岗、中山堂、农民讲习所、外贸展销、从化温泉、佛山等。二十八日那天，沈从文和同住的蒋兆和到关山月家里大吃了一顿广式菜，关山月和黎雄才二人合作为两个人各画一张画，给沈从文的一张，古松藤萝下面空空的一人骑马前行。沈从文喜欢这个意境，在心里默做诗一首，后面四句是："桓桓万夫雄，鄙薄泰山封。骏奔千里足，揽辔吾欲东。"因没有人知道他会写字，所以没有题写出来。（21；377）

这一批人后来分两拨，沈从文等老弱的五个，经衡阳短暂停留，三十一日到了桂林，住榕城饭店。从桂林到阳朔，行在漓江上，山水奇秀，让沈从文做了好几首诗。其中把猪也写进诗里，"船上花猪睡容美"，诗情画意中有猪的酣睡，令人称奇。[1] 这一组诗编为《郁林诗草》，

1　参见荒芜：《沈从文先生的诗》，《沈从文印象》，孙冰编，80—85页。

收入《沈从文全集》第十五卷。

十一月八日，沈从文到了长沙，住湖南宾馆。看了几个湘绣和瓷器厂之外，博物馆看文物花了几天时间："外室看了内室看，楼上看了楼顶看，只差不曾爬进坟里去看。但已近于这样子作了。因为每天必从一具高及一丈的大型西汉棺椁前走过，上楼时，又必须从两具完完整整战国贵族骸骨边前通过。而到得库藏室时，便简直如被由商到明三千年无数座古坟包围了。看了好多有用东西，对于总的认识是十分有益的。有几点过去推测，全被新接触的出土古物证实了。"（21：394）

天寒地冻在房间里不能外出时，也不能做什么事，便觉得"无聊"。"无聊"，这对沈从文来说可真是难得的体会。在北京时总觉得时间不够用，现在却盼着黄昏快点来临。一切似乎都被寒气冻结住了，"无聊"中的思维却活跃起来，他想象有两个古人一定也曾经历类似的"无聊"：

> 使人回想起二千年前，同样的阴沉沉天气，贾谊以三十来岁的盛年，作为长沙王师傅，在郊外楚国废毁的祠堂庙宇间徘徊瞻眺，低低讽咏楚辞，听萧萧风声，吹送本地人举行祭祀歌舞娱神节目中远远送来的笙竽歌呼声。生当明时而去帝乡万里，阴雨中迎接黄昏，回到他的长沙王傅所住小屋中时，他的无聊应当是一种什么情景！再想想屈原……就在这种雾雨沉沉秋冬间，终于被放逐出国，收拾行李，搭上一叶小舟，直放常德，转赴沅水上游。坐的也许正像我卅年前上行那种小小"桃源划子"……船在两岸绿雾苍茫中行进，想到国家的种种，听到看到岸上的祝神歌呼和火燎，他觉得好无聊！

　　思接千古，倘若只为找两个人陪他一起"无聊"，那也不是沈从文了。他的思绪马上转向另一层："我如再深入些些，把两人本传来作些理会，在这个情形中的必然和当然，以及在那个历史环境中的必然和当然，小妈妈，一定会写得出两个极其出色的新的屈贾故事！我懂得到在这个气候下背景形成的调子应当是什么，加上从二人身世和文章中去简练揣摩，写出来一定会情感充沛，有声有色。不会像陈老写《嵇康》那么带刻板做作气。"——《嵇康》指的老朋友陈翔鹤在一九六二年第十期《人民文学》发表的《广陵散》——他又想到了写作！

　　接着，"无聊"就被转换成了"寂寞"，而"寂寞"能生长东西，是他早就申论过的，所以他设想："把我放到一个陌生地方去，如像沅陵或别的家乡大河边一个单独住处，去住三个月，由于寂寞，我会写得出好多好多这种动人东西！……我懂得如何即可感人！在三五千字造成一种人事画面，总会从改来改去作得完完整整的，骨肉灵魂一应俱全的！这是一种天赋或官能上的敏感，也是一种长时期坚强固持的客观反复学习。两者的结合，却又和'寂寞'关系异常密切。酿酒也得一定温度，而且安静不扰乱，才逐渐成熟！"

　　他说东阳火腿从规格出发统一制作后，味道变了，旧作法产生的独特风味没有了。小说呢，现在也有差不多统一规格的新方法；在特定条件下，从"寂寞"里生长，是他的老方法。

　　然后他抱怨了几句妻子："小妈妈，这就是我说的你能'看小说'，可不大懂'写小说'的原因。你什么都好，就是不懂写好小说除人事外还要什么作料，以及使用作料混合作料的过程，火候、温度、时间、环境……写批评的人事实上且更加无知。""你很懂得我的好处，和懂火腿或别的一样，懂的是'成品'。至于成品是怎么来的，作料如何选择配备，实在不大懂，不好懂。写作中实在大有辛酸！"

"不知是否真有此种可能，即有意把自己和一切隔绝起来一定时期，试试能否恢复我的写作能力。"（21；390—394）——没有这种可能了：十四日回到了北京，按照惯例，参观活动结束后接着就是政协会。他在第三届全国委员会第四次会议上提交了六个提案，当然都是与文物工作有关的。

三、《中国古代服饰资料》

一九六三年冬季，周恩来总理有一次会见文化部领导时谈起，他陪同国宾看戏，发现历史题材的戏装很乱，和历史情况不符合；还说自己出访，见到很多国家有服装博物馆，有服装史，中国还没有。周恩来问中国有没有人在研究，能不能编印一本历代服装图录，可以作为送给国宾的礼物。在场的文化部副部长齐燕铭回答说，沈从文在研究中国服装史。

至此，沈从文从一九六〇年开始实施的服装史研究计划出现了重大转折。此前，文化部经文物局，要求汇报这一项工作的进展情况，齐燕铭在看过历史博物馆递交的工作简报后，于一九六三年八月七日致函文物局局长王冶秋，希望各方配合让沈从文把多年研究所得贡献出来。

十二月，文化部党组会议正式传达周恩来总理指示，历史博物馆随后建立起以副馆长陈乔负责的领导协调体制，调配美术组陈大章、李之檀、范曾等人给沈从文做助手，按照沈从文提供的图像和实物资料加以摹绘，另有其他相关人员配合工作。书名拟定为《中国古代服饰资料》，编写工作从一九六四年初全面展开。按照时间进度，要赶在十月前出版，向国庆十五周年"献礼"。

如此特别的重视，却让沈从文添了些隐忧，这样的隐忧不能跟别人说，只好向大哥吐露一点："我的构思基本方法，和一般人又不大同，这些稿又照例得层层送上去，由馆长到部里，且可能还得到中宣部，得迁就他人的意思，说些和本书真正无关的话。或照别人意思，写出一些似是而非的习惯话，反而把真正研究心得大量删去。这都是相当费力而不讨好的事情。"虽然心里有这样的想法，但总的来说他更感到欣慰，欣慰的是原本只能保留在他"个人头脑"中的东西，终于可以"转成为公共的知识"。（21；419）

工作极端紧张，承受着高血压和心脏病困扰的沈从文每天要写几千字，适当引申文献，综合分析比证，做出简洁的说明。他习惯用毛笔，为省去磨墨的时间，就蘸着蓝钢笔水写稿。到四月三十日，隋唐五代部分图文初稿完成，王冶秋先送康生、后送文化部副部长徐平羽审查；文物局正副局长，还有文物专家，各提出审查意见。编写小组随后进行讨论和修改。此后的稿件也都经过审查。五月，全书图版的临摹绘图工作完成。六月六日，历史博物馆和中国财经出版社联席会议研究出版问题。七月四日，全部文稿和图版交付出版社，文字约二十万，正图二百幅。

还在编撰工作结束之前，有关领导就请康生题了书名，请郭沫若作序。郭沫若写了两百多个字，文末注明的时间是六月二十五日。

七月一日，沈从文写了"题记"。

完成了这件大事，沈从文七月下旬到大连休养，随身带了三十万字工艺美术类教材的书稿审改，接续上了因编纂服饰资料而搁置的工作。

　　九月，《中国古代服饰资料》付印在即，沈从文写了一篇简单的
"后记"，署名历史博物馆；编写小组召开最后一次工作会议，讨论"后
记"。参与此书工作的李之檀记得这次会议："当时社会上正在讨论毛泽
东主席关于'帝王将相、才子佳人统治舞台'的批评意见，所以在这次
会上也有人提出图版可否按身份等级排列的问题，以突出劳动人民形象
在书中的地位，并指出当时《中国通史陈列》中的帝王将相都已做了修
改，编书不能不注意中国问题。"[1]也就是说，要按新的政治要求，对全
部书稿进行修改。已经完成打样、只等着印刷的这部书，就这样出乎意
料地突然中断了出版。

　　说是出乎意料和突然，只不过是就这一件事而言；如果稍微看看
当时政治形势的变化，其实也会觉得这样的结果几乎难以避免。六月
二十七日，毛泽东在《中央宣传部关于全国文联和所属各协会整风情
况报告》的草稿上，作了关于文学艺术的第二个批示[2]；七月二日，中宣
部召开文联各协会及文化部负责人会议，贯彻批示，再次开展整风。与
此同时，现代戏——把"帝王将相"、"才子佳人"驱逐出舞台的革命文
艺——"样板"化的意识形态工程，大幕正轰轰烈烈拉开：从六月五日
到七月三十一日，文化部举办的全国京剧现代戏观摩大会在北京举行，
演出了《红灯记》、《芦荡火种》等三十多个剧目，江青七月在演出人员
座谈会上做了一个著名的讲话。江青的讲话虽然是三年后才冠以《谈京
剧革命》的题目在《红旗》杂志发表，"样板戏"的说法也是三年后才

1　李之檀：《沈从文先生在历史博物馆》，《永远的从文——沈从文百年诞辰国际学术论坛文集》，
　　667 页。此文集没有正式出版，由吉首大学沈从文研究所等单位编，向成国等主编，2002 年
　　印制。
2　毛泽东：《对中宣部关于全国文联和各协会整风情况的报告的批语》，《建国以来毛泽东文稿》
　　第十一册，北京：中央文献出版社，1996 年，91—93 页。

正式确立，但黑云压城，风雨欲来，大动荡的先兆已然清清楚楚了。

年末，在参加政协第四届全国委员会第一次会议前两天，沈从文写信给大哥说眼下形势："乡下'四清'，城市'五反'或'社会主义革命''文化运动'都在分别作试点进行，有的教育单位已到初步激烈情形，照趋势说又像有过去反右情形，明日发展，一时还难明白。"（21；432）

四、"临深履薄，深怀忧惧"

一九六五年一月，陈翔鹤（1901–1969）的历史小说《陶渊明写〈挽歌〉》和《广陵散》受到激烈批判：《文艺报》第二期发表颜默《为谁写挽歌》，《文学评论》第一期刊出余冠英《一篇有害的小说——〈陶渊明写挽歌〉》。陈翔鹤不仅是沈从文二十年代早期即结交的老友，一九五四年从四川调北京以后又常相往来，并且在他担任主编的《光明日报·文学遗产》副刊上发表了沈从文多篇文章。

对陈翔鹤和他的朋友们来说是件大事的批判，对于一九六五年来说却只不过是个小小的开头：接下来，新编昆剧《李慧娘》、电影《林家铺子》、戏剧《上海屋檐下》、电影《不夜城》等一一被当作"毒草"揪了出来。到十一月十日，最重要的批判终于出笼：姚文元在《文汇报》发表了《评新编历史剧〈海瑞罢官〉》。

二月和三月，沈从文接连给巴金去了两封信。这两封信《沈从文全集》未收，是二〇一三年才整理出来发表的，和他给巴金的其他信一起刊登在《收获》杂志第一期上。二月二十四日的信很长，说到不少事情：《英雄儿女》（根据巴金小说《团圆》改编的电影）前后看了三次，觉得导演对于战事处理还不大真实，"不让战场上见有中国死去兵士"；"女孩子和哥哥相见一场，看相片时，也不大像兄妹情形，却近于小情人。女孩子唱歌，歌词不大谐调。不过总的说来还是很好的，我们一家人通觉得好！"自己搞的服饰资料，"将又成夭折废品"；听说上海旧书店卖五四以来著作，"望蕴珍有便时，为我注注意，若可以买得商务及开明版《湘西》、《湘行散记》各一二本，和初版《边城》二本、《月下小景》（现代），及良友版《从文习作选》，为我买一下"，"想就这些本子作点注解说明，将来留给孩子们看看，也可以多知道些事情"。

但这封信的重点却不是这些事情，而是汪曾祺的工作。汪曾祺改编《芦荡火种》大获成功，沈从文也高兴，但他总觉得汪曾祺应该"趁精力旺盛笔下感觉敏锐时"去写短篇小说。"听说近年山西年青作家多有模仿赵树理趋势，河南作家又以能仿李准为方向，湖南则周立波笔调成为年青作家学习对象，此外都不大懂，也不好学。这么下去，哪能够有希望突破这几位大作家所立下标准，得到更大成就？照目前学习方法，外来的既不好学，学来也不抵用，五四以来的又不受鼓励阅读，仅只学赵、李、周诸公，求文艺上有些新光彩，恐怕不容易。从大处看，我倒觉得若有机会让曾祺各处走动几年，写几十个短篇，把旺盛精力用到些新的短篇试验上去，对国家为经济……若继续束缚在一个戏团里，把全部生活放到看戏中，实在不很经济。"沈从文在汪曾祺不知道的情形下，去托老朋友巴金，有机会"为安排他今后工作"出点力，他自知自己没有这种影响力，却操心"如何充分发展"汪曾祺的长处。"曾祺今年也四十多了，使用他也要及时！在剧团中恐难于完全发挥他的长处！"

三月八日，沈从文再次致信巴金，这才明白自己的操心是一厢情愿："涉及汪曾祺事，昨闻已经和赵燕侠等廿人去四川重庆渣滓洞体验生活，准备编写'红岩'新京剧。这一二月后即来沪演出。这种光荣任务，当然十分有意义。而且听说他十分高兴就新戏革命中贡献出终生精力。组织既重视此工作，他本人又能和团体中来自五湖四海的人生活打成一片，工作中尚可充分发挥所长，所以我前信中说的希望他改写短篇小说，真是愚腐主观见解，十分可笑！"信末感叹："我们用过去习惯眼光来看现在小说，希望现在小说能如过去情形启发读者，是我们太落后的观念。我的落伍真是太可怕了。"[1]

张兆和四月份和同事到上海的南汇、青浦等地调查农民故事会活动情况，前后约一个月。这个调查当然与毛泽东对文学艺术的第一个批示有关：中宣部文艺处编印的《文艺情况汇报》登载了一份柯庆施抓曲艺工作的材料，材料说，上海市委抓评弹的长篇新书目建设，抓故事员在市郊大讲革命故事；毛泽东一九六三年十二月十二日在材料上作了批语。[2] 张兆和调查活动结束后，五月和昆山亲家母同车到京，亲家母是来照顾临产的张之佩。沈虎雏和张之佩前年结的婚，两人在同一个工厂工作。沈家添了一个叫小红红的女婴，做了奶奶的张兆和却在九月中旬被派往京郊顺义农村，参加"四清"——清政治、清经济、清组织、清思想的农村社会主义教育运动，什么时候能回来也不知道。工作紧张，气氛也紧张，她匆匆忙忙给沈从文写简短回信，末了嘱咐，家里不同的人给她写信，"最好装在一个信封里寄来，已经有人说我'家信频繁'，虽属笑话，也应注意"。（21：483）

1　沈从文：《沈从文书简》，《收获》2013年第1期。
2　毛泽东：《关于文艺工作的批语》，《建国以来毛泽东文稿》第十册，北京：中央文献出版社，1996年，436—437页。

　　沈从文所在的政协小组，"一星期三次学习，思想改造为主"。历史博物馆决定对《中国古代服饰资料》进行修改，安排另外两个人去做，得删除一部分，增加一部分，"事实上还是得我动手，才能掌握轻重分寸。工作可以作的还相当多，而真正得力的助手却无人，真是无可如何"。（21：449，450）"真正应和了庄子说的'劳我以生'，殊不知如何来'佚我以老'，或许来不及佚我以老，即将忽然要'息我以死'了。可惋惜的还是学了许多，事作不完，不应当草草报废！"（21：456）

　　五月四日，给程应镠写信说到眼前的事："这里北大史学系副主任周一良正在率领师生于海淀区掏粪，一定要这么作才算是思想进步，我目前就还理解不够。我可能实在已落后到一个程度，总依旧认为目前明明白白编的通史不过关，涉及劳动人民创造世界，务虚说似乎头头是道，一具体，究竟生产上创造些什么，艺术上又有什么成就，却不知道，即知道也并不落实，近于人云亦云。一个五十多岁的专家，不针对本业，改正学习方法和学习态度，来填补研究上的空白点，突破目前空疏处，来写写既有崭新观点，也有崭新内容的通史或论文，使亿万人得到启发并更正确一些明白国家过去，完成本门责任，却避重就轻，满足于形式上职业平等，把相当困难的专业上的'深入'和'全面'，诿给未来一代，也不能说是识大体，而又能'坚持真理'！"（21：454）

　　他自己要消耗剩余的生命到本业上，却那么举步维艰。八月二十日，他给馆长龙潜写了一封短信：

　　龙馆长：

　　　　我身体已不大抵事。主要毛病是心脏冠状动脉硬化，四肢和头部供血不足。局部头痛转成定型。读书一会儿即感疲倦。记忆力和文字组织力，都显明在逐渐衰退中。手足无力，走路时举步易失确定性。白天读小字书眼目易模糊，头部沉重，得躺躺，躺下也并未即减去头部压力。晚上睡醒，头部常发木……种种征象，多证明和心脏机能衰退供血不良问题有关。求好转似已无可希望。只是如能保管比较得法，或可以稍延缓自然的进展，不至于突起恶化，或中风瘫痪，或发生更糟事故。照近一月趋势看来，一切似还照自然规律在慢慢进展中，无可奈何。

目前《服装资料》稿，已照你所说及王主任意见，将应加的由大章等分别绘出加上，文字部分也照各方面意见应改的改，能删的删，待大章等将新图绘出后，我再用一星期时间仔细排定秩序，使文图相互关系不致错乱，即可上交审核。初步工作，九月内总可告一段落。完结后再看馆中需要，安排工作，或整理绸缎，或先将部中上次约全国工艺美术教师分别执笔编写几部工艺史稿，和丝绸、漆、瓷专题教材，由我审定待印稿件，为抢时间一一看毕。工作作完，再说休息。是否能较好的完成这个任务，一切也只是尽力为之。我曾于上月给刘白羽部长写了个信，谈到这几部稿子，如何看，如何改，工作效率会比较好些的意见。是否有必要这么作，将看部中对于这些教材要求而定。（我的点点常识，若用得上，自然应努力作去，若用不上，也只好交由后来高明去作，总之心已用到！）

我希望能有机会到一中医疗养所住十天半月试试，看看有无转机，也只是"死马当成活马医"一种打算。（21；462—463）

九月十八日，沈从文致函北京市副市长王昆仑，提请采取措施抢救上方山庙里所存一万七千册明正统《大藏经》。他建议成立各方面人员构成的工作组，而他自己专看装裱经面和包袱锦材料，记录品种花色。明锦是他从事文物研究一开始就关注的，过了这么多年，也没有多少同道。得知有这么些锦缎材料在深山中饱蠹鱼销蚀，他自是心痛。

　　形势却越来越不是关心什么花花朵朵、绸子缎子的时候，九月二十五日，他在给妻子的信中说："我这两天听了二报告，一政协传达，一文化部新部长（馆中传达）……同是要政治挂帅，定工农兵方向。"馆里要设政治部，已有三人来蹲点。可他还老是坐在桌前改服饰资料的书稿，"十八万字尽日在脑中旋转，相当沉重"。这是一种无望的努力，他心里其实明白结果会怎样，但就是不甘心，不肯放弃。"只怕遇到批评家，从图像，从文字，都必然可挑出百十处错，也无从辩解。不得已最后付印将说明全删去，亦复可能。因为图省事，并且亦真正省得麻烦也。最担心的是我自己，只有我自己明白内中得失。""想来担心怕人。只能尽力之所及作去，不求有功，但愿无过，能无过，就很不错了。"（21：480—482）到年底，稿子还在赶改，不过，"我已早把出版理想放弃，只老担心将来出乱子……""科学院社会科学各部门，正在大举讨论吴晗关于海瑞戏剧和姚文元、戚本禹文章，就趋势言，将比谈'中间人物'和《早春二月》人数还广泛。……我近来搞的一行，……也极容易成为'厚古薄今'。"（21：505，506）

　　十一月中下旬，政协"开门学习"，沈从文跟随活动参观了京郊的南韩继地方农业、焦户庄地道战遗迹、石景山钢铁厂。参观地道战遗迹时，他注意到，"同行的多历史人物，计有溥仪皇帝，和蒋名下大小带兵官二十来位。（我试为估计了下，大致管过一百五十万左右大兵！）"

　　景德镇陶瓷十一月来京展览，沈从文给报纸写了两篇介绍短文。此外，这一年没有发表别的文章。此后十四年，他也没有发表任何文章。

这一年收到日本汉学家松枝茂夫来信，这位从三十年代起即翻译沈从文作品的研究者，打算翻译他的"全集"。沈从文一直没有答复，也无从答复。至于纽约出的一本中国文学选（*A Treasury of Chinese Literature : A new Prose Anthology including Fiction and Drama*, New York: Appleton-Century, 1965）收了《龙朱》，那更是何其遥远世界里的事情，与眼下的处境比起来，简直不值一提——当然，可能的情况是，沈从文根本不知道。

沈从文给程应镠的信里说："照理到了这个年纪，应活得稍稍从容点，却经常在'斗争'呼声来复中如临深履薄，深怀忧惧，不知如何是好。"（21；490）

一九六六～一九八八

[第十章]

大字报、检查交代、抄家、批判会

一、大字报

一九六六年在惶恐不安中到来了。沈从文像那个时期的普通人一样经受着变化的剧烈震荡，大概也像普通人一样有"准备不足"之感。二月十日他给程应镠的信中说到，"北大历史、哲学系已分出，改为'半农半读'制度，二月已在十三陵山村中开学上课，且决定不再回头。五十来岁教授均已同去，留下的惟六十以上向达等若干人而已。变化之大，师生精神上似均有'准备不足'感。此等变化不知是否仅限于北大，还是不久即将向全国高等院校推行？"（22；3）

此信刚刚寄出，追加一信，因为恐怕信封名字写错，"甚矣吾衰，头脑之不得用，一至于此！"又谈时政，"学校方面（文史部门教师）大致多集中于《海瑞罢官》与半工半读改制及教改三问题。政协与各民主党派，无党派直属学习组则学反修、反帝文件。事实上大家知道国际的问题极其少，但谈来谈去，认识上亦不易真正有何提高。惟共同学习的队伍，却极有其意义。前数年中计有马寅初、黄琪翔、郑洞国、李书城（黄兴之参谋长）等十多人，近年则有梁漱溟、向达、王芸生、邹秉文、翁独健、吴世昌，还有巨赞法师及一基督教首脑等廿多人，有些近于卅年老友，有些又永远将极陌生，不仅政治认识差距大，生活习惯差距且更大"。（22：5–6）这些人里面，"近似同行"只有翁独健、向达二位。五月，再次致信程应镠，"这几月报刊对吴晗批评日益深入，范围之广，火力之集中，均为解放以来第一回出现"。（22：12）

五月中共中央政治局扩大会议通过了开展"文化革命"的《"五·一六"通知》，六月一日《人民日报》发表社论《横扫一切牛鬼蛇神》，运动迅速席卷全国。沈从文虽然不能完全明白时势剧烈变动背后的政治运作，对自己的命运，却也清清楚楚。五月，给老友邵洵美信里说，"半年来日读报刊，新事新闻日多，更不免惊心动魄，并时怀如履薄冰惶恐感。在此'文化大革命'动荡中，成浮沫沉滓，意中事也"。（22：16）即使在一九四九年的翻天覆地中，沈从文也没有把"浮沫沉滓"这样的词用到自己身上。当然，此类用词是时代冲突极端化的产物，可是他也的确被这样的时势压迫出如此强烈的感觉，七月给大哥的信里，他重复使用了同样的词语："我等已完全成为过时沉渣、浮沤，十分轻微渺小之至，小不谨慎，即成碎粉。"他甚至嘱咐大哥不要随意花钱，"我们或许有一天会两手空着回到家乡的。……现在快到七十岁，若真的回来，大致即将作终久计矣"。（22：20）

张兆和从顺义农村的"四清"工作中回到了北京城，沈从文却在六月中旬被集中到北京西郊的社会主义学院，入文化部系统集训班学习；下旬次子一家离京，沈虎雏、张之佩随企业内迁"三线"，两个人带着一岁多一点的沈红，赶赴四川自贡长征机床厂。

七月，沈从文又被调回博物馆参加学习。等待着他的，首先是大字报。

现在无法复原当时的大字报内容了，但沈从文看过后，无从抑制强烈的愤怒，当即奋笔反驳，从这篇保留下来的文稿（《表态之———一张大字报稿》），约略可以推知大字报造成的氛围，以及加在他身上的部分"罪状"：

  ……回来后，看过三半天大字报，才明白馆中文化大革命运动，在中央派来的工作组正确领导下，已搞得热火朝天。像我这么一个微不足道的人，诸同志好意来帮助我思想改造，就为特辟专栏，写了几十张大字报，列举了几百条严重错误，我应当表示深深的感谢。因为首先想到的是，一切批评总在治病救人。我若真是牛鬼蛇神，自然是应当加以扫除的。

  但自然也感到十分痛苦，巨大震动，因为揭发我最多的是范曾，到我家前后不会过十次，有几回还是和他爱人同来的。过去老话说，十大罪状已够致人于死地，范曾一下子竟写出几百条，若果主要目的，是使我在群众中威风扫地，可以说是完全作到了。……

  我只举一个例就够了，即范曾揭发我对群众最有煽动性的一事，说是丁玲、萧乾、黄苗子等，是我家中经常座上客，来即奏爵士音乐，俨然是一个小型裴多菲俱乐部。这未免太抬举了我。事实上丁玲已去东北八九年，且从来不到过我家中。客人也十分

稀少，除了三两家亲戚，根本就少和人往来。来的次数最多大致
便是范曾夫妇，向我借书主要也只有你夫妇。你怎么知道丁玲常
来我家中？这究竟是怎么回事？别的我就不提了。即使如此，我
还是对范曾同志十分感谢，因为他教育了我，懂事一点，什么是
"损人利己"。可说是收获之一。

　　至于其他同志对我的种种揭发批评，我在此再一次表示诚恳
的感谢。……我们在一处共事，虽说相处已十多年，表面相熟，
事实上并不相熟。……

　　……同时也让像我们这种从旧社会来的臭知识分子，假专
家，假里手，把灵魂深处一切脏、丑、臭东西，全部挖出来，得到
更彻底的改造。在这个大革命时代，个人实在十分渺小，实在不
足道！……（27；171-172）

写揭发批判沈从文大字报的不止一个，有"诸同志"，形成规模；
但让沈从文特别受伤害的，是范曾。多年之后，范曾在自述里说："沈从
文先生对青年人爱护极了，对我的作品也很欣赏，不过我一生对不起他
的地方便是在'文化大革命'中，他作为'反动权威'被揪出之后，我
也曾给他写过大字报。"[1] 一九九八年十月《读书》杂志刊出陈徒手《午
门城下的沈从文》后，范曾发表《忧思难忘说沈老》，为陈徒手文中涉及
他的部分辩解。辩解不止是大字报的问题，还有后来如何对待沈从文的
事，且留到后面再说。范曾述及沈从文对他的"知遇之恩"，可以让我们
明白在诸多的揭发批判中，为什么范曾的大字报让沈从文格外痛苦。

1　范曾：《我的自述》，《范曾自述》，北京：文化艺术出版社，2010年，24页。

一九六二年，范曾在中央美院画完毕业创作《文姬归汉》后，送给郭沫若看。郭沫若题了一首五言古风，发表于《光明日报》。"郭老题《文姬归汉》没有给我带来好运，系主任 Y 君勃然大怒，党委书记 C 君于全校大会点名批评，帽子是极端的个人主义，逐名逐利。"此时正是毕业分配之际，范曾给沈从文写了一封信，"表示愿意到历史博物馆工作。沈先生收到信后立即为我办理手续，偶遇阻遏，先生则表示即使公家拿不出薪金，他愿本人给我每月发工资。沈先生对我的知遇之恩，使我没齿难忘。而他明知郭老十分欣赏我的作品，却不计个人与郭老的宿怨，同样垂爱于我，这也更可见沈先生的处世原则，他的确是思贤若渴的"。[1] 范曾所说的"偶遇阻遏"，其实并非轻易可以解决，自一九五五年起就在历史博物馆美术组工作的李之檀了解这件事的经过："根据沈先生的要求，馆人事科派人去中央美术学院联系。当时中央美术学院国画系主任叶浅予先生认为，范曾有个人名利思想，不同意将范曾分配到中国历史博物馆工作，并建议分配给同时毕业的其他同学，并保证能满足历史博物馆的工作需要和工作质量要求。当时的馆领导为了尊重沈先生的意见，由馆党委书记副馆长高岚亲自到中央美术学院进行多次交涉，中央美术学院领导才同意将范曾和边宝华同时分配到历史博物馆工作，和馆里美术组其他同志一起，从事中国古代服饰形象材料的临摹绘图。"[2] 在《中国古代服饰资料》的绘图工作中，范曾确实投入了极大精力，发挥了才华，他画得快而好，几个人中他绘制的图稿数量最多。

　　个人的恩怨只不过是大动乱的小插曲而已；更需要沈从文应对的，

1　范曾：《忧思难忘说沈老》，《范曾自述》，260 页。
2　李之檀：《沈从文先生在历史博物馆》，《永远的从文——沈从文百年诞辰国际学术论坛文集》，665 页。

是严酷的时代压力，从方方面面，向着这个老人，铺排而来。

二、检查交代

"文革"初期，沈从文就作为反动学术权威受到冲击，随后成立"沈从文专案组"，清查沈从文的罪行：历史罪行和新的罪过。依据郭沫若《斥反动文艺》中的断语，他的历史问题被定为"反共老手"；解放以来在历史博物馆工作，还犯有许多新的严重过错。自然，他需要不断地答辩、检查、交代。从一九六六年七月到一九六八年十二月，他就做过六十多次检查。仅以一九六六年七、八两个月为例，《沈从文全集》第二十七卷编入的此类文稿有：《表态之一——一张大字报稿》、《表态之二》、《回答》、《关于服饰资料问题》、《上交家中破瓷器的报告》、《我为什么强调资料工作》、《大连会议事情》、《我为什么研究杂文物》、《我为什么搞文物制度》、《关于减薪事感想》、《劳动感想》、《我的检查》。从秋天到年末，写的交代材料还有：《文学创作方面检查》、《我到北京怎么生活怎么学习》、《我到上海后的工作和生活》，属于过去的历史问题。《全集》为避重复只选编二十篇文字材料，没有编入和已失的材料数量应该不少，以未收入《全集》的一份一九六六年冬天分章写的检查稿为例，首页注明共一百页，总篇幅估计达四万字。

《我的检查》是八月写的，交代解放以来的罪过，第一部分关于"对外放毒"，第二部分谈对"文革"的认识，第三部分检讨"思想上的反动性"。第一部分最具体，摘要如下：

　　一、关于对外服务的放毒作用，几年来历史戏的演出方面计有：

郭沫若的《屈原》、《虎符》、《蔡文姬》、《武则天》；

曹禺的《胆剑篇》；

田汉的《关汉卿》、《文成公主》；

孔尚任的《桃花扇》（电影拍摄来谈过材料）。

二、十多年来，对高等院校历史文物教学资料室的建立，经我协助过的，计有：

1.长春人民大学历史教学资料室；

2.山东大学历史系教学资料室；

3.上海华东师范学院历史资料室；

4.吉林艺术师范学校美术史教学资料室；

5.南京美术学院教学参考资料；

6.浙江美术学院工艺系教学参考资料；

7.北京中央工艺美术学院陶瓷（有很多是我送的）和其教学资料；

8.中央音乐研究所陈列室古代乐舞绘画部分资料。

三、关于协助生产丝绸方面，计有：

1.南京云锦研究所；

2.苏州宋锦生产合作工厂；

3.东北柞蚕丝绸厂，及北京印染厂等等。

四、提供不健康妇女病态形象供生产上应用的，计有：

1.北京市绢制人形生产合作社；

2．北京市工艺研究所象牙雕玉部门。

这种种，都证明我是个封建文化的热心推广者，是个艺术上思想上的保皇派，越学得多，懂得多，犯下的罪行就越大。一切努力影响，只是想拉住青年往后瞧，走回头路。而不是照主席指示的向前看，迎着毛泽东思想光辉红太阳，创造社会主义社会所需要的东西。

……我的用意虽重在"古为今用"，但影响却很不好，我的错误是明明白白的。（27：200—203）

如果不是他被迫检讨，——罗列相关的剧组、单位、部门，恐怕真没有人能搞清楚他的杂文物研究做过多少分文不取的义务服务。不过，"对外放毒"还只是罪过的一个方面，其他很多方面的问题，就不是这么简单罗列就可以交代过去的。

三、抄家

沈从文被安排每天打扫馆里的厕所，有时候也做些拔草之类的轻微劳动。馆里宣布，从八月起扣发工资，按家中每人十二元计发生活费，他每个月可以领取三十六元。

八月二十五日起，沈从文家接连被抄三次。此后的两年，不知道什么时候就会被查抄。到一九六八年八月，共被抄家八次。

抄家，运动开始后风行全国的"革命恐怖"，可以随意用在一切牛鬼蛇神身上。沈从文家被抄没有什么意外，稍出意外的是，第一次抄家的队伍不是来自历史博物馆，而是从北京工学院来的工人造反派。沈从文的大儿子沈龙朱自打成"右派"后，就一直在学校工厂里做钳工，家里被抄先是由他这个"摘帽右派"而起。红卫兵押着他回去抄家，主要是想搜出点房契、地契之类的东西。他们当然搜不出这些根本没有的东西，却看到了很多书和唱片，就认为书和唱片有问题，特别是唱片，应该是沈从文收藏的"黄色唱片"。为了证明确实是他们以为的"黄色唱片"，这些不懂英文的红卫兵专门派人回学校请了一位英文教师，看过之后没有发现什么问题，但唱片还是被全部拿走了。挑头去抄家的是沈龙朱的一个姓马的同事，他把沈家人排成一排，听他训话。最后，红卫兵们逼着沈家专门腾出一个房间，把书都塞进去，封存起来。

　　说到唱片，这里不妨简单补叙一下沈从文和西洋古典音乐的关系。沈从文无从接受音乐教育，就是泛泛的音乐常识，怕也说不出多少来；可是，沈从文和音乐的关系却超乎寻常地深切，音乐于他，不是一般所说的欣赏对象，而直接化为了他生命中的力量，甚至常常是当他的精神处于困顿、出现危机时能够给他以救助的力量。就凭他每每几乎是本能地向音乐求救这一点，足以说明"深切"是如何之"深"，如何之"切"了。

　　四十年代在昆明写作《绿魇》、《烛虚》、《潜渊》诸篇什时，是沈从文陷入对生命的抽象思考和具体感受之间的泥淖里苦苦挣扎、难以自拔的日子。这时节的沈从文一遍又一遍地想起音乐，以《绿魇》第三部分"灰"为例，三次谈到音乐，每一次几乎都是祈求。"给我一点点好的音乐，巴哈或莫札克，只要给我一点点，就已够了。我要休息在这个乐曲作成的情境中，不过一会儿，再让它带回到人间来……来寻觅，来探索，来从这个那个剪取可望重新生长好种芽。……"后来，他又对温柔体贴的主妇说："我需要一点音乐，来洗洗我这个脑子，也休息休息它。普通人用脚走路，我用的是脑子。我觉得很累。音乐不仅能恢复我的精力，还可缚住我的幻想，比家庭中的你和孩子重要！"文章最后，又说，"音乐对于我的效果，或者正是不让我的心在生活上凝固，却容许在一组声音上，保留我被捉住以前的自由！"（12；151，155，156）

一九四九年在精神从崩溃中恢复的过程中，音乐又一次显示出它在沈从文生命中的疗救力量。九月二十日给张兆和的信，可以看作沈从文对这一"非常时期"的自我总结，信开头就说："你和巴金昨天说的话，在这时（半夜里）从一片音乐声中重新浸到我生命里，它起了作用。……音乐帮助了我。说这个，也只有你明白而且相信的！"沈从文说到"十分离奇情形"，即真理、明知和善意的语言、压迫和冷漠，都不能完全征服自己，"可是真正弱点是一和好音乐对面，我即得完全投降认输。它是唯一用过程来说教，而不以是非说教的改造人的工程师。一到音乐中，我就十分善良，完全和孩子们一样，整个变了。我似乎是从无数回无数种音乐中支持了自己，改造了自己，而又在当前从一个长长乐曲中新生了的。"又说，"十余年来我即和你提到音乐对我施行的教育极离奇，你明白，你理解。明白和理解的还只是一小部分，可不知更深意义，即提示我的单纯，统一我复杂矛盾而归于单纯，谧静而回复本性。忘我而又得回一个更近于本来的我"。（19；54，55，56）

这样一种"极离奇"的深切关系，显然不是靠通常的修习就能建立起来的。如果说还有一样东西也占据了如音乐般重要的意义，也和沈从文的生命建立了一种"极离奇"的深切关系，那就是水。读过《湘行散记》和《湘行书简》的人，自然感受得到水对于沈从文意味着什么。几乎可以说，水成就了大半个沈从文，如果没有水，就真没有沈从文了。水是自然的，在沈从文那里，它也是人文的。而在沈从文的生命里，音乐如水，是人文的，也是自然的。音乐和水的"同质性"——譬如，流动不居；既具体可感，又极端抽象；等等——是靠生命的吸纳和感悟来证明的。如果能够理解水与沈从文的关系，音乐与沈从文的关系也大致可以理解。一九五六年十月十三日，沈从文在济南广智院早晨起来听到钢琴声，他在当天给张兆和的信中写道："琴声越来越急促，我慢慢的和一九三三年冬天坐了小船到辰河中游时一样，感染到一种不可言说的气氛，或一种别的什么东西。生命似乎在澄清。"（20：29）几乎不用说，"澄清"既是水对于生命的作用，也是音乐对于生命的作用。

《烛虚》里说，"表现一抽象美丽印象，文字不如绘画，绘画不如数学，数学似乎又不如音乐。"（12：25）这些话听起来并不新鲜，许多人都会说，正因为如此，许多时候我们听到的只是空话，而沈从文说的是他生命中的事情。

家里有台上海牌收音机，在儿子的印象里，沈从文只要打开，听的总是交响乐。五十年代初，沈从文分期付款买了捷克电唱机，两个孩子由此开始买唱片。"唱片其实都是我和弟弟买的，是捷克、德国进口的，很好的三十三转的唱片。因为父亲也喜欢，我们兄弟每个人每月拿出工资的十几块、七八块买张密纹唱片，多半是交响乐、小提琴协奏曲、钢琴协奏曲……"[1] 这些唱片到被抄走的时候，大概积累了七八十张。

历史博物馆的造反派没有想到，自己单位的"反动派"，反而被别的单位的红卫兵占了抄家的先机，于是也立即组织起来，接连抄了几次沈从文的家，把认为有问题的书籍、文稿、书信等，搬到前院的一个空

1　沈龙朱口述，见刘红庆：《沈从文家事》，166 页。

房间，在沈从文在场的情况下，将其封存。后来封存的书籍、文稿等交给群众组织大联委的"沈从文专案组"，供整理沈从文的罪行材料用。

造反派认为，沈家不能住三间房，强行逼迫腾出两间，分给工人住。同住东堂子胡同的邻居李之檀记得，"这位工人便搬进了沈先生原住的靠东边的两间房子，将房内的书籍、杂物及部分家具搬出，堆放在院子里和台阶上。沈先生看到他家的硬木家具被放在院里东屋的房檐下，风吹雨淋，很可惜，便劝说邻居各家可以搬走使用。这样沈先生的房子，便只剩下了西头的一间卧室，屋后的小过道也没有了。堆在院中的书，则没办法解决，只好由表侄黄永玉的夫人张梅溪作主，七分钱一公斤卖了废品"。[1]

沈从文当作女儿收养的沈朝慧被注销了户口，受胁迫离开北京回原籍凤凰，后来就在各地的亲戚间流徙，有一段时间到长春住在大姑妈家。

藏书尽失，儿女四散，一间小屋子，只剩下两个老人。

四、批判会

九月十五日，历史博物馆批判沈从文，沈从文获准记录。从这份当场的原始记录里，大致可以想见其时的情形：

    A：不老实。即如此情况。发言写出来照念。谈到老了即下

1　李之檀:《沈从文先生在历史博物馆》,《永远的从文——沈从文百年诞辰国际学术论坛文集》,
　　668页。

不了乡，三四十岁就差不多。本身是反动的，本质上是反党的。上岁数即不革命了吗？本质即反党的。活到老学到老，学一辈子[毛主席]著作。是老狐狸又滑又奸。群众[称]你为反共老手，一辈子，今天还一边学一边反。劳动也这样不老实。并不要求多，还是臭专家架子。不是劳动问题，还是臭架子。一向是周扬和齐燕铭[做]后台。还是特权思想，放毒，反攻，办不到。放一辈子毒，说写不了。作家写不了材料，是不想不敢暴露罪行。

B：应狠狠批判，对于运动不认识。是专政对象。几个月来□□。集训班第一次。建馆时人人大家日夜干，你无专责。学习时来请你，你来过几次？全国找上这种干部那有这种人？考虑一下。运动一来，是反共老手。在政协，也放黑话，[对]向达说，不为配助手。王冶秋说小心沈从文，一不×即写信[给]周扬。说生命有限，即威胁人。已成人民专政对象。劳动总事事照顾，必反工。擦桌子也不干净。吃过多少人民的饭，做了什么事。

C：解放以前是保守。这几天学习，还是反党的。主席说凡是……即反党。不是保守问题。根深蒂固的反党。干什么也[干]不了。可见平常在家什么也[做]不好。拔草也不好，纯粹是大寄生虫。如这样反党寄生虫，死了还好些。

A：宿舍多客人，不关门。怕，即心中有鬼（沾胡适问题，所以怕）。

D：社会主义睡大觉，检查了自己没有。三礼拜学习，才明白。保了你，三礼拜讲了多少黑话。有五十年文艺。还说是旧民主主义时代的人。今天不老实，即无出路，只有死路一条。现在打[倒的]当权派即为维护你而犯过错。五九年以后，反毛即多黑话。瞧不起毛主席，本来早应打倒。反共积极。在北大搞什么。解放前夕，和陈雪屏有关系。送×××小说看，腐蚀青年。把你捧上了天，眼中只有陈乔。后来只写齐燕铭派下来。这几年在政协游游逛逛，吃好住好。干了些什么？以历博专家，带青年逛景山。不想赎罪，滑不过去。不要想还有谁保护你。劳动也是，要增加一点劳动。从今天起看着你写。不交待。

A：不上班，不是剥削来的？

A：写大字报空洞，开现场会。

A：不自量，评主席著作。还放反动黑话。没有东西，只扣帽子。反对工农作品，好大胆。

A：是对主席思想反对。

D：范曾写过一首诗，颂扬备至。

A：在馆比天都高。（22：21—23）

国庆节转眼就要到了，沈从文和一批受冲击的人被集中起来在机关内住，不许回家，并宣布了几项规定。沈从文记录如下：

1. 五号晚上回去。

2. 上午学十六条报纸等，下午写材料。

3. 离开屋子得请假。

4. 不乱说乱动。

5. 屋中一切东西不要动。（22：24）

《中国古代服饰资料》被认定为歌颂"帝王将相"、"才子佳人"的毒草，当然要批判；但只批判沈从文不足以表现彻底的革命激情，揪出"黑后台"进行批斗对红卫兵来说才更刺激。晚年沈从文在一次座谈会上还说起过这件事："我一生特别抱歉，支持我的齐燕铭先生，特别把他绑起来到我们历史博物馆的小礼堂大骂了一天。那么他呢，晓得我——从红卫兵小将中间有知道我身体的人，晓得我心脏有病，他就让我陪批斗，绑到隔壁房子里听，整整地骂了他一天。骂的人都不知道所以然，因为大多数人都没有看过这本书，大多数人也看不懂这本书，因为它写的专门问题呀，你怎么看得懂。……所以就乱骂了，骂了一整天，上、下午，七个多钟头，才把他放走了。"[1]

　　历史真是讽刺：一九四四年，杨绍萱、齐燕铭执笔的新编历史剧《逼上梁山》被视为延安"旧剧革命"的先声，毛泽东给他们的信里说："历史是人民创造的，但在旧戏舞台上（在一切离开人民的旧文学旧艺术上），人民却成了渣滓，由老爷太太少爷小姐统治着舞台，这种历史的颠倒，现在由你们再颠倒过来，恢复了历史的面目，从此旧剧开了新生面，所以值得庆贺。"[2]但是到一九六三年，齐燕铭所在的文化部却成了毛泽东重点批评的部门之一，十一月，毛泽东以他特殊的语言风格，说文化部如不改变，就改名为"帝王将相部"、"才子佳人部"，或者"外国死人部"。[3]一九六六年《红旗》第九期重新发表毛泽东《在延安文艺座谈会上的讲话》，加按语《无产阶级文化大革命的指南针》，按语中首次公开披露了毛泽东一九六三年和一九六四年对文艺问题的

1　沈从文：《自己来支配自己的命运——在〈湘江文艺〉座谈会上的讲话》，《沈从文晚年口述》，
　　王亚蓉编，西安：陕西师范大学出版社，2003年，49—50页。
2　毛泽东：《看了〈逼上梁山〉以后写给延安平剧院的信》，《人民戏剧》1950年创刊号。
3　薄一波：《若干重大决策与事件的回顾》下卷，北京：中共中央党校出版社，1993年，1226
　　页。

两个"批示"的具体内容。担任文化部副部长的齐燕铭，越来越明确地被视为走向了他延安时期"旧剧革命"立场的"反面"，"文革"开始，自然逃脱不了被揪斗的厄运。

对于沈从文来说，讽刺还更深一层："帝王将相"、"才子佳人"主要指的是历史题材的戏剧，历史博物馆的造反派"创造发明"地把《中国古代服饰资料》也当成这种危害的毒草，哪里能懂得，沈从文苦心研究的物质文化史及物质文化中的服饰一脉，要讲的恰恰是普通人民创造的物质、创造的文化和历史。在隔壁小屋子里通过喇叭听批斗的他，在为牵连齐燕铭而深感不安的同时，也为这个巨大的反讽感到更深的悲哀。

沈从文的遭遇，在那个"史无前例"的动乱开始的年月，还不是最悲惨的。八月中旬，他的老朋友巴金，在刚参加完亚非作家紧急会议之后，也被隔离关进"牛棚"；老舍，在北京市文联八月二十三日的批斗中，被抡着皮带的红卫兵打得头破血流，第二天投太平湖自杀，没有人说得清他投湖的具体时间；九月三日，傅雷和他的夫人朱梅馥，在上海家中一同上吊自尽；同一天晚上，陈梦家，沈从文相识几十年的朋友，在北京家里自缢而死。据粗略统计，仅八月下旬到九月底的大约四十天时间里，仅北京市就有一千七百多人被打死，三万三千六百多户被抄家，八万四千多名所谓"五类分子"被赶出北京。[1]沈从文家被抄了，女儿被赶走了，毕竟他人活着——幸存者将承受源源不断的凌辱和苦难而活下去。

1　王年一:《"文化大革命"第一阶段述评》,《党史研究资料》1984 年第 10 期。

第十一章

"连根拔除"前的日子

一、家人各有其难

沈朝慧被迫离开北京，在各地的亲戚间辗转流徙，让沈从文痛心不已。在想不出任何办法的境况下，他致信江青，希望能准许女儿回到身边，为他的文物研究做点辅助绘图一类的事情。信大约是一九六七年初写的，他在一九六八年写的一份申诉材料《我为什么始终不离开博物馆》里引述道："为了补过赎罪，我在博物馆工作已十多年，搞综合文物研究。别的工作再求深入，受体力限制，已不会有什么成就。惟对锦缎研究，拟恢复三几百种健康活泼可供再生产参考取法的图样，留着我女孩作助手，不要公家一文钱，或者在不甚费事情形下，即可完成。"（27：253）这当然是病急乱投医，得不到回复、没有结果是一定的。直到一九六八年二月沈朝慧与中央美院教师刘焕章结婚之后，仍然要担惊受怕，因为失去了户口，随时可能被清查赶出北京。

　　沈从文所以会给江青写信，是因为他在青岛教书时，江青在学校图书馆做中文编目，一度想在写作上寻求出路，向沈从文请教过，旁听过他的课。时过境迁，人事大变，江青不理睬沈从文的请求没有什么意外；让人想不到的是，一九七二年八月，江青向美国记者维特克（Roxane Witke）讲述自己的生平经历，竟然说自己是沈从文的"学生"，还说沈从文对她非常友好，他的妹妹"沈楚之"经常邀请她到家里去，她的文学才华给沈从文留下了深刻印象，为了提高她的写作水平，沈从文让她每周写一篇小说，等等。[1]一九七六年十二月，外甥田纪伦把维特克写的江青传记《红都女皇》中涉及沈从文的文字抄录给他，他在摘录的文字下写了一段话，最后几句是："记者既在山东住过，且据近人在美出版谈及我的专著中说及我曾在青岛大学教过书，江又曾在那里作过小职员，所以问及关系，这妖婆因之真真假假胡说一通。"（14：492）

　　一九六七年五月，沈虎雏来北京出差，住了大约四个月。两个老人能看到儿子，欣慰自不待言。儿子说到一家人在自贡的经历，其中有让沈从文对儿媳大为感动的事，他立即给张之佩写信，言语郑重："虎虎来到后，过两天即回来看看，我们高兴可想而知。内中说到的故事经过种种，说你当虎虎等在会上被宣布为'反革命'时，你竟能坚持不曾下泪，我们对你感到钦佩，能坚持真理，有信心，也有勇气承担不幸；特别是想到虎虎等被捉去以后，你带着红红过那廿天，是不容易的事！是应当向你表示钦敬以外深深感谢的。"（22：43）

　　《人民文学》自一九六六年五月停刊，中国作家协会在一九六七年

1　Roxane Witke, *Comrade Chiang Ch'ing* (Boston: Little, Brown & Company,1977), p.62,188.

三月创办了《文学战报》，张兆和"每星期必下厂校对，星期五到星期天则上街卖报"（22∶44），她"还是有各种业务性的忙，挤在大卡车，去北大、清华看大字报，一去即半天，摇摇晃晃一二小时，总不免会要腰疼一二天"。（22∶36）

　　家里来往的朋友很少，朋友们也大多自身难保。譬如老友朱光潜，"世嘉父亲经常在万人会上斗批，还不在乎"，这种心态让沈从文自愧不如，他说自己经过二十来人的小会一嚷之后，"即永远感到恐怖"（22∶79）。时常走动的不过几家亲戚，如张兆和二姐张允和一家，形势不紧张、有空闲的时候，两对老人十天半月会见见面。沈从文的连襟周耀平，笔名周有光，语言文字学家，任职于文字改革委员会，"文革"一来自然也要挨整，一九六七年发现有慢性肝病，需要长时间休养才可望好转；他也像沈从文一样，算"专家权威"，问题没有"当权派"严重，但仍然必须经受"斗、批、改"的折腾。周有光博学，沈从文谑称他为"周百科"，他听说，"新华书店除主席著作，另外只有卅几十种小书可买，内中居然还有百科作的文字改革，大致是当技术书看待而保存下来"。（22∶59）可是沈从文自己，"运动一来，工具书一处理，稿件卡片一毁失，近廿年为新社会十分耐烦热心搞的准备工作，却在短短几天中，就毁去了。当时曾一再向人说，不要毁，这是国家财产，再花多钱，或派人学十年八年，不可能赶上的。话听不进去，还是散失了。除了保存在脑子中一些线索纲目，具体材料，差不多全完了。除了我自己，没有一个人明白，毁的正是照主席《实践论》方法从十万八万文物中积累而来的！"（22∶86）

　　可怜这个老人的苦心：专案组在查抄的手稿中找出一篇他一九六五年写的研究论文《狮子在中国艺术上的应用及其发展》，看不懂，就勒令他交代这是什么性质的文章；沈从文在专案组编号签条上写了这样的话："这个问题有用 盼望莫毁去"。[1]

二、"总得要个非党对立面"

沈虎雏撰《沈从文年表简编》一九六七年这一年写得比较简括："全年在写检查、打扫厕所、集中学习、盼望'解放'和想念孙女中度过。"[2]"文革"初期阶段的狂暴过去之后，这一年沈从文灾难中的生活相对平静。"原本听说除党内当权派，外即知分是主要打击对象"；但在中央高层诸多大人物被揪出来之后，连"三家村"中吴晗也成了小角色，"教授专家权威相形之下，自然更不足道了。所以到分别斗批改时，或不至于去年那么兴奋"。另一方面，沈从文观察到，"大家都相当疲累了"。(22；31)十月，沈从文给沈虎雏的信里说到一些熟人的近况，"文化部门的文化秀才，凡和三家村、阎王殿无多联系的一般专家权威，多在逐渐解放中，例如文学所的李健吾，卞之琳，北大林蓉的父亲林庚，都已得到解放。且闻俞平伯和冯至，也在解放讨论中"。(22；61)"三家村"一开始指的是共用笔名吴南星在北京市委机关刊物《前线》上写《三家村札记》的吴晗、马南邨（邓拓）、廖沫沙，"文革"中常常转用来指原北京市委；"阎王殿"指原中宣部——毛泽东在一九六六年三月说，中宣部是"阎王殿"，要"打倒阎王，解放小鬼"。沈从文自忖与这样的领导机关没有关系，觉得自己也可能会从"黑帮"中"解放"出

1　《狮子在中国艺术上的应用及其发展》编者注，《沈从文全集》第28卷，231页。
2　沈虎雏：《沈从文年表简编》，《沈从文全集》附卷，63页。

来。不过，具体到历史博物馆的情况，"解放"的可能性就很小了。历史博物馆被监管的有五个人，其中正副馆长三个、主任一个，是"党内当权派"，还有一个"专家权威"，就是沈从文。沈从文心里明白，"总得要个非党对立面，好教育青年，所以应放一时不会放"。(22；66)

十月，两个造反派监管五个"黑帮"分子组成"毛泽东思想学习小组"，计划学习两个月，通过检查和批评之后，可望得到"解放"。但学了一个月忽然又停顿下来，因为十一月初，"无产阶级专政下继续革命"的理论大张旗鼓地提出之后，随即全国掀起了"清理阶级队伍"的运动，清查叛徒、特务、走资派以及没有改造好的地、反、坏、右分子。这样一来，"解放"就更无望了。

"解放"或者"不解放"，对沈从文来说，其实已经不是一件大不了的事情了。"不解放"就是这个样子，"解放"了又能怎么样？该怎么活着，还得怎么活下去。十二月二十五日，沈从文给沈虎雏、张之佩的信里说到他和张兆和的生活，"大哥经常买了些新唱片回来，也有用民歌配语录作得很好的。一般我和妈妈晚上听两三张，搭一张老肖、老悲的"。(22；83)

这就是沈从文，没被"解放"的一个老人，一九六七年的夜晚，他还要听肖邦和贝多芬。

三、"白日惊沙迷眼前"

一九六八年的日子又难过起来。

三月中旬又被抄家，八月还来查抄。一个小家前前后后抄了八次，实在抄无可抄了，以后再也没有抄过。抄家未必能够发现新的罪证，但给沈从文心理上的伤害是深重的，尽管他表现得足够冷静。在三月的抄家之后，他给沈虎雏写信，虽然只字未提抄家，但精神上的紧张症候显然与这样的事情有关："不大健全神经，一到失眠，即不免会有些错觉产生（近于神经分裂症的前期征兆）。有时上街见生人即害怕，小孩子在院中叫嚷也感到害怕，甚至于妈妈说话也害怕。心里空虚软弱之至。也希望天气转暖，会随同好转。生活过于枯寂，可能大有关系。近一二月来，除了梅溪隔日来为打打针，只晓平表哥隔星期或来看看，别的熟人均少见到了。因为各人都忙着学习。我隔二三天才上一次街，办办吃的。"（22；123—124）

张梅溪为沈从文注射碘剂，从去年十月就开始了，一直持续到一九六九年他下放湖北离开北京为止，为的是软化血管和溶解心血管沉积物。沈从文的高血压和心脏病有越来越严重的趋势，九月份，他甚至觉得，身体即便能维持一阵，"也怕还是过不了明年"（22；137）。

五月给沈虎雏的信里说："家中生活，也起了些应有变化。存款全已上缴，我从六月起，只能领一点生活费数目恐只一二十元，这是极其合理的事。家中主要得靠妈妈那点收入了，所以生活极端简化是必要的。"（22；135）

形势千变万化，武斗、派系、"大联合"、"三结合"、"斗批改"，等等等等，"日报刊载的有关文运事件，有部分又已经看不懂"。"无从估计明天。因为全局似只中央文革懂"。（22；114，113）在时局不定的茫然中，个人想做的事也不能做，枯寂苦痛中也就格外牵挂远在自贡的儿子一家，为儿子担心，想念孙女，于是写了很多信，还多次提醒儿子一周写一封信说说他们的生活，写写孙女的情况让疲于工作的奶奶放松、高兴一下。五月他还写了几首诗，或怀念昆明乡下自然风物，或议论国际政治时事，还有一首自省亦复自嘲的《箴"我"》：

> 思想陈腐脑筋旧，
> 闭门思过改造难。
> 临池长怀春冰戒，
> 举足难忘八节滩。
> 南国风物缠梦寐，
> 白日惊沙迷眼前。
> 斗"私"忘"我"除"怕"字，
> 反复勤读老三篇。（15；330）

　　沈从文看不懂大局，却注意到一些现象，比如，从三月初许广平去世之后，"用'作家'名分在外宾中出面的，似乎只剩下一个郭沫若。就只那么一个人"。（22；115）这一年遭迫害致死的作家倒可以列一长串名字：彭柏山、司马文森、海默、杨朔、丽尼、李广田、田汉，转过年来还有陈翔鹤、吴晗……对比起来，沈从文有时会说，"馆中对我也够好了"。（22；93）

　　海外却有传言，把沈从文也列于死者名单。六月九日，台湾《中央日报》刊出署名"井心"的文章，说沈从文被迫害致死。梁实秋见到这个消息，写《忆沈从文》一文悼念，但当时并未发表；一九七四年台北志文出版社出版梁实秋的《看云集》，才收了这篇文章，文末加了一九七三年在西雅图补写的一个说明："此文写过，又不敢相信报纸的消息，故未发表。读聂华苓女士作《沈从文评传》（英文本，一九七二年纽约 Twayne Pubishers 出版），果然好像从文尚在人间。人的生死可以随便传来传去，真是人间何世！"[1]

八月，沈从文写申辩材料《用常识破传统迷信》。国庆节期间，照例被集中到博物馆住宿。

十二月，首都工人、解放军毛泽东思想宣传队进驻历史博物馆，把全馆人员集中到馆里睡地铺，进行揭发批判，除了馆里的领导，沈从文、史树青等被作为反动学术权威，也划归牛鬼蛇神的"牛棚"。红卫兵封存的资料，由大联委全部移交给工军宣队，但专案组依然进行工作。"工军宣队还拿了沈先生的小说《边城》，要专案调查小组研究如何组织批判，但小说《边城》根本找不出可批判的问题。对沈先生的批斗会，开过一次，是和批斗副馆长任行健、韩寿萱、陈列部主任王镜如一起开的，共用一个上午的时间。"[2]副馆长陈乔回忆过这个时期的生活："我跟沈从文都住进牛棚里，一个屋子住好几个人，先是审查批斗，每个人挂一个黑牌子，弯腰低头。然后学毛选，参加劳动，搞卫生。他在那种境地中还总想读一点书，考虑他的编著计划。我劝他注意休息，他说：'不读书，生活没乐趣，活得无意义。'……沈先生也在会上表态，那段情绪不是很正常，有时哭鼻子。他怕在路上突然病倒出意外，在身上带了一个注明单位、住址的卡片。"[3]

就是在十二月，他写了一份很长的申诉材料，题为《我为什么始终不离开历史博物馆》。这是一份理解沈从文从事文物研究的重要文件，其中不仅叙述了他十八年来的特殊经历和遭遇，更试图说明他选择文物

1　梁实秋：《忆沈从文》，《梁实秋文集》，杨讯文主编，厦门：鹭江出版社，2002年，第3卷，418—419页。

2　李之檀：《沈从文先生在历史博物馆》，《永远的从文——沈从文百年诞辰国际学术论坛文集》，668页。

3　陈徒手：《午门城下的沈从文》，《人有病　天知否》，36页。

研究的事业性抱负，说明他个人实践的研究方法，说明他对自己工作意义的坚信。很显然，他孤独的努力和追求，从来就没有得到过充分的理解。材料写到末尾，他一直压抑着的愤怒和不平，化为伤感，无法不多少流露出一些来：

> 人老了，要求简单十分，吃几顿饭软和一点，能在晚上睡五六小时的觉，不至于在失眠中弄得头脑昏乱沉重，白天不至于忽然受意外冲击，血压高时头不至于过分感觉沉重，心脏痛不过于剧烈，次数少些，就很好很好了。至于有许多预期为国家为本馆可望进行、可望完成的工作，事实上大致多出于个人主观愿望，不大会得到社会客观需要所许可，因为社会变化太大，这三年来我和这个空前剧烈变化的社会完全隔绝，什么也不懂了。即馆中事，我也什么都不懂了。（27；255）

这一年，澳大利亚悉尼大学的安东尼·普林斯（Anthony J. Prince）完成论文《沈从文的生活与著作》，并获博士学位。这是最早研究沈从文的博士论文。此前，美国哥伦比亚大学一九六六年 Lillian Chen Ming Chu 的硕士论文，介绍并部分翻译了《长河》。

四、"解放"

一九六九年春，沈从文写申诉材料《陈述检讨到或不到处》；四月，按专案组指定，写交代材料《外调出版总署编图录经过》："大约是一九五六年左右，在人民大学教书苏联教授尼几希诺夫来馆参观陈

列，馆中派我作说明。每天只参观二三橱柜，询问得极详细。前后约看
卅天才完毕。……后来不久，就调我去出版总署，参加《中国历史文物
图谱》工作。……听金灿然说，系由苏联教授尼几希诺夫建议，就历博
陈列编一图录，专供苏联中学历史教员和史学系大学生看。"此书名称
未确定，有时也叫《中国历史图谱》，工作开始的时间应是一九五五年，
沈从文是编委之一，并分工作文物说明。但因各编委意见不一，特别
是有人"对历史提法要求高"——要求引证马列经典论述的隐晦说法，
"动不动就和金、和我发生争执"，"反右"时工作停顿。后来又改组编
委，但工作还是难以统一顺利进行，"这图录大致只能中途搁下"。(27：
265—266)

六月，沈从文写了获得"解放"前的最后一份检查。这份材料以
《最后检查》为题收入《沈从文全集》第二十七卷，在沈从文历来所有
检查稿中，这一份最接近于当时通行的"格式"，而他以往的检查，"形
式"上都不怎么像检查，更不要说内容。

检查先写"最高指示"，抄了四段语录："毛主席教导我们说"，"毛
主席又教导我们说"；

抬头称呼是："首都工人和人民解放军毛泽东思想宣传队各位领
导，历史博物馆大联委和革命战士"；

下面是四个部分：一、"我的简历"；二、"我在廿年文学创作中所
犯的过错或罪行"；三、"我近廿年在文物工作中所犯的过错或罪行"；
四、"经过三年学习，对我过去错误或罪行的分析认识，和此后努力方
向"；

最后，分三行写三个"万岁"口号："文化大革命胜利万岁！""中
国共产党万岁！""伟大领袖毛主席万岁，万万岁！"(27：267—280)

今天看来如此荒诞怪异的形式,"文革"中却成为人人不得不遵守的"金科玉律"。曾经被称为"文体家"的沈从文,垂暮之年终于也在逼迫之下实践了一次这样的"文体"。

沈从文六月里获得了"解放"。"在一个团结会上宣布的,手续似乎比所有熟人简单许多。主要原因,可能是近四十年里,前廿年并未依靠过国民党,而后廿年又未依附阎王殿。所以运动中大风雨,如巴金等三五万人电视大斗争批判,如老舍等另一形式斗争均未经过。若三五百人一冲我早死了……"(22:162)"我的定案过程特别简单,主要只说'写了六七十本黄色小说,编过反动《战国策》刊物,思想反动。但在政治问题上并未发现什么。(是思想认识世界观未得到根本改造,是人民内部矛盾。)'……从此以后若在什么文件提及历史,大致就有称为'反动黄色小说家'可能。"(22:158)

得到这样一个"结论",是应该庆幸的吧?老友徐盈和子冈夫妇的儿子徐城北从新疆建设兵团写信来请教写短篇,沈从文泼了冷水:"这工作我认为最好是不要希望过大,免得将来失望。以我为例,那么踏踏实实学了三十年,结果却是完全失败。"(22:159)内弟张宗和,贵阳师范学院历史系教授,写信告诉擅长书法的沈从文说自己在写字,沈从文用了几乎是严厉的语气劝诫:"写字是毫无意义的消极行为,你怎么经过那么大社会变化,还不明白自己宜如何自处?"(22:164)

五、告别

八月,小孙女红红跟着母亲张之佩从自贡来北京探亲,住了一个月,让两个老人高兴和热闹了一阵。但紧接着九月初,就得到通知,张

兆和月内将下放湖北咸宁"五七干校"。这对沈从文是很大的打击。这
一分别，"是否还能见到，即不得而知了"。他给张宗和写信说，"长日
心痛，心脏硬化、胀大、劳损，行动有时已感困难，稍不小心，报废将
是一二十分钟事。月来事实上是在恶化中。……是否能过今年，即毫
无把握。……三姐一走，我的狼狈可想而知"。(22：163) 张兆和是九月
二十六日下午与作协同事一起走的，沈从文的血压高和心脏病已经不允
许他到车站送行，当晚沈龙朱留在家里陪他住，沈从文为这一天写简短
日记，说大儿子"特别请假一天，似数年来第一次请事假"。(22：171)

　　国庆节到了，沈从文过得倒还不错。"二号二姊邀去看看百科，吃
吃鱼，三号梅溪邀去吃了一顿，小尖鼻处又送了点鸭子来，所以这四五
天，不办什么，也就过节了。"(22：172) 同院里的两个大妈有些担心会
忽然出事故，嘱咐沈龙朱多回来照料照料，本来只在周末回家的沈龙朱
现在要多跑几个来回。

　　不知道是不是来日无多的紧迫感驱使，这几年除了去单位就很少
出门上街的沈从文，大冬天里，竟然在一周内拖着多病的身体，去看望
了三个老人：

　　"一是董秋斯，三年运动中无问题，近忽闻和几个老同学事有些牵
缠，在受审查中不免更见衰老。"(22：174) 董秋斯比沈从文大三岁，沈
从文二十年代初刚到北京，两人就相识，友谊延续终生。沈家保存了一
封董秋斯一九二四年写给沈从文的一封信，信中说："你会喝酒不？我
们应当齐入酒之宇宙。十天以后，放了寒假，我打算备个小东，请你喝
两碗白干，慢慢的一同商量个活着的道理。"后来他们就在燕大宿舍里
聊了三天三夜。沈从文见了董秋斯夫妇，说："这是我最后一次来看你们

了。"[1] 两个多月后，十二月三十一日，董秋斯去世。

"二是田老师，十多年未去看过他，去看看，才知惟一年近八十老师母在家，过的真是风烛残年日子，田老师已去医院许久（我估计或早已故去），无音息。"（22：174）田老师是沈从文小学时的老师田名瑜，字个石，南社诗人，书法家。一九六二年沈从文作《题〈寄庑图〉后》，叙述和老师的因缘：上学时沈从文是个顽童，"惟对个石先生"，既有些害怕，又感到"别具一种吸引力量，因之印象甚深，上课时堂上格外安静，从不捣乱，在当时实稀有少见。……解放后，机缘凑巧，同寓北京，先生任职中央文史馆，居住北海静心斋内，始得常相过从"。（15：423—425）田名瑜一九八一年逝世于甘肃。

"三即林师母，还精神甚好。"（22：174）林师母即林宰平夫人沈兆芝。

这种看望其实多是告别的意思，向与自己过去生命中种种密切关联的人事经验告别。接下来的一周，他跑的地方就是医院了。十月十三日，他写信告诉张兆和："我血压不大稳定，一度破纪录到二百四十。因此三天中跑了三个医院，有的折腾到五小时，经过心电、透视等等检查，都肯定心脏肥大损伤（或说丰满），供血情况不良。只能休息，防止进一步发展。能保现状就是好事。一时或不会心肌梗塞（已回到二百一十）。去和工宣队长商量，还是同意医院建议，让我再休息二星期看。"（22：177）

国际形势的日趋紧张，与"美帝"、"苏修"的对峙斗争，使得这一时期出现了全民"备战"的气氛，全国大中城市大挖防空洞和防空壕，

1　董之林：《我心目中的父亲与沈叔叔》，《钟山》2003年第5期。

北京疏散和下放的人越来越多，以致连捆扎行李的草绳都很难买。十月二十五日，周有光来沈从文家，连襟俩吃了顿晚饭。他是来道别的：虽然患有青光眼、肾病、尿血，他还是要被下放，远去宁夏贺兰山口的平罗。十一月三日，周有光离开北京。

六、"连根拔除"

历史博物馆和革命博物馆于九月三十日合并，称中国革命历史博物馆，并成立革命委员会。十一月一日，专案组一个军代表将抄家时没收审查的部分物品还给沈从文，计有：私人照片、文物研究手稿、工作记事本。其中文物研究手稿量最大，包括《服饰资料》改正稿，"感谢专案组为分门别类，编定号码，一包一包整理得清清楚楚……负责人之一问我，'你怎么写了那么多？'我笑笑。……但是一看面前大包小包文稿，我却发了愁"。他发愁的是这些自己二十年工作积累的东西，恐怕不可能整理出来给后来者用了。"还有大量卡片却毁去了，有些材料是我自己感到无意义而毁去的。"（22：200—202）

他还被告知，不发还的材料，包括书信、自存文学作品样书、文学手稿等，将由馆中"代为消毒"。"至于信件、作品，一律由馆中处理，我同意，不说什么。本想把英、日译文本还我留个纪念，也不说了。……这一处理，也可说把日前还妄想写得出新型短篇的希望，连根拔除。"（22：202）

当时的情景，沈从文多年后回忆起来还历历在目："一个军管会的'文化干部'，廿一二白白脸小伙子，却装模作样把我叫去，说是'一切黄色作品，代为消毒。无害的，你自己拿走！'见我沉默不语，便做成严肃神气说：'你以为我没有文化吗？不服吗？'这倒真是我从来还不考虑到一个问题。……他大致误认为我是什么高知，才这么缺少自信，因此我忙说：'你比我高明多了，政治水平、思想水平都是大家有目共睹的。我还算不得白专，卅年前写了这些黄色有毒东西，多亏得——指出，你处理那会有错？'我赶忙把还我的一份破书乱稿，塞到预先准备的一个麻布口袋里，拖拖跌跌下了楼。既提不上公共汽车，因此约费了二小时，才拖到了我那个值得纪念的小住处……"（26：234—235）

退还的照片，沈从文"拟贴三个薄本子，分给大弟小弟，留一份"。

他还从退还的笔记本中，找到一本张兆和一九二六年写的杂记，他跟妻子说，"我和大弟看过后，以为极有意思。因为这是差不多半世纪以前，流行了郭沫若译《少年维特之烦恼》前后事。……记事中文学味十足，且多客观描写，不知为什么，后来（一直到最近信中）反而把这份长处全消失了"。（22：202）清理文稿时，他又发现张兆和四十年前收藏的小洋娃画片四五种，"我已转寄之佩，托'红红保管'。她一定和你当时一样看得十分珍重，不会遗失的"。（22：218）

照片、画片有所托容易，自己这个人如何处置，却是个绝大的难题。本来像他这样的"老、弱、病、残"，有传言说可以不动，十一月二日他给张兆和的信里还说，"我盲目估计，今冬我或不至在匆促中上路"。（22：202）没过几天馆革委会就来问他的意见了。他真是手足无措。最理想的是争取留下，生活上有大儿子可以依靠，有限的精力还可以把杂文物研究搞一点是一点。去外地则只好到自贡投靠二儿子，但地方派系斗争还在持续，未必去得成。或者干脆不考虑生活去成都，因为他多年来一直想着研究蜀锦，或可为蜀锦改良起点作用。实在不行就去咸宁，那里气候的湿和热，明显不利于高血压心脏病，他恐怕难以适应。

十一月十七日，博物馆召开老、弱、病职工下干校动员会，十八日决定十八人限月底离京，去咸宁。二十日，沈从文告诉张兆和这一消息，"时间如此匆促，心不免乱些"。"两夜未睡，心中不免有些难过"（22；232, 233）。

家里一下子乱到不能再乱，张允和来看他，不明白为什么乱到无处下脚，他说："我就要下放啦！我在理东西。"张允和要走的时候沈从文叫住了她，"他从鼓鼓囊囊的口袋里掏出一封皱头皱脑的信，又像哭又像笑对我说：'这是三姐（他也尊称我三妹为三姐）给我第一封信。'他把信举起来，面色十分羞涩而温柔。我说：'我能看看吗？'沈二哥把信放下来，又像给我又像不给我，把信放在胸前温一下并没有给我，又把信塞在口袋里，这手抓紧了信再也不出来了。我想，我真傻，怎么看人家的情书呢，我正望着他好笑，忽然沈二哥说：'三姐的第一封信——第一封。'说着就吸溜吸溜哭起来……"[1]

沈龙朱、沈朝慧、刘焕章等几个人给他整理行李，按通知要求一切能带走的全带走，饮食用具全带，必带，因为到了那里买不起，也买不到。更因为，此次一走，不能再做回来的打算，户口随之迁走，也即"连根拔除"的意思——"大致将老死新地"（22；234）。二十六日，沈从文写信给张兆和："这是廿六下午八时，房中情形你不易设想。因为托运破烂大小十八件……"（22；236）

沈从文做了最坏的打算，和沈龙朱深谈两夜，把自己一生种种，详细如实告诉了儿子。

---

1 张允和：《从第一封信到第一封信》，《水——张家十姐弟的故事》，张允和、张兆和等著，合肥：安徽文艺出版社，2009 年，170 页。

二十八日，革命历史博物馆开会欢送下放职工；三十日，沈从文由请了几天假的大儿子陪着登上了火车，前往湖北咸宁文化部"五七干校"。动员会的时候要下放的十八家，到欢送会前就剩了五家；等沈从文上了车，才发现，其实只有三家。

车上座位已经为人坐满，沈从文和儿子只能坐在车厢地面上，一路颠簸而行。

第十二章

湖北干校：迁移无定中"麻醉"痛苦、抵抗愚蠢

一、452 高地

沈从文和另外两户老弱病职工到达咸宁干校接待站之后，才得知"榜上无名"，这里根本就不知道要接收他们。但户口都迁出了北京，想回也回不去了。"于岁暮严冬雨雪霏微中，进退失据，只能蹲在毫无遮蔽的空坪中，折腾了约四个小时，等待发落。逼近黄昏，才用'既来则安'为理由，得到特许，搭最后那辆运行李卡车，去到二十五里外，借住属于故宫博物院一个暂时空着的宿舍中，解决了食宿问题。"（27：451）

临时栖身之处叫 452 高地，是干校的中心，匆匆造起来的建筑，有大会堂和校部，文化部、故宫、图书馆等单位的宿舍在这里。作息时间统一，"早六点半听军号起床，九点半熄灯，早上学习一点钟，晚上读报一点钟"。沈从文因为是借住的，一时也没有什么任务分派，"白天我

去大湖堤边拾干苇引火，或在大路旁推土机经过处拾干竹根，供同住引火用"。离452高地约五六里外，是干校的"向阳区"，文联、作协系统和商务、中华等出版单位集中于此，工作是搞基建，张兆和在连队的挖沙子组，劳动强度大，时间也紧张，只能瞅空来看看沈从文，徒步来回十多里，停留时间不过几十分钟。沈从文"不敢独自去她那边，因为前不久在路上昏倒过一次，医生也说以'少活动为是'"。（22；238）

一九七〇年元旦前后，沈从文被安排看守菜园。十余年之后他为《中国古代服饰研究》写后记，叙述了这一短暂时期的生活；但书印行时他把后记做了大幅压缩，删去的大量文字里，就有下面一段：

> 因为人已年近七十，心脏病早严重到随时可出问题程度，雨雪中山路极滑，看牛放羊都无资格，就让我带个小小板凳，去后山坡看守菜园，专职是驱赶前村趁隙来偷菜吃的大小猪。手脚冻得发木时，就到附近工具棚干草堆上躺一会会，活活血脉，避避风寒。夜里吃过饭后，就和同住的三个老工人，在一个煤油灯黄黯黯光影下轮流读报，明白全国"形势大好"。使我觉得最有意思，还是熟习宋瓷的老姚，先来半年，已成了一个捕蛇专家。房中各处都是长达二米的蛇皮，且有意把它作成种种生活姿态，沿墙附壁，十分生动。另一收集文物字画老贾，却利用湖边路坎细小竹枝，编成许多箩篮筐匣，精美程度，都超过市场上宾馆中展出的工艺品甚多。对我说来，倒真像是六十年前老军务回营归队，丝毫不感到什么委曲生疏，反而学习了不少新知识。我明白，这是在国内正在进行的一种离奇"教育"。有百十万学有专长的高级知识分子，各在相似或更困难情形下，享受这种特别待遇，

度过每一天。内中既还有参加长征老革命，也还有各部副部长，或什么委员，以及各种雄心勃勃姚登山式"革命闯将"，和前不多久尚在天安门上雄赳赳的"革命英雄"，一过了时，就"一锅端"共同来到这地方受新的"教育"。想起这正是"亚细亚式"迫害狂历史传统模式的重演，进一步理解《阮籍传》中"有忧生之嗟"含意，个人倒反而更十分渺小，觉得"浑浑噩噩随遇而安"为合理省事了。来到这地方生产劳动，名为"改造"，改造什么？向军管领导询问，也说不明白。一面学习"老三篇"，不少人还能开口背诵如流。但问及内中有一条说到"老弱病残不下放"是什么意思时，我这年近七十，血压经常已二百过头的老病号，学习班长既兼作医生，且明白是由于"心脏动脉粥样硬化"而起，却相当幽默的回答我："既来之，则安之，不妨事。"……如此这般过了一个新年。（27；451—452）

二、迁移双溪

一九七〇年二月十四日，沈从文正在菜秧地值班，有个人来通知他，限二小时内迁移住处，到双溪区另作安排。他匆匆忙忙赶回宿舍，行李已经被搬到了大卡车上。张兆和在五里外大湖边劳动，沈从文想赶去告诉一声，已经来不及。幸亏故宫的老贾，赶去报信，等张兆和赶到，"说不到十句话，只告知去处名叫双溪，离这五十里多点点"，就被催上了车。

"在车中我想到古代充军似乎比较从容，以苏东坡谪海南，还能在赣州和当时阳孝本游八境台，饮酒赋诗。后移黄州，也能邀来客两次游赤壁，写成著名于世前后《赤壁赋》，和大江东去的浪淘沙曲子。"（27：
452—453）

三个老弱病，连同家属共六人，十一点到了双溪目的地，两个多
月前那梦魇般的经历又重复出现了：这边指挥部事先根本不知道他们
要来。到现在就非常清楚了，他们这几个没有多大劳动力的人，实质上
被看成"麻烦"，那边硬"推"给了这边。吃过午饭，十连连长和负责
这里的领导商量了一个小时后，接收了他们，找了个地方让他们暂时安
顿：行李放在指挥部的仓库里，人住到区革委会楼上一间大的空房，稻
草堆中摊开被盖，三家中间用草席临时隔开。吃饭到附近采煤连大厨房
吃大锅饭。

这一番折腾，让沈从文的血压高到二百三十到二百五十，低压
一百三十，有几次轻微发昏经历。同行组长张同志建议他住院，医院也
同意，但沈从文考虑到住院后每天还得到区里大厨房取饭、取水，这对
他来说也是不小的困难，就拖延着没有立即去。二十日他写信给张兆
和："张同志怕我突然出事故，曾说过是否调你来好些？同是工作，这
里也有的是杂活可做。你也可以把考虑到和你的打量告给我。我想到的
是你和五连同志共事已十多年，'千生不如一熟'，……大家明白你体
力受年龄限制，分派工作，即能比较实事求是。这里大家陌生，工作若
一律拉平，你怕担负不下。所以我还主观的想，与其让你来一陌生群众
中为难，还不如再过半年下去，到你们可分配房子时，我作为你家属，
请求来向阳，同分苦乐，好一些。"他已经考虑过自己"万一忽然完事"
之后的事了："到时要大弟或小弟同来收拾一下残局。小弟有了治家五
年经验，并且有个家，明白什么需要就拿走，用不着的，就分散给同事
中较困难的。你能留在五连，我相信同志们对你一定会能照顾，生活得

上好。若另一时退休，请求过虎虎处，也一定好办。因为那虽属三线，事实上他许多同事在京家属，还是向那边疏散，并无别的地方可去的。"（22：249—250）

二十五日，他信里告诉张兆和，这里医生劝他去作细致检查，"因为过去心电图表示左心室肥大，这次右心室似乎也不大好。心脏向左移位，益显明"。"我就医事，已得这里医院证明，另写一报告，上高地指挥部，还未得到批准。也许只能在咸宁县里检查，或住院。也许不批准。"（22：252，253）

二十八日，三户再次迁移，搬到了约一里外小山坡上的一所小学校里。沈从文住一间房，屋顶漏雨，房中潮湿。"因无电灯，又舍不得用清油和洋烛（买不到灯），只好从六点到明早七点，在黑中闷坐痴睡度过。也是一种锻炼。对我说来，可能也有好处。一日三顿，早上用一饼度过（加点糖水），中上去打饭，或多取二两，或一馒头，晚上即不再出门，泡泡水饭，用豆豉酱和一个鸡蛋（盐水煮，不限量）对付。"（22：264）几天过后，移过来几把条凳椅子，糊好门窗缝隙，张同志又用浆糊瓶给做了个简易油灯，住处就初步像个"家"了。每天去一里外大厨房取饭打水，对沈从文来说是过"小关"，因此一瓶开水就用得很节省，有时脸也就不洗了；夜晚黑灯瞎火走大半里上厕所，就更是负担。四月二日给张兆和信中描述了这么一个情形："昨晚上模范茅房，半路得上下一二尺高坎，两脚半，失了一脚，来个仰天翻倒，幸好是带点'溜'的姿势，只是后半身在泥浆中蘸了一下罢了。若作'马打滚'，就未免狼狈。怕的是'雷兼雨'或'雨中雷'，走一里路不大稳。"（22：283）

四月初，北京一路带来的那些大小行李，从区革委会仓库全部搬进了住处。过了些日子，沈朝慧寄来一个小煤油炉，这可大有用处：陈饭剩菜能够热一热了；还能烧水，天晴从水塘里提桶水，天雨从屋檐下接些水。

　　四月十八日，沈云麓在家乡病逝。沈从文最后的信和新写的诗寄到时，大哥已经入土三日，就在坟前焚烧了。

三、文化史与诗

　　困于重病，不能做事，对沈从文来说是很痛苦的，他常常说人生百年长勤，可是这种情境之下，他又能做什么呢？枯寂长日，他又拾起了旧体诗。这似乎是他找到的唯一还能做的事。他说："写诗只在百十字中琢磨，头脑负担轻，甚至于有时还可收'简化头脑'效果。"（22：281）他写干校生活，写日常见闻，写政治时事，今天读来，会觉得大多不怎么好，特别是其中的时代色彩，有时不免显得刺眼；不过，也正是这些合乎时代形势的诗句，起到了"简化头脑"的效果——顺着潮流说话和表达，头脑的负担就不会过重。那么，从这些诗来看，能不能得出结论说，沈从文被"改造"好了？沈从文放弃自己的思想和表达了？问题还有另外一面，即"简化头脑"的体会，也只有一贯坚持自己的思想和表达形式、头脑负担过重的人，才更能敏感得到。沈从文确实试图"简化"一下自己的头脑，但沈从文还是那个沈从文，要"简化"也不容易。这一时期的诗里有一首《自检》，题记"二月廿七双溪　阴雨　在零度下"，全诗如下：

　　　　身是"乾坤一腐儒"，
　　　　略闻大道心转虚。

七十白发如丝素，

卅载独战真大愚。

行莫离群错较少，

手难释卷人易痴。

"独木桥"废何足惜！

"阳关道"直行若飞。

"捕虎逐鹿臣老矣"，

"坐策国事"实无知。

屈贾文章失光彩，

连旬阴雨眼模糊。

试从实践证真理，

深愧"乾坤一腐儒"！（15：349—350）

看起来从头到尾都是对自己的否定，但说自己是"腐儒"，说自己"愚"、"痴"，说自己走的"独木桥"现在被"废"了没有什么可惜，如此等等，不过是自嘲——深重、悲哀的自嘲。

四月二十四日，中国第一颗人造地球卫星发射成功，消息从收音机传来后不久，附近村子里就响起了锣鼓声。沈从文有感于创造力量的惊人成就，五月写了一首《红卫星上天》，五言，一千一百多字。单看标题容易把它误会成时事诗，其实重点在叙述一个民族文化的发展。六月十八日他抄了一份寄给张兆和，说："用红卫星上天消息，引起历史联想，从作曲法得到一点启发，当作史诗加以处理的。""等于把馆中一万六千米陈列，压缩到千字中，处理得还有层次条理，能把握大处。从群众要求说，可能深了些。因为用千把字来概括百万年中华民族的发展，在发展中的艰巨和复杂斗争，求文字用得有分寸，又能通俗，不可免容易顾此失彼。"一九七二年他又把这首长诗抄赠程应镠，说这"等于一个'说明员'的考卷，是否及格，心中有数，不必待新学台来决定也"。(15；366，367)

对沈从文来说，这首诗的写作开启了一个试探性的方向：以旧体诗的形式来展现历史文化的发展。也就是说，这一类的诗，不仅是被压抑的文学创作才能的转化形式，同时也是被迫中断的历史文化史研究的变体和替代形式——用沈从文自己的话来说，即博物馆"说明员"的"考卷"。沈从文对这一类诗的写作投入了极大的热情和精力，干校时期写出了《读秦本纪》、《文字书法发展——社会影响和工艺、艺术相互关系试探》、《商代劳动文化中"来源"及影响试探——就武官村大墓陈列》、《西周及东周——上层文化之形成》、《书少虞剑》等，以诗写史，为"文"亦为"学"。

以《文字书法发展》为例，五言，长达近八百句，附有大量注释文字，可视为一部文字、书法简史，其中涉及的不少问题存在争议性。这首诗初成于一九七〇年十月，后来不断修改补充，章草行草部分又曾改写为《叙书法进展》而单独成篇。诗初稿后有跋语："乡居独处，因常用八分钱毛笔，就一破碟蘸墨汁作书。适为一邻居小医生偶尔见到，以为所用'文房四宝'如此马虎，那宜写字？事实上在他人不易设想情形下，采用这个办法，作为他日过考'说明员'准备，试写文化史诗已到十多首。因此启发，复试就'文房四宝'各自历史和文字发展历史，及彼此相互关系，概括成五言诗一首。……有关字体及纸墨笔砚种种，平时并无研究，只是就接触到的实物知识，和通史陈列所得常识而言。正因为一切从'常识'出发，和专家的专门知识，必不尽相同。对个人实极其有意义。……特别是在目前环境，无一本书可得情形下，凡事全凭回忆，不许临时翻书，欲作'齐人'，亦无可逃，仍能凑合完篇，值得纪念。"（15；393）

因《文字书法发展》长诗，沈从文和下放干校的中山大学教授、书法家、古文字学家马国权，交流、讨论起文字、书法的学术问题，两人书信往还不断，从一九七一年一月到五月，沈从文长信达十封。其中说到一个笑话：几十年前沈从文给一个熟人书章草长条贴壁间，为刘半农所见，"执意肯定为明人书，后方悉系弟戏作，大笑一阵而散"。（22；463）

四、请求和答复，暴雨袭击下的屋子

迫于环境无从继续的杂文物研究，以旧体诗阐发文化史的形式得到略微的"补偿"；这种"补偿"显然是不够的，它非但不能全部转化研究的愿望，反而使得这种愿望愈发强烈。与此同时，沈从文却从博物馆下放到咸宁的第二批职工口中，得知自己已经被划为"编余"人员。一九七〇年六月十八日，他写信给张兆和说："……间接得知已是'编余'人员。这是下来前并不明白，到后也不知道的。"这让他很受挫伤；然而，"我即或已成编余人员，总不免还妄想近廿年学的种种，还有机会应用得上"。他相信自己二十年来积累的东西，"还对馆中有用，对改陈有用，对文化史的编写，工艺史和其他几种专史教材通通有用"。（22；312，313，314）他把带来的文稿取出来一一重看，总觉得这些东西应该整理成各个专题，留下来给后人；他还打算把二十万字的服饰资料文稿再重新抄写整理一份，但天时不时下雨，屋子到处漏，得用大大小小的盆子承接，他担心雨水损毁了稿件，就完全凭记忆把想到的修改补充处，用签条记下来备忘。

七月中旬，急切希望恢复文物工作的心情，促使沈从文给博物馆革委会委员王镜如写了一封信；二十日，又给另一位革委会委员高岚写了一封约一万字的长信，几天后又改成略短的第二稿。他深感来日无多，在干校什么也不能干，这样"消极的坐以待毙，不是办法"，因此提出："我要求极小，只是让我回到那个二丈见方原住处，把约六七十万字材料亲手重抄出来，配上应有的图像，上交国家，再死去，也心安理得！"（22；335）这两封信他都是让沈龙朱看过之后转寄，沈龙朱转寄了第一封信之后，还专门去和王镜如谈了一次，谈话的结果使沈龙朱觉得第二封信没有必要再转寄，就自己留存下来。沈龙朱向沈从文转告了谈话的意思，其中最主要的是：干校组织和北京馆内没有直接领导关系，除非真正工作急需的人，才能申请调回；目前博物馆还是主要在搞运动，"改陈"根本没有提到日程上来；而沈从文自以为有重要价值的文稿材料，革委会领导劝告，"你的那几份资料，希望你自己能一分为二来看待，那是'还没有经过批判的'，不能把它们全看成是'方法全新的''唯物的'。要正确对待群众，正确对待自己"。[1]

这样的答复给沈从文的打击可想而知。其实这本应该是预料之中的事，只是沈从文盼望工作的愿望太过迫切，他念念不忘二十年心血所寄的研究材料，反反复复唠叨它们的价值和意义，却忘了那是前不久被查抄了去又发还的，是"还没有经过批判的"。

潮湿的屋子发霉，如同霉窖；夏季一来，太阳暴晒，又如蒸笼，房

1　沈龙朱：《复沈从文》（1970026），《沈从文全集》第22卷，345—346页。

间里气温会高达四十度。八月四日，沈从文给张兆和写了封短信，信文前面加了一句话："不论如何，务必来看看我。不宜迟疑。"（22：350）倘若不是身体坚持不了，他断不会说这样的话。十五日，张兆和请假，早上搭车到咸宁县城，下午从县城搭车来双溪，照料了沈从文十天，她自己也借此从长期体力透支的劳动中得到短暂的休息。张兆和二十五日返回，半路上遇到大雷雨，受阻在咸宁县城，二十八日才回到向阳区连队。

　　暴雨来袭，沈从文住处积水，要用盆从房中往外倒。屋子里的地面还没有干，九月四日，大雨又来了。"房中如落倾盆大雨，一切全湿了，比桃源狼狈得多！张同志父女同为抢救也无办法。……地下简直成了河。倒了近廿盆水还不抵事，后来雨稍缓，又扫了十多盆水，柳同志父女也来了，几个人为搬了六七十块砖纵横铺在泥地上，才能走路。这些砖看来将在屋中过年了。"（22：358）过了十几天，"第三次灾难性暴风雷雨袭击，数第三次格外猛，而且正当半夜四点左右，幸好即早把一切盖上，但是由上而下不太紧张，自墙根入浸水不免过急，不到半小时一盆，我总计倒了不止四十大盆，你能想象，应当是种什么情景！如不抢救，水早已把全房灌满，还影响到张家！直到今天十二点还未止，忙得我精疲力尽。独自还搬了数十块大小砖头，把全房搭成一通道，还整天不能脱去胶鞋，在泥中料理伙食"。（22：375）第二天沈从文写诗《读贾谊传》，又写了一则日记："九月十八日，阴雨袭人，房中反潮，行动如在泥泞中。时有蟋蟀青蛙窜入，各不相妨，七十岁得此奇学习机会，亦人生难得乐事。"（22：379）

五、"改业"之思、重病住院、申请

风雨泥泞中，沈从文诗兴不减反增，似乎有些难以理解；其实这和残酷的现实有关：给博物馆革委会领导写信得到那样的答复之后，沈从文不能不正视这样的现实，即回到北京继续研究文物的希望几乎是没有的。他不甘心坐以待毙，就只能再次"改业"了。

九月十日，他给张兆和信中说："我若已不可能再有机会恢复文物研究工作，只能从新环境条件出发，作点准备，较好使用七十以后有限生命，拿起笔来继续习作下去，亦意中事，并且也会在新路上走一段，作出点成绩。只是不宜在成败上计得失。因为比较说来，是明明白白不可能作到如过去写短篇，近廿年搞文物那么显著突出的。不过对人影响虽不大，'自得其乐'必较多，何况还可望在这一格式中得到些较新纪录？等于在一老式车床上产生新装备！真正所谓'古为今用'！所以也不妨寄托一点假想，即将来人就体裁谈新诗到举例时，还会有一天在新选本中、新教材中，要提到，给以适当合理估价！"（22：368）

九月十六日他写了一首《老马》，此后不断修改，到农历十月改题为《喜新晴》。写诗期间，他生活的一般情景是，"日间执雨伞在室中来回走动工作，晚上则床下一片蛙鸣，与窗外田蛙相呼应，间以身长二米之锦纹蛇咯咯鸣声，共同形成一生少经的崭新环境"。（15：453—454）这首诗可视为他旧体诗的代表性作品之一，连同跋语照抄如下：

> 朔风摧枯草，岁暮客心生。
> 老骥伏枥下，千里思绝尘，
> 本非驰驱具，难期装备新。

只因骨格异，俗谓喜离群。

真堪托生死，杜诗寄意深。

间作腾骧梦，偶尔一嘶鸣。

万马齐喑久，闻声转相惊！

枫槭啾啾语，时久将乱群。

天时忽晴朗，蓝穹卷白云。

佳节逾重阳，高空气象清。

不怀迟暮叹，还喜长庚明。

亲旧远分离，天涯共此星！

独轮车虽小，不倒永向前！

一九七〇年十月。久病新瘥，于微阳下散步，稍有客心。值七十生日，得二儿虎雏川中来信，知肾病已略有好转。云六、真一二兄故去已经月矣。半世纪中，一切学习，多由无到有，总得二兄全面支持鼓励，始能取得尺寸进展。真一兄对于旧诗鉴赏力特高，凡繁词赘语，及词不达意易致误解处，均能为一一指出得失，免触时忌。死者长已，生者实宜百年长勤，有以自勉也。后用十字作结，用慰存亡诸亲友。从文于湖北双溪丘陵高处。（15：448—449）

云六即沈云麓；真一是田真逸，沈从文的姐夫，他欣赏沈从文的诗，但劝他不要再写了，以免惹祸。《读秦本纪》跋语有记："真一兄临死前信中说：'此诗甚好，但因此宜搁笔。'寄意深厚，语重心长，诚可念也。"（15：372）

　　九月下旬沈从文把《读秦本纪》也抄了一份给张兆和，抄写的时候，"附近不远爆破炮声连响三次后，土石纷纷下落，已把屋顶开了大小天窗数处"，"还担心再来，头上且顶了个坐垫"；"抄到'钟鼓上闻天'和'直上于青云'时，望到房顶那几个大小天窗真好笑。世界上那会有人想得到我是在什么具体情形下写这些诗！"他跟妻子说，在文学创作、文物研究之后，他现在做的是第三次新的试验，虽然已经不可能如前两次那么出色，但还一定搞得像个样子，他要用五言的形式，在"缩短文、白，新、旧差距"的方向上努力，"说是'五言的尾声'，多少像是有点悲怆感。但事实大致也就是这样了"。（22；385—390）

　　张兆和，沈龙朱，还有几位亲友，都担心沈从文写诗可能带来意外的灾难，沈从文考虑过后决定接受他们的劝告，后来虽然断断续续仍有试作，但到底心里多了一种深忧，热忱还是控制了下来。

　　国庆节期间，张兆和来双溪探望，住了三天。四日，附近采煤矿来了四位故宫熟人，加上同住的老张，帮助沈从文整修住房，房外挖了排水沟，房内用土垫高，又推一车干草填塞房上通风漏雨处。十一日，家乡来了一个人看望沈从文，谈起来才知道是表弟聂清的女儿聂巧珍，聂清抗战中牺牲，遗下的孤女成了童养媳，沈从文听她诉说生活经历，联想起自己一生的挣扎，愧叹自己对家乡年轻人帮助太少。

　　天气冷了起来，心梗痛、头闷重也随之而来。十一月十三日夜间，沈从文腹痛剧烈，双溪卫生院初步诊断为结肠炎，治疗几天后仍不见好转；十九日搭便车到咸宁县人民医院，诊断为肾结石，因心脏病久，年龄过老，不宜动手术，所以服中药治疗。张兆和赶来照料。七天后仍认为是高血压心脏病，转内科。其实是肾结石、高血压、心脏病并发症。二十一日，沈从文致信干校二十三连领导，说明了自己的病情，并请转陈校部领导；十二月十一日，沈从文再次致信二十三连领导，申请准许回京治病。但没有得到答复。住院四十天之后，沈从文回到双溪。年底他写了一首《双溪大雪》，感慨老来飘零，忧惧惊心。

回来后的沈从文生活自理已经十分困难，住院治疗病暂时缓解了病情却并没有好转，"心脏间歇梗痛，从不止息"。一九七一年一月十七日，沈从文第三次致信二十三连领导，请求"允许我暂时回北京治疗"，"我虽已迫近风烛残年，如能使病情稍有好转，尚希望到另一时，还可能将近二十年所学文物点滴零碎常识，对于本馆今后改陈工作，能稍尽绵薄贡献……"（22；417）随信附有县医院诊断书、住院单据。但是，仍然没有答复。

二月八日，沈从文致函干校校部领导，重申回京治病请求。收信人批示"请二大队研究提出报告校部"（22；429），但此后再无下文。

六、贫农大院的小房间和纸上的六十个展柜

因为学校要复课，沈从文的住处又将迁移。但移到哪里去，又成了问题。曾经开玩笑似的找了个前有大牛棚、左有大猪圈、旁边有公共茅房、臭气熏天、上见天光的房间，被沈从文坚决拒绝。反复周折之后，三月初，被安置到双溪村里一个贫农大院，借住一个小房间。沈从文在这里住了近半年，与农民、住户、孩子之间，建立了亲密友善的感情。

三月三十日，沈从文写信给张兆和说，"房子一经住定，一切即无所谓了"。他坐在床上，写出了万言《关于马的应用历史发展》初稿，"一切全凭记忆，大几百匹，甚至于过千匹马的形象，在头脑中跑来跑去，且能识别它们的时代、性能和特征，和相关文化史百十种问题。

真是奇怪！平时也并不如何特别注意留心，怎么学来的？自己也说不出"。此外还写了一篇《狮子如何在中国落脚生根》，"文革"前沈从文写过关于狮子艺术的文章，此时也是仅凭记忆另写此文。"要来的终得接受，应做的还是得争时间做下去。尽人事去谨慎处理，终能出现些奇迹。"（22：464，466）

五月一日，沈龙朱和新婚妻子马永昕来咸宁探亲，先到沈从文处住了四天，又到张兆和处住了四天。沈从文对妻子说："大弟等来双溪，我极高兴。也可说近十年来最高兴事，你定必有同感！"（22：485）沈龙朱大学没毕业就被划为"右派"，婚姻受影响，多年来成了压在一家人心里的大问题；如今三十七岁，终于结婚成家。沈从文和张兆和心里的高兴，真是难以言表。

不知道是什么机缘触发，沈从文这段时间偷偷起草以黄永玉家世为内容的小说，写了个引子，题为《来的是谁？》。这个作品在构思里应该是一个很长篇幅的东西，因为光是开篇的引子，就写了八千字。虽然只是个引子，故事情节却一波三折，人物来去更是扑朔迷离，引人好奇，是相对完整的篇章。文后有跋语："一九七一年六月一日，完成第一章引子，第四次重抄完毕于双溪见方一丈斗室中，时大雷雨过后，房中地面如洗。……"[1]

黄永玉一九六九年冬与中央美院一些教工下放河北磁县军垦农场劳动，一九七一年六月收到沈从文塞在牛皮纸小信封里的小说，"情调哀凄，且富有幻想神话意味。劳动归来，晚上睡在被窝里思索老人在那

1　沈从文《来的是谁？》，首次披露于刘一友所写以黄永玉为"主角"的著作《文星街大哥》，桂林：漓江出版社，2007年，3—17页；引文见该书17页。

种地方、那个时候、那种条件，忽然正尔八经用蝇头行草写起那么从容的小说来？石头记开篇也是从仙禅打头的，何况解放以后，他从未如此这般地方式的动过脑子"。他想不出为什么表叔写起了这个，只能猜测，"孤寂的身心在情感上不免回忆中求得慰藉，那最深邃的，从未发掘过的儿时的宝藏油然浮出水面，这东西既大有可写，且不犯言涉，所以一口气写了八千多字"。[1]——写黄永玉的家世，也即是写沈从文的外祖父一家几代，所以黄永玉才会说沈从文是如此这般"地方式"动脑子、发掘"儿时的宝藏"。[2]

天气热了起来，沈从文在小房间里就很难受了。这个贫农大院住了二十五六个人，鸡、猪、狗、羊，约六十只；有一个天井，变成了沤肥池，正对着沈从文小房间的窗户，猪饲料是酸的，坐在房间中如坐"酸菜坛子"中；天三日晴三日雨，"床下已霉，且生长了点绿毛白毛，房中似更湿滑了些。我也多少有点像《聊斋》中人物，所以闻《聊斋》解禁，丝毫不奇怪"。（22；507）——还有心思解嘲，可见心情并不算太坏。《聊斋》解禁，指的是传闻说，近期将要解禁二十八种旧书，有《水浒》、《三国》、《红楼梦》、《聊斋》等。

沈从文本来打算写一系列文物专题文章，后来感到这样写"内容还是深了些，大了些，说明员和搞陈列的同志通消化不了"；再加上全凭记忆，相当吃力；至于引书，只能记大略出处，无从查核原书全文。

1　黄永玉给刘一友的信，《文星街大哥》，1 页。关于《来的是谁？》，黄永玉在 1980 年发表的《太阳下的风景》里提到有这么一篇"楔子"，但直到 2007 年，这篇作品才从尘封中公开面世。原因是，黄永玉从农场回京后，把这篇作品交给黄苗子看，"以后向他要还，总说：'好像没有这回事……'"；"没料到过了三十多年，九十三岁高龄的黄苗子志在千里之余从书堆里找出了这封文章"。见同信，《文星街大哥》，2—3 页。

2　对这篇作品的尝试阐释，参见刘一友《孤寂中的思亲奏鸣》，《文星街大哥》，18—37 页。

所以他改变了一下方式，就博物馆的八千平方米陈列，一个一个展柜去写。他做了那么多年解说员，博物馆的陈列早已烂熟于心，"陈列内容宜去什么，加什么，如何说明它们在'劳动文化史'中的位置，及相互关系，一个柜子一个场面的想去，写去。工作似乎比较省事，也切实多了。……每一事少则一页，多到十页为止"。

酷暑之中，挥汗如雨，他却觉得，"到这时节，才真正享受了过去几十年学无专门'杂学'的好处。特别是难于设想的记忆力的运用，及联想的运用，所得到的便利处。估想即在比目前更糟的环境下，我大致还将是从容不迫，超额完成自己安排下的任务的。也真近于奇迹，学它时，只是仔细认真，却并没料想到还能分门别类记下来，在'超孤寂'七十岁时，能一一自自然然不太费事的写出来，且肯定还十分有用的！什么熟人生人来到房中时，都异口同声说道：'好湿，好闷！'只看到我桌上满是乱稿，完全想不到我是在就八千平方米陈列，上万件文物，用我的特别办法在开刀，真作到'废寝忘餐'！世界上这么进行小说写作，是一点不希奇的。至于这么搞新的文物学工作，实在太不可思议了。就一般说，是不可能的"。

沈从文右手指关节炎严重，甚至影响到右臂转动不自然，写字时关节疼痛，他也想到"有可能会忽然一天即失去作用，结束了五十年下笔不知自休的劳动"——"但不必发愁，"因为，"还学会了用左手写字"！（22；520，521，522）

到八月份，他已经完成了六十个展柜的文稿。此外，还写了一些专题小文章的初稿，如《谈辇舆》等。

七、丹江

干校决定让沈从文和张兆和一起迁到丹江，那里有文化部安置处。张兆和先去丹江做了点儿准备，八月四日到双溪和沈从文安排行李，十一日两人坐机关的卡车到咸阳中转站，直到二十日下午才坐上火车，到达武昌后再换车去丹江。二十一日中午到了丹江。

文化部安置处是为老弱病人员而设的，在一个采石场的荒山沟里，大约有五百间房子，住下五百多人。沈从文和张兆和初来被安排分住，过了些日子才调到一处。他们住的一间房子，窗后靠山，十分清静，屋里东西无尘土，桌子柜子干干净净，张兆和十分满意，"以为几十年住处，或数这里最好"。（22；546）

张兆和的劳动，比起在咸宁时要轻不少，但杂事多，学习辅导、帮厨卖饭、修猪圈、搬沙运土、开小会，等等，基本上从早忙到晚。她还是蔬菜班班长，要管理菜地。沈从文因病免除劳动，但要参加学习，"因头昏重，地势高缺氧，心脏供血不良，除学习即躺下"。（22；547）他很少出门，"一出门，看到的总是手拄拐杖行动蹒跚的老朋友，和一个伤兵医院差不多。这些人日常还参加种菜、种树、搬石头任务。……《静静的顿河》译者金人先生，就是我和家中人到达后第二天故去的。……我平时已不大便于行动，间或拄个拐杖看病取药，总常常见雪峰独自在附近菜地里浇粪，满头白发，如汉代砖刻中老农一样"。（27；455—456）

这里的生活条件似乎好了一点，至少房间是干爽的，但沈从文的身体却很糟糕。血压经常升到二百四十，心脏长日隐痛，这都算老毛病了；手脚关节炎逐渐升级，折磨得厉害，写字越来越不灵便。他满心装着一大堆杂文物，却没法展开工作，能做的事，一是继续把服饰资料的修改补充想法，写成签条备忘，像在双溪时那样；二是琢磨修改双溪时写的几首诗，冬天新写一首文化史诗《战国时代》；三是写些文物小文章，如《鼓的形象在文物中的反映》、《唐宋以来丝绸彩色加工》、《铝带问题》等。

　　冬季的某天，他在一张 16×9 厘米的小纸片上写了篇杂记《从针刺麻醉中得到一点启发》，沉痛之极。大意是说，他把自己沉浸到那些杂文物问题里面，类似于针刺麻醉，是用转移忘我的方式，来解决病痛带来的种种压力和痛苦。"世有解人，或能不以头脑发昏胡言谵语见诮。世无解人，亦已焉哉。"半个世纪以来的工作，"凡事多近于沙上建屋，随潮必毁，毁后又复重建，仍难免毁去。"当此"改造"机会，"总还是对于四旧中的坛坛罐罐，花花朵朵，桌子板凳，刀刀枪枪……像是有责任待尽，真是愚不可及。这些问题，即或还有些意义，也应分是'考古专家'、'史学权威'、'学部委员'等等责任范围，绝不是作说明员的所宜妄参末议。我则为了减去这个 240 给我的具体压力，一切从说明员常识出发，还痴心妄想，以为这些点滴常识的连类并举笔记，或许在另一时能代替学习《实践论》、《矛盾论》的考卷，得到'说明员及格'的证明，尽可能早些回到陈列室原有那个位子上去"。(27；385–386)

　　十二月下旬，他在一封信里说到目前设想，希望能请假回京治病，"用一月时间，换一副假牙，买些工具书，并就新出土文物展学个十天半月。……两年来，似乎所有的人都可以短期回去，或被调回去，或因病回去，不少人小病也回去了，唯我例外。请求的信一般也不批、不复，却在我转丹江时退还，也很奇怪。……我就不可免有在沉默中日益愚蠢趋势。因为不让我用其所长，把学习心得和具体工作结合，取得应有进展。却留在这里，学习'发言'。……现在却无一可建议或请求处，真急人！""我老老实实的说，人家多不懂，照大家那么说，又始终不会。这么熬下去，日益愚蠢是必然的结果……"（22；577—578）

十二月，沈虎雏来丹江探望父母，住了几天。

一九七二年一月，沈从文写《有代表性之案形》短文，完成了近万字资料性文稿《乐舞杂伎与戏剧》。

二月初，因为听说回京要总理批准，他致函周恩来，要求回京工作。

二月上旬，这个七十岁的老人，终于获准回京治病。张兆和陪同他，安排了他的治疗和生活后，于三月十六日返回丹江。此后，沈从文以不断向干校续假的形式留在北京，为的是能够持续地把全部精力投入到文物研究工作中。

沈从文在湖北五七干校前后共两年多，这一时期，他过去的作品在国外仍有研究和翻译：赫美丽（Martine Vallette-Hémery）翻译的《新与旧》出现在法国巴黎汉学研究所一九七〇年出版的《从文学革命到革命文学：中文小说 1918—1942》一书中；日本河出书房新社一九七〇年出版的《现代中国文学》第五卷有松枝茂夫翻译的《边城》、《丈夫》、《夫妇》、《会明》，一九七一年出版的第十二卷有岩佐氏健翻译的《昆明冬景》；威廉·麦克唐纳（William L. MacDonald）以《沈从文小说中的人物和主题》为题，一九七〇年完成了美国华盛顿大学的博士论文，一九七一年他翻译的《边城及其他》由美国伊利诺斯大学出版社出版，收《边城》、《静》、《阿金》、《黑夜》四篇小说；美国哥伦比亚大学出版社一九七一年出版了夏志清、刘绍铭编的《二十世纪中国短篇小说》，收入叶维廉与夏志清合译的《白日》和《静》。夏志清的《中国现代小说史》一九七一年由耶鲁大学出版社出版了增订本。

[第十三章]

"还得好好活在人间"

一、"不升天，不下地，还得好好活在人间"

回到北京的沈从文首先面临的是房子问题。东堂子胡同的三间房，一九六六年被姓张的工人占去两间；剩下的这一间，下放期间又被姓王的主任借用来给儿子睡觉。沈从文回来后，王家孩子不住了，东西却还不肯搬走。四月下旬沈从文给张兆和信里说到这样的情形："大弟去王家商量'是否能移移床'时，王太太和大孩子明知我在床边工作十分吃力，还说'待向馆中交涉'，即床上报纸，也不肯要孩子搬走。大弟反而十分不好意思，回来说：'大致是已看死，非要这间房子不可意思！'我笑笑，'好，被逐出以前，还是工作吧。到时再说。'"〔23：49—50〕

工作，主要是《中国古代服饰资料》的修改。国家文物局局长王冶秋说，这本书还是要出版。但以什么样的形式出版，却很费踌躇。沈从文提出，可以先印图像，这样就能较快出书；他写的二十多万字的说明文稿，可以另印、缓印甚至弃而不印。不过，他希望能把说明打印十来份，"即不宜印，馆中留份材料，还是有用处。因为廿万字不会全是胡说，毫无是处！"（23；27）博物馆领导后来决定，要沈从文把文稿压缩到五万字。

沈从文就在横可走三步、纵可走六七步的房间中铺开了材料、文稿、图录、卡片，床上地下，摊得到处都是。博物馆革委会五月上旬来人协商，说为照顾他，要他搬到黄化门的一间住处。沈从文说："若真的照顾我，那就让我原住的空一间出来，岂不省事？"来人说当时占他的房子，"是红卫兵时事，不是革委会时事。"协商无结果，即告结束。沈从文不肯搬，有几个原因：一是住在这里离医院近，离馆里近；二是沈朝慧、张梅溪住在附近，她们隔个一两天来看看他，送点吃的，洗洗衣服，帮助照料一下生活；三，"说是照顾来调整调整住处，而事实上即让出给 × 家"（23；74，75），这让沈从文在情绪上很难接受；四，从下放到回来，两年多一点的时间里沈从文被迫搬了六次家，他实在恐惧和厌恶这样惊魂不定的迁移。

沈从文一个人住，吃饭简单对付，倒也没有多大困难。"承李大妈每天必来问问。送了块豆腐，吃了四顿。又送了点用香油拌好的芫荽、芹菜，可吃四天，也极得用。"（23；15）他还得意地告诉张兆和，他在屋檐下近于露天的小厨房"发明"了一种厨艺："我则新发明五几天炖一次瘦鸡，或去骨蹄髈，加点腐乳或咖喱，搁成冻子。煮点面，加一分钱菠菜，挖几勺肉并冻子入面中一搞，就成功了。方法省便，吃来也极合式，洗碗且十分方便。大致入夏以前将继续下去。"（23；55）有人回丹江，他甚至"托捎带了点点自作的菜"给张兆和，还说："万一生了点

绿毛，也不妨事，加加热即成。"（23：64）历史学家王忠来请他去家里吃
了顿饭，他惊叹"办了足八个盘碗，鸡、鱼、皮蛋之外还有大蟹（几几
乎是十多年前才吃过的）"。（23：50）

除了伏案工作，沈从文还有一项活动，就是频繁地去看出土文物
展，回来一两个月，就看了十几次。不少时候是陪人看，做义务说明
员，他自嘲是"职业病"；更重要的是他自己要看，提起来就抑制不住
地兴奋，如给张兆和写信说："新材料太多，如新发现的战国大镜子上
彩色人物画，十分生动完整。又西汉的一个陶器上的人物画，生动活
泼，旁边还加点树木，简直有点像我画的，好笑之至，如不告人是汉
代，或者还以为至多是明代人画的。还见到份错金银车器，……又还有
个木雕战国尺来大的透空屏风，……"眼见新文物，他的反应完全不
像是跟文物打了那么多年交道的老人，却像是一个新人，惊叹不已，而
且带着强烈的去认识的热情和紧迫感："总之，许许多多都不敢相信！
可是事实就这么在全国普遍出土，过去知识全落后了！所以我还得尽可
能多学若干天……"（23：47—48）

考古所的王予五月刚从长沙马王堆汉墓发掘现场回京，就收到了
沈从文的信，请他来住处谈谈。夏天，沈从文写短文《读长沙马王堆一
号汉墓发掘简报》；又应《文物》杂志邀约，写《长沙西汉墓出土漆器
和丝绸衣物》，这是他"文革"以来的第一篇论文，写的时候就隐约感
觉未必会用，因为他这样的人是否能够"露面"，还是个问题；这一期
间他还写了另一篇论文《关于长沙西汉墓出土丝织物问题》。这三篇文
章，都没有发表，也是意料之中的事。

"文革"风暴初起时藏书以七分半一公斤卖掉，现在沈从文又陆陆
续续买回一些，多为文物研究所需要的工具书、资料文献和文物图录，

幸亏有个中国书店内部服务处，还能买到一些旧书。

　　"不升天，不下地，还得好好活在人间，把近廿年所学杂艺，尽可能一一作去。外来的折腾，虽难避免，总不会影响到工作进程的。"（23：162—163）

二、"还有人记得我们啊！"

　　从下放地回来的人渐渐多起来。沈从文的连襟周有光从宁夏回来了，熟人中俞平伯、钱锺书、吴世昌、何其芳等从河南回来了。王忠讲俞平伯在干校的笑话："平伯在乡下一天搓草绳一尺二寸，工夫之细可知。带了大小枕头一箱，计二十八个，还有中空容耳的。开了大家的眼。"（23：50—51）回来之后的工作，多无从做起。周有光译书，本来要他翻译板门店的材料，后来觉得已经过时，就搁下了；倒是冰心等翻译的尼克松的材料，已经内部印行，争相传观，沈从文遇见吴文藻，吴文藻说自己也只得到一部。（23：101）

　　沈从文想念老朋友巴金。他从亲友处打听到，巴金满头白发还在上海郊区种菜。六月十五日他给张兆和的信里说："窦达因来信说，巴金还在乡下。听另外人说，不大像是短期能回去再搞什么。因为上海张、姚、周均是笔杆子，有一位功勋即建立在批巴上，说的不一定是事实，但格格不入大致是能想象得到的。"（23：156）

　　前一天，六月十四日，他一得到陈蕴珍（萧珊）的地址，就写了一封信。信里简述了自己一家八年来的经历和目前的情况，提到了萧乾夫妇、曹禺、卞诗人（之琳）、李健吾等等，还问起王道乾和当年躲在巴金家沙发后面的王道乾那个小女孩，又特意描画了陈蕴珍年轻时代的朋友汪曾祺："曾祺在这里成了名人，头发也开始花白了，上次来已初步见出发福的首长样子，我已不易认识。后来看到腰边帆布挎包，才觉悟不是'首长'。"（23；147—151）

巴金晚年多篇文章说起沈从文的这封信，如《随想录》里的《怀念均正兄》，如《再思录》里的《怀念从文》。《怀念从文》中叙述道，他从奉贤"五七干校"被揪回上海批斗，一位年轻的姑娘来对他说，从文很想知道他是否住在原处。"我只答了一句：我仍住在原处，她就走了。回到干校，过了一些日子，我又遇见她，她说从文把我的地址遗失了，要我写一个交给她转去。我不敢背着工宣队'进行串联'，我怕得很。考虑了好几天，我才把写好的地址交给她。……我并不希望从文来信。但是出乎我的意外，他很快就寄了信来，我回家休假，萧珊已经病倒，得到北京寄来的长信，她拿着五张信纸反复地看，含着眼泪地说：'还有人记得我们啊！'这对她是多大的安慰！"晚年的巴金感念妻子入院前收到的最后一封信，感念老友给妻子最后的日子带来的温暖，同时也为自己缺乏勇气而内疚："他还是像在三十年代那样关心我。可是我没有寄去片纸只字的回答。萧珊患了不治之症。不到两个月便离开人世。我还是审查对象，没有通信自由，甚至不敢去信通知萧珊病逝。"[1]

——事实上，巴金当时或许不知道，重病中的陈蕴珍深为感动，自己给沈从文回了信。沈从文还把信转寄到丹江给张兆和看。回信日期是六月二十八日，现存陈蕴珍书信中最后一封："收到你的信，全家都很兴奋，相传阅读。"陈蕴珍简单地告诉了家里的情况：老巴做"菜农"已经二年，女儿结了婚，儿子去安徽插队落户，还有自己："我生的也不

---

[1] 巴金：《怀念从文》，《沈从文印象》，孙冰编，18页。

知是什么病，四十余天体温有时高至 39°，至今尚未查出病因。……
别的以后再谈。"[1]

三、"令人痛苦"

这一时期沈从文书信中常常出现"令人痛苦"、"忧心忡忡"的词
语，令他痛苦和忧心的，是这个社会满目疮痍、精神茫然失措的现状。
他观察到，"一些有约束力又有鼓舞性的抽象名辞，经过八年的动荡，
已经失去原有作用"（23：165），"一般人在近八年动荡所得教育中，心
情多消沉，对本业无责任感，或多或少都近于用一个沉默等待态度混下
去。知分精神面貌更明显。谁也不明白明天事。一般都灰溜溜的，无所
适从的，尽这么过下去……总的沉默形成的一种空气，是令人深深忧心
的"。（23：286）青少年们不读书不做事，成天在街头打闹，"一个国家有
八年中大中小不上学，情形是惊人的"（23：60）；听说大专院校要招生
了，工农兵保送推荐，"路线正确，常识水平过低"，大学也只能当"补
习班"办，"师生同感痛苦"（23：186）。书店装点橱窗的新书只有章士
钊的《柳文指要》、郭沫若的《李白与杜甫》、精装金印的《红色娘子
军》等；"全国近八亿人，至今无一文学刊物，无一艺术刊物，无一文、
史、哲研究刊物……'无知'与'混'似在受鼓励"。（23：256）

痛心疾首的事多着呢。一九六五年九月沈从文曾致函北京市副市
长王昆仑，建议对周口店附近上方山所藏全部经卷作全面清理和保护，
后来有部分经卷调存故宫。回到北京后，他听一学艺术的说，在六八年

---

1 萧珊：《致沈从文》，《萧珊文存》，上海人民出版社，2009 年，201 页。

左右，他眼见大量到上方山的游人，逛山洞无照明材料，"因而取用庙中收藏那几万件明（或以前）藏经燃火，成堆的焚烧，或好事好玩的随便撕去带走。还有大量在泥潭中。这是我目下知道收藏明刻用锦缎作封面最丰富、最有研究价值及再生产价值的一份材料……至少有两万册……听到这消息，我觉得已无可为力了，简直比烧去我全部作品还更难受"。（23：73）

　　新印旧书四种，《红楼梦》销量最多，"试翻翻，不知编者是怎么个编法，把注解中具体的问题全删了，留下些不痛不痒、而且有错误的不动。编者之无知，即此一事也令人吃惊……本意还拟再为尽义务加些新注，看看，就明白为不必要了。"痛苦不堪的沈从文用想象来安慰自己："将来或买个五十元大字影印本。为将内中所有器物，附注五几百条于书眉，还尽可能提出一系列的实物形象，房子形象，人物应有形象，另印一本书，倒也是生面别开。并且是此后将永远再不会有人来搞的事！我一生的工作，或因'人'的疏远而将失去意义，却只有这个副产品反倒能希望附《红楼梦》而传，但果真如此，传的也绝不是在国内……"（23：129）

　　"处此环境百无可为，只能退回小房，守住桌边，作漫无边际思索……天真易带来不同忧患，或终比世故巧佞带来幸福为自然合理也。"（23：256）

　　小房桌边的工作，虽然有时候能起到"麻醉"痛苦的功效，沉浸到里面，暂时忘记国家的灾难和个人的遭遇，却也常常带来新的痛苦和折磨。服饰资料文稿的压缩，似乎是件容易的事，做"指挥"的当会这么想，哪里能明白身当其冲者的种种困难。"常设想个人一百斤重，我是否改成廿五市斤，还能不能用脑子考虑问题？"（23：85—86）具体的困难在于，因为材料散失，原稿抄引举例处，很多无从审核，得凭着记忆来做；要将引述材料转成通俗语言，费力不易见好，并非所有的东西都能够转成通俗的；因为文字压缩过大，就需要增加附图来补充，附图的来源、绘制，都不容易解决。折腾了一个月，把由商到汉一段，由二万六千字压缩成八千二百字左右，"不免有顾此失彼捉襟见肘感"。（23：132）

百般困难中，有时候沈从文不免会想，"我真正长处，那是搞点服装问题？尽责而已。"但一说到"尽责"，立即就想到，"还有不少责任待尽……"（23：138—139）

北京特种工艺品展八月初在历史博物馆预展，沈从文每天到场，和轻工业部新老主管领导、研究人员、老师傅老艺人、年青设计者广泛交流，陪亲友看展览、做说明。他的博杂和热心有了用武之地，同时也明显感觉到，"我是受欢迎的'打杂人'！"（23：232）事实上，回京几个月，来找他咨询的各地、各方面人员日渐增多，他的小家也就又兼做了"服务站"。这让他感到欣慰，在给妻子的信里说："我想我无条件的为工艺生产作后勤零杂工，是近廿年做对了的。经过廿年考验，我的'古为今用'已在开始取得应有回声。工作还只是开始。"（23：234）

四、改善

八月初，沈从文给沈虎雏的信里提到这么一件事："前不久有中国人美籍专家朋友要看我，我告给了馆中。不让看，怕见到住处不成个样子，为人传出去笑话。"（23：236）这个朋友是数学家钟开莱，西南联大时期和王逊几个年轻人，与沈从文常常随兴谈笑，还两次专门到呈贡乡下看沈从文，他们都对沈从文感情很深。王逊五十年代主持创建了中央美术学院的美术史系，与沈从文住得近，是少数常来沈从文家走动的老友之一；但他不幸，被划成"右派"不说，更于一九六九年受迫害致死。钟开莱回国访问，打了两次电话给博物馆，"追问之下，说这个老头儿不大来的，找不到！我没见到沈先生，真是无限惆怅。"[1]

八月二十四日，张兆和从丹江回到了北京。她已经六十二岁，办了退休。作家协会之前有人来看过沈从文的住处，眼见实在太过狭小，于是在小羊宜宾胡同分给张兆和两小间房，总共十九平方米。虽说距东堂子胡同宿舍约两里，两个老人分开住不方便，但毕竟有了块"飞地"，多了个容身之处。

让沈从文觉得松了一口气的，还有一件大事：沈朝慧的户口得到了解决，给他晚年生活带来乐趣的"小尖鼻"——沈朝慧三岁半活泼好动的女儿，总算可以去掉"黑户口娃娃"的名分了。

革命历史博物馆的领导层五月份调整，杨振亚新任馆长。十一月初，新领导给沈从文在左家庄分配一个两间的单元房，但那里过远，进城要换一次车，到博物馆要换两次车，沈从文还想着参与博物馆的改陈工作，只好放弃。

沈从文致信博物馆领导，说明分配住房不适合。同信提出，发还查抄的信件、书籍等："又前不多久，承馆中将个人研究室中书籍发还，初初约略一查，大都保存，只部分图录失踪。还有从我家中前后八次搜去的大量亲友私人信件，和大量已印未印个人文学作品，尚无下落。若能

1 雷平：《钟开莱教授谈沈从文先生》，《我所认识的沈从文》，荒芜编，长沙：岳麓书社，1986年，259 页。

得领导为查询查询，照政策发还本人，十分感谢。"一说起这事沈从文就心绪难平，他很克制地只讲到第七次抄家时的一个情景：传达处工作的一个人强行拿走一部《十日谈》原插图本，属于善本珍贵书籍，"当时曾一再告他，这是李可染先生书籍，你又不懂外文，不要拿走。"

这封信奏了效，中旬馆里把残存的沈从文已印行的文学书还给了他，第二年又把残存的私人信件和文学手稿还给了他，但是，大量的书籍和信件却已经毁掉了——三年前曾有一个二十几岁的漂亮青年，当面对他说"代为消毒"——这个情景令沈从文长期耿耿于怀。他记得大哥沈云麓为他收藏、解放后带给他的数十年往来信件中，有一大包重约六公斤，抄去后就消失了；其他的散佚损失更无从计数。

这一年，美国出版的柏芝（Cyril Birch）编《中国文学文集·第二卷 从十四世纪至今》（*Anthology of Chinese Literature Vol.2 From the Fourteenth Century to the Present Day*，New York：Grove Press，1972），收入了威廉·L. 麦克唐纳翻译的《从文自传》中的一章《一个大王》。第一本沈从文评传也出现在这一年：在台湾生活时期就偷偷阅读过沈从文作品的聂华苓，在美国用英文撰写了《沈从文评传》，由Twayne 出版社出版。

五、生活中添了些活泼气氛

一九七二年末，沈从文由流感转成肺炎，好在治疗及时，延缠一个多月，终脱困境。

一九七三年二月，老友林葆骆介绍给他一个偏方，每天中、晚各吃二十枚蚕蛹，来降低血压。这个方法出乎意料地见效，到五月，他的血压已经降到 180/80 以下，不仅这个指标多少年未见，长期的头重、心脏隐痛也消失了，糖尿病也得以好转。他晚上工作到十二点，早晨五六点起床即坐到桌边，也不感到疲倦。这真是奇异的事情。

五月七日，服饰资料文稿改完，上交馆领导。此前按照要求进行的压缩，证明行不通；这次完成的改写，文字挤在一九六四年的排印稿上，篇幅约二十四万字。沈从文舒了一口气，"七十岁了还能反复廿卅次改正字句……比过去写的小说总和似乎还有分量"。（23：331）

可是他的过去、他的小说，让人总难忘怀。在美国讲授中国文学的许芥昱来北京，见到了沈从文。许芥昱是西南联大的学生，在宾馆的房间，他听着三十年前的老师滔滔不绝地谈服装、丝绸，总想把话题引到文学上来，可是不怎么成功。许芥昱当时就写了一篇《与沈从文会见记》，几年后被译成中文刊于香港《明报月刊》一九七六年三月号。也许是沈从文对文物的满腔热情，给许芥昱造成错觉，他以为一九四九年后沈从文受到特别保护，他的工作有特殊的便利条件与无数艺术珍品接触，有"无限的研究基金，以及不受政治运动风潮的影响"。不能全怪去国多年的许芥昱不了解实情，沈从文显示出来的，是他过得还不错。许芥昱不会明白，即便这样的师生会面，在"文革"中也是被当成"外事活动"的，这还是沈从文"文革"以来的第一次"外事活动"，能被允许已经是幸运了。"我是你的学生，应该到府上拜候……我希望看看老师的日常生活情形"，但沈从文不理会他的要求，没有告诉他住址。"是不是因为他为了参考材料的方便，而他所处理的东西太珍贵了，所以不想在家里接待宾客？"——显然许芥昱不明白那时候中国"外事"的规矩。但这篇会见记所描述的沈从文对文物研究的沉浸与兴奋，却是鲜明而动人的："他笑了起来，比我以往所习惯的敏感、端凝、而且带点

闪烁的浅笑，就更见其开朗和坦诚了"；谈起文物，"就像一个刚蒙上
帝恩宠的虔诚教徒一样，沈从文，这个曾经显赫一时的短篇小说及长篇
小说作家，脸上充满喜悦的光芒。"[1]

　　从六月起，沈从文每星期一、三、五去馆里看通史陈列，一柜一柜
地排着看，写各段改陈意见供有关人员参考，前后约看了四个月。《沈
从文全集》第二十八卷选入了一九七三年所写的内容完整的四篇改陈
材料。张兆和早几个月前就开始每周去上三个半天的班，因为《人民文
学》可能复刊，她很高兴去帮点忙。

　　沈家四月添了人口，沈龙朱和马永昕生了个小女孩，起名沈帆。马
永昕是电力系统火电站建设的技术员，长年在工地工作，春节前她从苏
北清江来京待产，和沈龙朱住在小羊宜宾胡同，孩子生下两个多月后又
赶回清江上班。七月沈虎雏、张之佩从自贡回来探亲，沈红也从江苏昆
山姥姥家回到了北京，沈从文、张兆和盼望已久的一家三代终于相聚，
生活中添了些活泼气氛。

　　家里一下热闹起来，住处的窘迫也更突出了，沈从文向同事陈大章
发牢骚说："东堂子一间房子里，有两个人摊地铺过夜，我爱人住羊宜
宾，大孩子在那边，也必须睡在一张小小写字桌上，我请求馆中让我在
原研究室住住，不回答；请求在美工室睡睡板凳，也不许可；再请求写
个介绍信给附近旅馆住一月，好便于为馆中改陈提意见，也不加理会。"
（23；386）秋天，沈虎雏夫妇回川，沈红留在北京上学，张兆和就带着两
个孙女住在小羊宜宾，还有一个为婴儿请的保姆也一同住，沈龙朱晚上

1　许芥昱：《与沈从文会见记》，《沈从文评说八十年》，王珞编，北京：中国华侨出版社，2004
　年，127页，128页。

得回来照顾孩子，也就只能铺一个板子睡。沈从文一个人住东堂子，每天来小羊宜宾看看两个孙女，吃一顿饭，吃完提溜着一个小兜，里面装着另外两顿饭，回东堂子工作。

九月末，查良铮——西南联大时期相识的学生诗人穆旦——托人捎给沈从文一本书，他打开看，是《从文小说习作选》，三十七年前良友图书公司出版的旧作。

六、着急

沈从文一个人住，少了拘束，作息就没有一定之规。工作到半夜在他来说是习惯，但有时竟整夜不睡。几家相处得很好的邻居大妈，看他屋子里总是亮着灯，不免担心忽然出事故，每天早晨过来轻轻敲敲门，听到回答声才放心。他废寝忘食地做事，还总是觉得做不完，来不及。

如果换一个角度，譬如说换成一个旁观者来看沈从文忙乎的那些事，说他是瞎操心，干着急，也不是没有可能。至少，是没有人要他非得做这些事不可的。从秋天到年底，有这么几件事不仅让他花费精力，而且大为影响心情。

他给同事陈大章写了一封信，长达七千字，谈的是什么呢？主要是：一、他为美工组一个姓张的女同志拟定了一个两三年的具体计划，学习丝织，他可以协助她完成；二、他列出十四项专题，从"金银错工艺的种种"到"瓷器加工艺术的种种"，馆里如有几个人愿意学习，他提供材料，协助完成。

他总觉得这些工作注意的人太少，他摸索了这么多年形成的积累，不传下去对国家是极大浪费，而他还能帮助年轻人上手的时间，所剩不多了。但这不过是一厢情愿而已。

秋冬之际，他为安徽马鞍山市筹建李白纪念馆和李白塑像草拟设计方案和参考资料，不厌其详，曾在一封信中附寄四个陈列室的方案，计有二十八页。沈从文的这些设计材料得以保存，在《沈从文全集》第二十八卷中，可以看到"太白楼陈列设计"的七篇文件，除了四个陈列室的具体方案，还有《李诗中所见相关形象材料》、《历代绘画和李诗有关材料》、《附陈材料》。

这不过是沈从文热衷社会服务的一个例子。他在给安徽方面联系人的信中说："今年已七十二岁，一切常识目下似乎还无一个接手人。到处都感到需要这些常识，我所有的却总使用不上去。就在这种情况下，有机会能来协助协助你们，尽尽义务。所以说'感谢'的应当是我。"（23；393）——这绝不是客套。作为对比，沈从文在馆里为工作常常碰壁，为社会义务服务，倒是要愉快不少。以前他在午门楼上做说明员，默默"感谢"那些愿意听他讲解的观众，心情是同样的。

红学家、文学研究所的吴世昌应约在《文物》第九期上发表《从马王堆汉墓出土的"羽毛贴花绢"到〈红楼梦〉中的"雀金裘"》，沈从文读后情绪激动得略有失控，十一月致信吴世昌，提出不同意见。撇开两人在具体问题上的分歧不论，文史研究的观念上的差异由此显露充分：沈从文从五十年代以来一直强调文献文物互证，文献、图像、实物三结合。他批评余冠英的乐府诗注解，博学多闻，但只是引书注书，像一桶水倒来倒去；对吴世昌，他的话可谓严厉："你一种形象、一件实物都不接触，怎么能碰得着问题？"（23；436）

吴世昌复信说到一点，新出土文物数量庞大，要个人善于用它和文献结合，实际上是不大可能的；另外，从书本上抄来的注解，也有价值，不可偏废。"你在十五年前向其芳建议的办法未能实现，我想其原因即在于此。""我眼力衰退，你的信用秃笔写章草、蝇头小字，两面渗映，因读时费力，常在努力认读后面时，已把前面忘了，因此读了几遍，以后有空想重抄一份，以便易于认读。"[1]

沈从文曾经向文学所所长何其芳提出，文学所选派几个年青人来学学文物，以文物和文献结合的方法，一起协作尝试几个专题，改变古典文学研究只重文献的习惯。十多年过去了，因吴世昌的文章，沈从文再次致函何其芳，旧话重提。信长超过一万字，"胡胡涂涂竟写了一个整夜，天已明亮，""盼望你能在不增加体力负担下慢慢看完它，这大致是我近年写的较长而杂乱无章的信，你一定能透过这种杂乱，而明白理解我这个信中的主要意思。我等于在一种'孤军作战'的意义下，十分困难的攻下了若干大小关"。(23:462,464)

十一月下旬，沈从文的行政关系才由丹江转回博物馆，相应的户口和供应关系转回北京。副馆长陈乔和他谈话，关于今后的工作，说是要慢慢研究。沈从文早就迫切地希望展开工作，慢慢研究这样的说辞令他十分恼火。二十日他给正副馆长杨振亚、陈乔写了一封信，希望把服饰资料按照最初打算，分段编写出十册左右的图录。同时，他又列出从家具发展史、丝绸应用发展史到饮食用具发展史等十五个专题。"盼两位领导能实事求是，让我来为国家赶赶工作吧。"(23:427)

服饰资料文稿上交馆领导之后过了七个月，还没有任何回复，沈从文再也等不下去了，十二月七日，他给杨振亚写信，要求退还，因为改写稿只有这么一份。"你若精神还好，且觉得我说的不是胡话，还有

1　吴世昌：《复沈从文》(19731206)，《沈从文全集》第23卷，449页。

可取处，约个时间，来谈个一二小时，让你明白些你应当明白的种种问题吧（至今还不明白，我死后永远也不会明白）。如觉得不必要，就只请把我上次送陈的那份稿件还给我，我好争争时间重抄一次，也总算是把这一份工作初步告一段落。……年岁也快到'大块息我以死'的前夕，……我没有机会把学习所有的心得，成为后来人的'垫脚石'，……十分努力取得的据点，无人接手，无可奈何，一切只有交付于天！"（23：480）

这一年，他留下两篇未完稿：《中国丝绸发展点滴新知识》、《中国对于蚕的驯服和丝织物加工技术的进展》。

第十四章

以"忘我"来恢复人的"潜伏能力"

一、"小处"和"大处"

一九七四年一月，博物馆初步确定三四个人为沈从文的业务接手人，分别学服装、绸缎、家具、图案等。沈从文多次请求安排绘图的助手，但当时"批林批孔"的运动正在全国展开，馆里工作重点是改陈，没有能力帮助他。沈从文对"批孔"何以跟"批林"有关，深感困惑。

孙女沈红读了半年书，街区文教组却告知不能继续留在北京上学，因为她的父母在四川。一月中旬沈从文写信告诉儿子，"妈妈不会办交涉，我更不会，大家一打官腔，我们即无话可说"。（24；8）小女孩在院子里玩，用粉笔在地下写："我要读书！"两个老人看了十分不安，相伴去街区文教组商量借读，在门口长椅上等了两个小时才被接见，回答是不行。

这期间两个老人之间闹起了矛盾。沈从文工作起来就陷入其中不能自已，生活乱了套，不是忘了吃饭就是忘了睡觉，洗漱之类的细节更是顾不上；更麻烦的是他不断接待来自各界、各地的来访者，常常是不相识的人，热情地为他们提供"古为今用"的服务。碰到这种时候，如果张兆和在东堂子，就连个转身的地方都没有，只能去屋檐下搭的简易厨房中躲避。张兆和倒不是受不了这种委屈——委屈自然也有，更主要的是担心沈从文这样没有止境的热心揽事，反倒可能会招惹是非和祸害；还担心他没日没夜地工作，身体会垮下来。

二月沈从文写了封万言长信，向妻子解释、沟通，他叙述二十五年来自己的努力，说来说去，还是说自己这样做有道理，甚至于，只有这样做才合理。信的开头，他写道：

小妈妈：

万望不要生我的气！从年龄说，我们都已进入真正老境，尽管彼此精神情绪以至于工作能力，都还十分健康，要好还来不及，那宜于为一些小处而难受生气！你的话，不是不对，是"语重心长"，值得铭刻于心上。可是主要还是近于怕事、自保，求在社会大变动中，不受意外冲击而言。(24；48)

他说张兆和计较的是"小处"，出于"怕事"、"自保"的心理；他自己却以为，"能这么把全部生命，放到工作上去"，是在社会的巨大变动中好不容易得到的"那么好的机会"，这才是"大处"："你怎么不这么来认识我们共同生活得到你的鼓舞方面的大处好处，却总还停顿到极其一般生活要求上，小至于忘了洗脸、理发，也居然会生气不快乐？忘了吃顿饭，又算什么？……如今正是趁体力好赶工作时，不鼓励我，也至少得原谅我是在为国家工作。别人不明白我的学习方法和进展，无所谓，你亲眼见到我的学习过程，和部分显著得来不易的成果，不争时间写出来，难道还让它连同本身一同付之一炬还合理？"（24：56—57）

至于想在社会动乱中"免过自全"，沈从文想得非常清楚："据我这廿多年的经验体会，若我是社会前进的阻碍，预定中是被冲被刷的，即长年锁上门睡大觉，到头还是会来个一招，不可免避，也就正是文件中一再提到的'不以个人意志为转移'。……因怕出麻烦而后退，行不行？……我目前大致还是得不怕麻烦，不过分为个人不利而担心。……明知学懂了的，对目前和明天国家及本馆都有利，考虑不到个人，因而终于出了事故，以至遭到不幸，家中也就看开点好。"（24：58—60）

沈从文向张兆和说明，他"近于自我牺牲"的工作，是抱了"三个希望或目的"：一是提高年青人，把自己积学所得传给他们；二是劝诱老朋友，放下老一套治文史方法，用文物和文献对照来搞学问（事实上这两个方面都不怎么被接受）；倒是第三个方面，花花朵朵、坛坛罐罐的知识，应用于生产等当前实践，得到了来自各方的呼应，这也就是他家里来咨询、求教的客人不断的原因。"要完成这三种合理愿心，"沈从文在信的最后说，"比三月不理发重要得多！"（24：61—62）

二、南方之旅

事实上张兆和的担心出自常理常情。沈从文言之凿凿说体力如何好，可是三月初就因工作过度，造成血压回升，继而左眼黄斑出血。接下来就得不断地跑医院，有一段时间每天去建国门医院注射维生素 C

和葡萄糖，路近，还比较方便。去协和眼科诊治比较麻烦，通常是五点即去挂号排队，每次得半天。左眼不能用，他就凭一只右眼来工作。四月中旬的一封信里，他说到现状："目前说休息，已近于'亡羊补牢'，能不发展到右目，即真正十分幸运也。二月疗程，近经重检查，并无好转迹象。但弟由适应现实需要，用'独眼龙'方式来赶抄待完成工作，已能稍稍适应。写字已能归行，便是一例。大有可能此后一切待完工作，均将用只眼来处理矣。今年已七十近三，一身报废已不为奇，何况还有一目可用。"（24；84）

张兆和四月九日带沈红去苏州，将在南方住一段时间。沈从文不时写信，除了告诉妻子自己每天上午收拾房间、拖地、抹灰，让妻子放心不会整天伏案之外，还说说人事和社会。他去给金岳霖送降血压的蚕蛹，碰到梁思成、林徽因的儿子梁从诫，其时还下放在外交部江西干校，感慨"从诫竟和金隄一样，成了专业木匠，也很有趣"。（24；79）至于社会的一般情形，他观察到的是普遍的"世故"之风蔓延，因而深怀杞忧。"批孔"是他此前此后常提起的事，给妻子的信里更为放言无忌，用语严厉："有不少知分在'独出心裁'的写批孔文章，都近于采用新的儒术作为基本功，巧佞取悦于上。文章受赞许，反映的便是旧儒术在新社会中还大有市场。"（24；97—98）几个月前他曾致信北大教授吕德申，请他找一些包括冯友兰的文章在内的"批孔"材料来看看。一九七三年冯友兰在《北京大学学报》第四期上发表了《对于孔子的批判和对于我过去的尊孔思想的自我批判》、《复古与反复古两条路线的斗争》两文，一九七五年由人民出版社出版了《论孔丘》一书。沈从文一九七五年作旧诗《高知赞》、《圣人赞》，对"知分"——知识分子、"高知"——高级知识分子——的堕落所代表的社会一般风气，痛心讽刺之外，更表达了深重的忧虑。

　　家里人都知道，沈从文一个人住，不可能做到医生嘱咐的"不看书不看报"，都催促他真正离开书桌休息一段；而眼病一直不见好，又犯了动不动流鼻血的老毛病，也促使沈从文向馆里请假，去南方休养和治疗。一九七四年五月十四日，他离开北京，前往苏州与张兆和会合。

　　在苏州一个多月，多年未见的亲友团聚，拉着沈从文看山石，看园子，住处空地一片翠绿，触目清爽。"一月里真正作到了未和书本接触，因此眼睛似乎也有了较大好转，不再出现黑影晃动。但左边视力仍在大衰退中，亦不甚得用。"（24：125）

　　六月二十三日，沈从文专程去上海看望窦祖麟、程应镠、巴金等朋友，先后住在窦家和程家。巴金在《怀念从文》里记下了两位老友相见的情境："一九七四年他来上海，一个下午到我家探望，我女儿进医院待产，儿子在安徽农村插队落户，家中冷冷清清，我们把藤椅搬到走廊上，没有拘束，谈得很畅快。我也忘了自己的'结论'已经下来：一个不戴帽子的反革命。"[1]沈从文一九七五年致黄裳信中，描述更为丰富细致：

　　　　去武康路时，仍在十余年前同一廊下大花园前喝喝茶，忆及前一回喝茶时，陈蕴珍还在廊下用喷水壶照料花草，叙及抗战初，到昆明升学，一时得不到住处，由我为安置到编书办公室楼上一角空处，四个还保留中学生风格的刚成年女孩，大喉咙十分

1　巴金：《怀念从文》，《沈从文印象》，孙冰编，18页。

响亮，摊地铺吵吵嚷嚷，充满青春欢忻。后屋住有刺孙传芳之施剑翘，十分高兴为叙经过种种。傅雷则住前屋，时正生孩子傅聪。每天均可听到放悲多芬肖邦唱片。旧事成尘，不意转眼即廿卅年，……还记得曾为蕴珍绘一浇花速写，十分传神，寄还北京给家中人传观，大小都以为形象逼真。

　　这次到彼家中作客，则女主人已去世，彼此都相对白头，巴小姐正住医院待产，传来电话，得一女孩，……廊下似亦多久不接待客人，地面和几张旧藤椅，多灰扑扑的，歪歪乱乱搁在廊下，茶几也失了踪。我们就依旧坐下来谈谈十年种种。百叶窗则如十九世纪法国小说常描写到的情形，因女主人故去，下垂已多日，园中一角，往年陈蕴珍说起的上百种来自各地的花树，似只有墙角木槿和红薇，正在开放。大片草地看来也经月不曾剪过。印象重叠，弟不免惘然许久，因为死者长已，生者亦若已失去存在本意，虽依旧谈笑风生，事实上心中所受伤害，已无可弥补。

（24；314—315）

　　七月一日，沈从文和窦祖麟一家由上海到黄山，与从南京到黄山的张允和、张兆和、张寰和姐弟以及沈龙朱、沈红等会合，老老少少一共十五个人，第二天开始登山。这个亲友团热热闹闹地在黄山上度过了几天，沈从文愉快、兴奋，而且从此以后他多了一条自夸身体好的证据：他是其中年龄最大的，爬山不但不拖后腿，还轻松胜任。

　　下了黄山，又到南京，在张兆和四弟、植物学家张宇和家住了几天。张家十姐弟，二姐、三姐、四弟、五弟，四家亲人难得有了一次团聚。七月十四日，沈从文、张兆和带着沈红回到北京。

三、有忙不完的事是"幸运"

沈从文八月份两次检查眼睛，左眼黄斑出血未能吸收，视力快速衰退，同时两眼都有轻微白内障。"目下晚上非看书不能睡，只能闭左眼开右眼，如永玉所画的猫头鹰情形，幸好听说是他那个画已送上宣告无事，不然，我这看书法，有一天也将会被告发，又将说是在有意讽刺什么，那就证据确凿，不易分辩。多少人什么都不认真学，却最会用猜谜语方法陷人于罪！"（24：155）一九七三年，黄永玉应朋友之请，随手在一本私人的册页上画了一只猫头鹰，不料成为一九七四年轰动一时的"黑画事件"中被重点批判的作品：他画的猫头鹰睁一只眼闭一只眼，被解释成"含沙射影"的"毒草"。

因为预感眼睛问题可能会发展得越来越严重，沈从文就更迫切地希望，能在右眼还可用的情况下，把服饰资料说明文稿重抄一份，为此他再次请求馆里退还文稿。"目下全国只剩下这一份有关服装的改正稿，一损失，即再也写不出了。"（24：155）博物馆此前向文物局请示过服饰资料文稿处理意见，局里忙于运动，一直没有答复；馆长为不影响沈从文工作，八月下旬将文稿退还，同时告知，馆里实在抽不出人来帮助他。拿回文稿后，沈从文又忙起来，一面誊清，一面继续修改、补充，为增加附图，他请王𬀩帮助把所需的形象资料照相放大，又从荣宝斋、工艺美院等单位寻求摹绘图像的解决办法。

又一个新学期即将开始，为沈红入学借读的事，两个老人奔走交涉，还是无果。去老熟人萧离家相托，路上换车，沈从文摔了一跤；不过总算由萧离帮忙，解决了这个发愁的问题。

沈从文又恢复了晚上十二点才睡、早晨五点多即起的习惯，书桌上可用的面积约一尺六寸见方，能工作他即觉"知足"——"知足不辱"。和大多相熟的人多年来在不知所措中彷徨度过相比，他自己有忙不完的事反倒是"幸运"；而且，这么工作，还是一种"维持健康的新而十分特别的办法"。他写信给患心脏病的老友徐盈，"推广"他的方法："我还从个人对付疾病的经验出发"，把注意力集中到研究上，效果比药物显著而持久。(24：193—194)他跟儿子说："从我学习经验得来的结论，人必然还有极大的潜力（工作能量，记忆力能量，会通理解）可逐渐发掘出来，在短短数年中，完成过去人意想不到的工作量，而且还达到新的深度。"(24：205)——这绝非自我安慰或自欺欺人，而是一个老年仍然保持创造的"热情"和"幻念"的生命的真切体会。

从北大的朋友那里听说，"现代文学"只教鲁迅的几个作品，主席的诗，八个样板戏，最近又加了郭沫若。诸如此类的事，经历了那么多动荡之后，再也不会大惊小怪："听来虽像是一种'新闻'，其实是古已有之，不足为奇，而且十分自然的。"(24：189)沈从文倒真有点儿庆幸二十五年来和花花朵朵、坛坛罐罐打交道为有实际意义的事。但也就在他埋头杂文物的各种专题研究的空隙，十月下旬，他又试探文学创作，写出《新稿之一》。他早就没有了发表的念头，手稿后面写了这么几句话："略近奇迹，因为是廿五年后，重新开始作的一些回忆的贯串。得用四分之一的时间写下去，维持三两年，或者能给孩子们留下一点纪念。"(27：578—579)

这一年，美国 *TriQuarterly* 第三十一期刊出威廉·L.麦克唐纳翻译的短篇《静》。

四、伤害

一九七五年一月末,中国人民大学教授杨纤如介绍王亚蓉来沈从文家寻求图像资料,两人相熟后,沈从文请她为《中国古代服饰资料》绘图。沈从文想把王亚蓉调到身边工作,博物馆决定录用、正式上班前,"原历博保管部主任李石英先生跟我谈话告知:'同意你调到博物馆,但是不能跟沈先生一起工作,你工笔画得不错,以后就在馆里摹古画吧!'我选择了拒绝,我不能让老人寒心。"但原来的单位已经停薪停职,"有半年时间沈先生每月个人资助我二十元钱,帮我解决生活问题。实不得已,沈先生请王予先生帮我调进了中国社科院考古研究所";"我和王予每天下班后都准点到达东堂子胡同沈家那间小屋,从事第二职业一样。《古代服饰研究》中先生指导我画的三四百幅小图,就多完成在这时期。"[1]

二月的一天,沈从文在馆里看到范曾正在画历史人物画,按照老习惯,他指出画中有不合历史常识的地方,不料遭到范曾当面喝斥奚落。王亚蓉记得,"先生气得面红耳赤,我搀扶他的手觉得他在发抖"。[2] 黄能馥、陈娟娟夫妇回忆,沈从文走了一小时的路到他们家,气得眼睛红红的,说:"一辈子没讲过别人的坏话,我今天不讲,会憋死的。"[3] 深受伤害的沈从文两天后给范曾写了一封信,摘引如下:

> 前天,因事到馆中,偶然相遇……作历史画,一个参加过服

1　王亚蓉:《先生带我走进充实难忘的人生》,《沈从文晚年口述》,王亚蓉编,195—196页。
2　王亚蓉:《先生带我走进充实难忘的人生》,《沈从文晚年口述》,王亚蓉编,197页。
3　陈徒手:《午城门下的沈从文》,《人有病　天知否》,34页。

装史的骨干画家，常识性的错误，提一提，下次注注意，免得闹笑话，有什么使你生气理由？……若这是使你天才受约束不易发挥，回想回想你当时来馆工作时，经过些什么周折，一再找我帮忙，说的是些什么话，难道全忘了吗？你可以那么自解说，这是一种手段，重在能留下，利用我一下，免得照学校打算，下放锻炼几年，去掉不必要的骄傲狂妄。……经过十多年同事看来，学校当时判断是完全正确的，错的倒是你的老师刘先生，一再向我推荐，保证你到我身边不仅业务上能得到应有的提高，以至于在工作态度、学习态度、做人态度上也有帮助。……对别人那么好，对你却会到前天情形，很值得您认真想想，来博物馆时候经过种种，以及文化大革命时，由于你只图自保，不负责任的胡说，损害我一家人到什么程度。现在照你昨天意思，以为我"垮了"，在馆中已无任何说话权，甚至于是主要被你的小手法弄垮，而你却已得到成功，满可以用个极轻蔑态度对待我。即或是事实，也太滑稽了。你那么善忘，容易自满，蛮得意开心，可忘了不到半月前，在永玉处说些什么？我既然早就垮了，无可利用处了，你要我写字干嘛？是对我还怀了好意，还是想再利用作为工具？还是对永玉明天也会照对待我那么来一手？范曾老兄，你实在太只知有己，骄傲到了惊人地步，对你很不好。从私说，我对你无所谓失望或生气，因为我活了七十多岁，到社会过独立生活已快六十年，见事见人太多了。什么下流、愚蠢、坏人都接触过，同时好的也同样接触过，受的人事教育太多了……所谓垮，至少已是廿五年前事情，你不明白处，不妨问问刘先生，表面说，垮得够惨！……（24；271—274）

　　沈从文一生中大概没有写过同样严厉的信。多年之后，一九七七年，他在给汪曾祺的一封信中旧事重提："我们馆中有位'大画家'……画法家商鞅的形象，竟带一把亮亮的刀，别在腰带间上殿议事。善意告他'不成，秦代不会有这种刀，更不会用这种装扮上朝议政事。'这位大画家真是'恼羞成怒'，竟指着我额部说：'你过了时，早没有发言权了，这事我负责！'大致因为是'文化革命'时，曾胡说我'家中是什么裴多斐俱乐部'，有客人来，即由我女孩相陪跳舞，奏黄色唱片。害得我所有工具书和工作资料全部毁去。心中过意不去，索性来个'一不做，二不休'，扮一回现代有典型性的'中山狼'传奇，还以为早已踏着我的肩背上了天，料不到我一生看过了多少蠢人作的自以为聪敏的蠢事，那会把这种小人的小坑意儿留在记忆中难受……"（25；35—36）

五、以"忘我"来恢复人的"潜伏能力"

　　一九七五年初，黄永玉鼓动沈从文写字，他当然为表叔的书法折服，除此之外，更有一个用意，就是让写字来调剂老人的工作和身心，以书法作为一种休息手段。黄永玉作木兰花长卷大卷轴，沈从文题长诗《白玉兰花引》；诗是一九六二年在青岛时写的，略有增删后题画。

　　沈从文将书法作品分赠友好，其中有些还是偿还二三十年前允诺的"旧债"。他"藏拙息手"已经二十五六年，如今"复出"，消息不胫而走，求字的人越来越多。以本年来说，初为香港熟人"破戒"，也有意借此澄清海外流播已久的沈从文在折磨中死去的传闻；而此"戒"一破，就有一发不可收之势：给黄裳写字，是兑现旧诺；陈从周通过俞平

伯转来花笺，令沈从文回想起与他有亲戚关系的徐志摩和他古建筑的同
行梁思成、林徽因；沈从文跟陈从周说自己写字，"正如同平伯先生唱
昆曲，合拍而无腔，可是他究竟还有个底子，我却一切俱无"。（24：345）
同住京城的求字者自然更多，譬如西南联大的老同事吴晓玲，譬如臧克
家、荒芜；曹辛之（杭约赫）亲手装裱了一个小条幅，被沈从文见到，
就"扣押"下来，因为这是个"报废件"，为"赎回"，他奉上新作，并
允诺日后再写。

　　沈从文写字，不但不求"风雅"，倒更有意打破"风雅人"习惯。
纸、笔、墨，概不讲究，因陋就简：七八分钱的毛笔；三五分钱的高丽
纸；墨水沉淀了加点水，没有光彩，"死墨"，别人怕他不怕。他说，他
拿笔即和拿筷子不分，字脱不出六十年前在军中习得的"司书生"体，
俗气逼人；他还说，死去的鲁迅，活着的郭沫若，是书法上的"双绝"，
他在新社会，既不冒充是"作家"，更不冒充"懂书法"。通常纸不留空
白，填满为度；"还故意在末后附加些按语注解，标明价值，总不过一毛
以上。使人不好意思付之装裱，也不便公开悬挂，自己倒还是在涂涂抹
抹中自得其乐"。（24：497）

　　因为王亚蓉等两个人辅助绘图，沈从文的研究意想不到地进展顺
利。与此同时，他在体力和精神上，有了一种非同一般的体验——"返
老还童"的"奇迹"："即以吃饭而言，就不大知道饿，也不知饱。一天
经常只睡二三小时，日夜作事，不知什么叫疲倦，也不吃什么药，头从
不再感沉重。心也不痛了。走路如飞。心情简直和四十多年前差不多。"
他很认真地思考了这种"奇迹"的出现，三月初给次子写信谈道："从
生物学和人类学来看，人这一万年以来，大致只充分发展了人对付人的
机能，把对付自然的嗅觉、听觉和不能理解的一些鸟兽虫鱼的敏感慢慢

的全失去了。或许还可以用种什么意外方法，使一部分潜伏在人本能以内的长处恢复过来。因为这么空想，寻觅，并且用自己过去搞学习的经验，肯定自己若能抛去一部分人所共通的束缚，或许待解放的能力，当真会恢复得比人都更多一些。"（24：277）四月下旬，他给沈虎雏的信里再次谈论这个问题：吃蚕蛹对自己精力好转作用明显，可是吃蚕蛹的人不少，有见好有不见好；从黄山回来之后，他已经不吃蚕蛹，也不吃药，只补充维生素 C，"更主要原因，可能还是我自己感觉到人的衰退，也许和习惯多少有点关系，我于是另看了一些旧书，总觉得人在近万年内，大致因为群的生活，一切聪明才智多使用在对付人的得失竞争上，用心顾此必失彼，所以把原始人的嗅觉、视觉、听觉，甚至于综合分析能力全失去了，理解到这方面时，将可设法恢复已失去的一切。因此试从一般人事得失上学习忘我，居然在意想以外把似乎早已失去多少年的某种潜伏能力慢慢恢复过来了，特别是脑子里的记忆力和分析力，简直是近于奇迹！试搞了个廿多大小不一的文物专题，有的只四五天就搞出来了"。（24：301）

此前他说过多次，人有极大的潜力可以发掘；现在他从人类的进化 / 退化来反思，从个人的退出——从人事纷争的发展习惯上退出——来实践，以"忘我"来恢复"潜伏能力"，听起来似乎无比迂阔，事实上在他个人却是生命更上一层的亲证和体验。

过去他还把"忘我"的工作当作"麻醉"痛苦、抵抗烦恼的方式，现在，"忘我"激活了生命内在的能量，他在自觉的意义上体会到了生命深层的愉悦。倘若我们不能理解沈从文这种无法从社会人事层面来言说的愉悦的生命体会，就只能把他"忘我"的工作看成是完全消耗性的、受虐式的持续行为；其实，工作和生命是互相支撑着往前行，互相激发着往上走。

　　沈从文的这种自觉，也不妨看作是一个老年生命的"再成长"和"新发现"。他在秋天致陈从周的信里说，"大致是学懂了'忘我'二字的好处"（24；343）——"忘我"通向了生命"上出"的又一个进境。

六、旧人旧事新识

　　数学家、斯坦福大学教授钟开莱一九七二年回国时，想见沈从文，未能如愿；一九七五年他再次回国访问，事先给程应镠写信联络，程应镠告知了沈从文这个信息。九月，沈从文先后给博物馆领导和接待钟开莱的中国科学院数学所外事工作的负责人写信，获准会见。钟开莱还在杭州旅行时，出乎意料地收到沈从文的信，"沈先生的信，我看了好多遍。他说他现在改了行，在搞考古，工作很有兴趣，且在拼命地干。当时我很纳罕，后来知道，沈先生是在跟时间赛跑！……后来到了北京，我要去拜访他，他很抱歉，房子太小，不能够接待。……他们夫妻俩曾到旅馆来看我两次，我们见面后真是高兴极了。沈先生给我的第一个印象是非常健康，精神更好，面孔很红润，不像我们在大西南时那样面色苍白；而且十分开朗，讲话声音也响些，总是讲他身体很好。沈先生还跟我吹牛，说他们十几个人曾到黄山去玩，他一马当先，第一个登上黄山之巅。我们一起喝了点酒，沈先生有心脏病，但他还是喝了。……沈先生后来还拉我到荣宝斋去看画，他对画是很懂的。他还送我许多字，考古资料的副本等等。"[1]沈从文送给老友一些文物图录，其中有一本是

---

[1]　雷平：《钟开莱教授谈沈从文先生》，《我所认识的沈从文》，荒芜编，249—250 页。

他编选、一九五五年出版的《中国古代漆器图案选》。

十月，老作家许杰从上海来访。一九四四年，许杰发表《上官碧的〈看虹录〉》和《沈从文的〈摘星录〉》，斥责这两篇小说是"色情文学"，两文都收入他一九四五年在浙江永安立达书店印行的《现代小说过眼录》中。沈从文热情相待，留饭闲谈，毫无芥蒂。反倒是许杰，看到沈从文沉浸于杂文物研究，仿佛忘记了文学事业，心里大为感慨。回到上海后，许杰来信，谈到沈从文放弃创作，可能和自己当年的批判文章有关，为此深感歉疚。沈从文很久才回复，"主要是你提的小事，从未在我心上留有痕迹。你一再提及，倒反而恰恰成为我不好回信、不知如何措词，成为迟迟不易作复原因！希望得到这个信后，万千不要再把这类小事放在心上！"（24：379）

在复许杰的信里，沈从文坦然解释了他被认为是"色情文学"的作品。多少年来，他没有辩驳的机会；直到二十一世纪的今天，这样的作品仍然处于争议中。谈到《看虹录》、《摘星录》，这个七十多岁的老人一点儿也没有躲躲闪闪，他甚至根本就不愿委屈自己在辩解的位置上来说话，许杰也许压根就想象不到，沈从文会告诉说，《摘星录》中的人，他最近还在题白玉兰花图卷中重复加以叙述！"一切青春的生命形成的音迹，在人间已消失无余，在我个人印象中却永远鲜明活泼，也使我永远不觉得老去！"（24：372）

沈从文回顾自己受批评的历史：先是"多产作家"升级为"恋爱作家"，加深一层贬义；"到郭院长时，就再升级，定为'粉红色作家'矣。""事实上我倒应当承受'恋爱作家'的称呼，可不够'粉红色作家''美'名。"他说自己的很多作品都涉及男女关系的主题，但同一主题处理方法不同，大致可以分成三种类型：一是《柏子》、《萧萧》、

《丈夫》等，写得即或粗野，却充满好意和严肃，不怀丝毫嘲谑感；二是《八骏图》等写社会中上层的，捎带一点嘲笑褒贬，近于漫画；"这两大类以外，还似乎有第三类，即纯粹当成'艺术品'抒情诗而作的，有不少篇章。如老兄所批评的'二录'，一般读者多只觉得'还新奇'，而不大看得懂是试验用抒情诗，水彩画，交响乐，三者不同成型法，揉成一个作品的。一般批评是触不到作者意识核心的。'赞美'和'谴责'都隔一层。因为缺少'欣赏'基础，又不明白作者本来意图，只用世俗作文章的'道德习惯'或'政治要求'去判断，和作品'隔'一层是不可免的。因之骂得再狠，也从来不加分辩，解释"。（24；372，378）他问许杰是否还保存着自己的这两个作品，如有，他想抄一份留下来。

　　钟开莱在北京时曾告诉沈从文，美国出版了聂华苓的《沈从文评传》，有大学开设沈从文作品讲座；松枝茂夫来信，告诉他的作品译本日本读者不少，他还将翻译《湘行散记》。"这些来自遥远万千里的招呼"（24；362），都包含着对他不再创作的惋惜之情。可是沈从文并没有呼应这种惋惜，他在一九七五年冬天复钟开莱的信里说："其实国内过去乱骂过我，现在还活着的一些同行、同道或现代文学教授、批评家，也有不少成了好友，而感觉我不写新短篇为憾事。少数人也许还以为我仍固执的闹别扭，都只能用微笑和沉默作为答复。整个社会在进展中，变化之大，任何聪明人也难适应。我至今还活得上好……活得格外健康而自由！若还放不下'过去一切'，忘不了'个人小小得失'，或在五三年即照鼓励'归队'，或照五八年在二百同行鼓掌欢迎下，去接老舍'北京市作协主席'的虚位，现在恐就无机会来用菜豆大小字，向远在海外的老友谈闲天抒情了。"（24；354）

七、渐行渐远

　　一九七六年一月八日，周恩来逝世。沈从文参加了遗体告别仪式，痛感服饰研究工作的支柱已经失去，一直在他构想中的十部书，"也许把第一本誊清上交外，其他定下的十分之九全不可能继续作去了"。（24；408）心脏隐痛的旧病一度重现，更加重了他的紧迫感。经两位朋友帮助，《中国古代服饰资料》修正稿全部抄好，他开始校改抄稿。

　　沈从文在东堂子胡同住处排了个时间表，为少数教师、编辑、文物考古工作者等，讲解不同侧重的专题或系统基础知识，如周五晚上为中央民族学院教师王恒杰夫妇讲战国史和文物知识。来参加这种学习形式的人有王㐨、王亚蓉，也有新接触的青年，来的次数因人因需要而异。这种"小课堂"因唐山地震而中断，但在其后两年又得到恢复和延续。

　　三月下旬，由罗念生发起，沈从文、朱光潜、冯至、贺麟、卞之琳、李健吾、曹禺等相熟四五十年的老朋友聚会，一起吃了顿饭。沈从文在给次子的信里述及朋友们的衰老和萎顿："内中有四位都得靠拐杖帮忙，才便于行动。居多且'形容枯槁，面目憔悴'。卞舅舅更是一个典型现例……曹禺小我十二三岁，怕失眠，吃安宁片到五十片，还是难得好睡。他的太太就是这么积久中毒忽然死去。"对比自己，他为还能做事而欣慰："我同样失眠，却一片药也不吃，爬起来开灯做事。半年来都几几乎十二点上床，不到两点即醒，在床上看书，一会会即迷糊了，可是不成，不久又得醒。索性即爬起来把在进行的工作做下去，抄抄注注，一二小时又上床，又睡，到五点，肯定得照习惯即醒，正当起来接着工作，直到中午十二点才回去吃午饭。人当然会感到累，有时回去来不及吃午饭，即在床上呼呼大睡了。有时是吃了饭，在床上看看报，不到十行，还是睡去。睡得尽少，可睡得甜，一点钟抵人三点钟。两点左右回去，若无客来，即可一直干到夜里十二点，精神还是蛮好。"（24；410—411）

　　王㐨和另外的朋友准备替沈从文去争取改善工作、居住条件，被他坚决制止。二月十四日致王㐨信："万万不宜，行不通！！！……比如说，万一不理，或理了，指定要我去向某某当权的陈述，那怎么行？我决不向谁陈请，原是公家要我作，才作。不要我作，没有可陈请处。我想只照做'公民'的责任，尽力作去，到死为止。……不要为我担心吧，更不宜为此热心到向上陈述，这实在不必要。甚至于极危险，清华近日热闹处是一例。安知不会把一切好意解释为篡夺什么什么？……我一时死不了，还要工作，也还能工作。"（24；388—389）一九七五年底在全国展开的"反击右倾翻案风"到此时已经升温，新运动的复杂和"热闹"让人不懂，也让人忧虑重重。

　　沈从文从丹江回京后，为工作、居住条件，曾经多次向博物馆领导说明情况，期望改善，但一次次总是没有结果。王㐨是沈从文晚年最为信赖和得力的忘年朋友，沈从文还是制止了他为自己去"争取"。倘若是他并不怎么信赖甚至有隔阂的人，好心来为他做这样的事，会怎么样呢？

　　六月，沈从文得知萧乾曾向博物馆一干部反映他住房困难后，与萧乾发生争执：他极不愿意萧乾掺合到自己的事情里来。由此而产生出"师生失和"的说法。其实，从一九四九年时代转折时期起，他们之间就渐行渐远了。一九四八年发表的《斥反动文艺》还把沈从文、萧乾作为代表进行了集中的批判，但此后急剧变化的时代、个人的不同选择、遭遇的差异，两人之间的心理距离越来越大。

恩怨难以备述，这里只举两个小例子，都不涉及具体内容，只看"表面"的细节。一个是外人的观察和印象，林斤澜谈到过，应是五十或六十年代的情形，他说："萧乾对沈从文也有一句难听的话：'他卖乡下人。'萧乾是针对沈从文的自称乡下人说的。沈从文那里也不是找不到一句刻薄话的，但他只是轻轻地说一声：'他聪明过人。'"[1] 另一个例子是，一九七○年，沈从文在湖北双溪收到萧乾的信，复信称呼他为"萧乾同志"；再接萧乾信，复信称呼"秉乾同学"。第二封回信比第一封短得多，第一段即说，"望把前信寄还，十分感谢。……孩子们一再嘱咐'病中不宜和人随便通信，免出麻烦'，所说十分有道理！"（22：380，405）

——为住房事而产生的不愉快，不过是长久郁积的原因在这里碰到了一个发泄口而已。

八、避震南行

七月二十八日，唐山大地震爆发，波及京津地区。张兆和带着两个孙女住的小羊宜宾五号，正屋山墙部分下坍，压到沈龙朱晚上回来睡觉的侧屋，幸未塌倒。地震后沈从文也转移到小羊宜宾，一家大小六人在廊下住过两夜，后到附近空地自搭临时帐篷，又过了两夜。王㐨等人赶来看望，力促南行，很快就帮助解决了车票，两个老人带着两个孙女匆促上车，八月四号到达苏州，住在九如巷三号张寰和家中。不久沈红被接到昆山外婆家，沈龙朱的女儿沈帆由妈妈接到了工作地淮阴清江。

1　程绍国：《林斤澜说沈从文》，《文苑》2008 年第 5 期。

　　在苏州过了一个多月之后，九月二十日，他去上海看望老朋友，事先给巴金写信，说："希望看看的不会过十个人，除王辛笛外，还有芦焚、王道乾、黄裳、陈从周（同济大学）、施蛰存、许杰……"（24：462）他住在桂林路程应镠家，离市区较远，交通不便，所以住了将近十天，只见了四五个熟人。沈从文说上海穿马路的规矩，"像是'现代派'新诗，只有本地人懂。特点是节奏快，段落不分明，标点虽有，可不一定使用，或使用不按一定规矩"。（24：518）诗人辛笛陪他在福州路旧书店买了不少书，还称赞他"鹤发童颜"；巴金又送了他一批书。

　　十月中旬，沈从文乘船到甪直镇，参观保圣寺相传唐代杨惠彩塑；十一月下旬，乘船去昆山陈墓镇拜会亲家张月英，住了几天后，把孙女带回苏州玩了十天，十二月上旬两个老人送孙女回陈墓镇，船到甪直，又和周有光、张允和一起去看杨惠彩塑。这期间与保圣寺文物管理同行书信往还，交流切磋，多少也算弥补了一点点无法进行文物研究的巨大遗憾。来来去去坐船，江南水村景色人事，给他留下美好的印象。他观察到，这里船上的老幼极少唱歌，与湘西不同；可是纵然沉默不语，"总像是在轻轻唱歌！"（24：564）

　　这样的日子可谓清闲，但离开了工作，却让沈从文不仅精神上不安宁，似乎连身体也感觉不适应。"我是用充分使用生命，来维持健康，促进生命的火焰燃烧得更旺、更持久。"（24：496）现在却有点儿像他一向看不惯的"逍遥公"了。从九月份起，他就唠唠叨叨要回北京，可是北京防震警戒一直没有解除，还时有小震发生，亲友们一次又一次地挽留、劝阻，他苦恼不堪："我活下来那里是这么过日子混日子的人呢？……在这里即或能活下来，也实在无意义可言。"（24：508—509）他不可遏止地想念东堂子那个"小小据点"，"与那一堆杂图书杂资料共存亡，为最理想。……我自以为最理想的报废方式，是能守在写字台边无疾而终。……我一生最怕是闲。一闲，就把生存的意义全失去了"。（24；522—523）他甚至写信给王予，授意王予写信来劝说张兆和同意他一个人回去。有好几次临上火车，因新的震情和亲友的力阻不得不留了下来。这样熬过了秋天，熬过了冬天，终于在一九七七年二月十五日回到了北京。

[第十五章]

"出土" 时期

一、"稳住自己"

沈从文原本以为，一回到北京，就能够接续原来的工作，埋头到他的服饰史和其他大大小小的专题中去；想不到回来就感冒，流鼻血的老毛病复发，一连二十多天，每天流一点，好不容易才止住。他归咎于南方住了半年，"把人闲老了"；实际上是体力明显下降，衰老的侵蚀越来越严重。三月他上香山参加全国性的陶瓷史编写会议半个月，会议"务虚"空谈的性质，为古陶瓷名称概念之类的问题讨论不休的做法，让他极不适应，疲累不堪，"七十多岁的人，那宜于干这玩意儿？拖得半垮不垮的回到东堂子，记忆里只留下山沟中零零落落的灰白色李花印象，别的通通忘了"。（25；36）

家里人怕他身体发生意外情况，让他住到了小羊宜宾。因为两个孙女各自跟母亲生活在外地，小羊宜宾宿舍就剩下两个老人，长子晚上回来住。生活、身体得到了照顾，工作却不免受限制，资料又多在东堂子，所以他不得不缩减研究题目，主要精力用于已经进行的专题，做做修改补充，希望能收尾。

一九七六年九月毛泽东逝世，一个多月之后"四人帮"——以王洪文、张春桥、江青、姚文元为首的集团——即被打倒，这个举国振奋和欢欣的消息也让沈从文感到舒了一口气，却没有丝毫的兴奋和鼓舞，反而杞忧更深。一九七七年中央提出"三年大治"，喜欢说数字的他却以为，落实到不同部门恐怕得三、五、七、九年不等，这还是乐观的估计。五月他给苏州的亲戚写信说："特别是更不宜妄想，认为'四人帮'一打倒，凡事好办。""只把社会混乱、生产破坏，领导老的消沉、中的无能、少壮的向上爬进取方式，多从便辟巧佞逢君之恶下手，大的'四人帮'完事了，后遗症还是普遍存在，对社会好转形成极大阻力，任何好的理想，都不可能成为现实的。……类似顽癣的种种现实，附着于皮肤上，还是至今尚无办法对付。至于生长浸润于上中下各阶层人的骨里、血中、以至于灵魂中的事事物物，岂容易用读毛选五卷即可得到解决？更那里会学学报告即迅速把大局扭转？……实在令人感到真正痛苦！""这里也还有熟人对百花齐放抱有些新的幼稚幻想，我却绝不存丝毫不切实际的幻想，因为时间已过，即以曹禺而言，也磨到放不出什么情绪状态下了。"——在如此的社会状况和个人的忧虑之中，"我不能不考虑到应当想个办法稳住自己，免得发疯。"（25；50—54）

为"稳住自己"，而必须在精神上进行什么样的努力，即使是亲近的人，也未必全能体会。十月初，王㐨要外出考古，沈从文写信叫他行前来谈谈，"有的事，应当告告你，和此后处理我那份资料，不成熟的杂稿有关。"他坦言，"我有事实上的性格、情绪、思想上的困难，你不大理解。部分属于自己内部世界，部分出于客观挫折，第三还有个家中的现实要顾到，我都得作较好的处理，才可望在七十五岁后，还维持得住工作活力，来用个十分困难的居住条件下，克服消沉情绪的抬头，影响到工作和家庭平静稳定，不至于一下坍圮。这种坍圮现象，是在生长中，随岁月不同而日益显明。可是我终得制止这个自内而来的黑影"。（25：140—141）

别人看不见这个"自内而来的黑影"，只看见他以难于理解的热情拼命地工作——工作，是他抵制内心"黑影"的方式，是"稳住自己"、反抗消沉和绝望的威胁的方式，是坚韧而有尊严地面对屈辱和困难的方式，当然，也是他怀着不敢希望的希望、以劳动和创造把生命融入历史文化长河中的实践方式。

然而，衰老的加剧使得工作效率大不如从前，"近卅年的疲倦积累在一起，一齐迸发出来了，机能失调，用任何外来刺激鼓励都难于恢复失去了的活力"。（25：86）从一个现象可以看出精力的不济：大约从一九七五年起，他给人写信就经常忘记付邮；到一九七七年，这种情况就更是屡发不绝。譬如一九七七年六月复老友施蛰存信，并书赠长幅书法，过了四个月之后却从自己的旧纸堆中发现了；他又在旧信后面增写了一段附言，装入信封，封好，贴上邮票，但再次忘记付邮，直到一九九四年家属清理遗稿时才又被发现。

十一月，为两年前做的专题《扇子应用进展》撰写主论文，"两次开始，每次四页，总还不对头。思索方法有问题，因此头极感吃重，效果不佳。看来大致还得作第三次开始，换一方法来谈。能否顺手，还是不可知。重新看看我过去写的小论文，如同看宋明人作品一般。重新争回十多年来失去的长处，或许已不大容易。又或许基本上还长处保留得尚好，情绪不好，即便写个小信，也十分费事。天气日冷头脑日益转成痴呆状态，看书成，记忆中万万千千花花朵朵，也分明而有条理，就是不会'写'了。可悯"。(25；164)

家里一张小书桌沈从文和妻子轮流用，他常常搬个小桌子到屋外的月季花旁看稿写文。来找他学习或咨询的人不断，来人了张兆和就得避到简陋的小厨房，酷暑时里面像蒸笼，十冬腊月寒气结冰。沈从文心里对妻子万分抱歉，可是却没有一点办法解决这个问题。八月和十一月，他分别致信人大副委员长邓颖超、统战部长乌兰夫，要求解决住房问题；张兆和有个学生看不过去，也帮忙想办法。但都没有结果。

年底，沈从文又一个人住回东堂子宿舍，每天来小羊宜宾吃饭。

这一年，美国学者金介甫（Jeffrey C. Kinkley）完成论文《沈从文笔下的中国社会与文化》，获得哈佛大学博士学位。日本中国资料社出版《人间革命——中国知识分子的思想改造》，收入沈从文《我的学习》一文。日本文学同人杂志 Viking 开始连载福家道信翻译的《记丁玲》初集和续集，从一九七七年七月起，延续至一九七九年三月。

二、离开博物馆，调入社科院

一九七八年二月下旬到三月上旬，沈从文出席了政协第五届全国委员会第一次会议。在以往的政协会议中，他提交了近二十个文物方面的提案，但这次会议改提案为座谈，同组成员彼此隔行，业务方面的问题也就无从谈起。他住在友谊宾馆，见到了许多老朋友，大多不是用拐

杖，就得人搀扶，"不免令人略有凄惶感"。(25：219)

这期间，沈从文的工作已经在协商调动中。沈从文的工作、居住条件，成了很多关心他的人的一个议题，中国社会科学院新任院长胡乔木从社科院秘书长刘仰峤等人那里了解到沈从文的情况，二月初提出调沈从文到社科院，以促成他完成中国服饰史的著作。

沈从文自己觉得，他做的研究，实质上与博物馆系统最为相应，对博物馆工作有用；但历史博物馆却并不特别在意，从文物局到博物馆的多名领导，对他抱有偏见。五十年代，管业务的韩副馆长说："不安心学习，不安心工作。终日玩玩花花朵朵，只是个人爱好，一天不知干些什么事！"(24：51)此类的批评所表明的不理解、不信任，让沈从文终生耿耿于怀；文物局王局长曾说过："沈从文，乱七八糟，不知干什么。"[1]他"认为沈是灰色的旧知识分子，是在旧社会培养的，要控制使用"。陈副馆长后来回忆说，社科院商调沈从文，"馆长认为沈不是主要人才，并说'要走就走'。沈很有意见，后来带着激愤的心情离开历博。"[2]沈从文调走后，再也没有回到过他耗去了近三十年生命的"单位"。

三月，沈从文调入社科院历史所，四月正式报到，职称由副研究员晋升为研究员。五月，他给胡乔木写了一封信，这封信既是表示感谢，也是对胡乔木二十五年前来信的迟到回复：一九五三年，胡乔木写信给沈从文，愿意为他重返文学事业做安排；面对此番好意，沈从文颇费踌躇，以致未能作复。

在王予、王亚蓉的协助下，沈从文五月完成了《扇子应用进展》。

1　陈娟娟口述，见陈徒手《午门城下的沈从文》，《人有病　天知否》，20 页。
2　陈乔口述，见陈徒手《午门城下的沈从文》，《人有病　天知否》，20 页。

当时《大公报》正征集在港复刊卅周年纪念文章，沈从文是《大公报》副刊的老编者和撰稿人，应邀提供近作，他就把此专题的图文稿寄往香港。但同年九月出版的两卷本纪念文集未能刊用。也许是因为过于专门吧：稿件包含前言、图表、图录、扇子考、后记五个部分，其实是一部完整的专著。这是沈从文研究服饰史的副产品，在《沈从文全集》第二十九卷中可以看到它的规模和格局，特别是大量的摹绘图像：主图一百〇六幅，附录二十幅；其中的主论文《扇子考》，后来又经增改，形成五万余字校订稿，遗憾的是后来原稿和誊抄稿都佚失，所以《全集》中这部分不得不付诸阙如。

八月初，沈从文去石家庄，看战国中山王墓出土文物。没几天，又和张兆和带着孙女沈红——她已回京借读了一个学期，正值暑假——来到承德避暑山庄，社科院考古所的一个工作站正在这里进行大甸子出土文物——主要是朱绘彩色薄陶器——清理修复工作，王㐨特意邀请两个老人来这里看看，换口气，散散心。他们游览了山庄和几处庙宇，十多天后返回北京。

沈从文、张兆和在北京见到了阔别三十年的亲人：张充和从美国回来探亲，八、九月两次探访北京的亲友。十月，他们又与张充和的丈夫、耶鲁大学教授傅汉思相会。美国汉代研究考察团访华，傅汉思是副团长。

社科院缺乏办公地，但为保障《中国古代服饰资料》工作的进行，从十月六日起在友谊宾馆包房作临时工作室，借调王㐨来协助，加上先已调来的王亚蓉，热心帮忙的李宏、胡戟，沈从文还动员了张兆和、沈朝慧，一起连续紧张工作了三个多月，完成了全部书稿。书稿在此前的基础上进行了较大修改补充，增加了许多新发现的文物资料，新绘插图一百五十余幅，说明二十五万字。

沈从文说他三个月"无日无夜赶工"，"忙得个昏头昏脑"，以致结束后"约一千个正附图像和约廿五万字一大份文字说明，都还在脑中襞摺深处形成一种混乱影响，有待一一清理"（25；286，289）——无论如何，他终于可以松一口气了。

三、往来

书稿交到出版社后，沈从文即刻拟定下一步的规划，准备建立一个小组来展开工作。为此他于一九七九年二月下旬致函胡乔木，请求调王㐨："他在考古所修复组廿年的工作经验及组织能力，和其他许多长处，我都觉得他是一个在今后我工作中最得力合作的助手，也是在我失去工作能力后，他是能把工作继续完成下去最好的接手人。"（25；298）

考古所所长夏鼐和沈从文是朋友，有时两人会面，一个讲温州普通话，一个只会湘西话，语音彼此难懂，却无碍说笑交流。有一天沈从文告诉王亚蓉："夏先生刚刚走，他不高兴了，他来了就跟我说，沈先生你不够朋友！你挖走了王亚蓉，还要挖王㐨。说完就走了。"[1] 此事发生的时间应该是沈从文向胡乔木提出调王㐨一年之后了，因为一九八〇年二月末，沈从文致信社科院党组书记、副院长梅益，述说了两人谈话的情形，请梅益向夏鼐解释他的意思。夏鼐也非常看重王㐨，虽然他极不愿意放人，过了一段时间，还是同意了王㐨调到历史所。他跑到老朋友面前发牢骚，却不会让这件事影响两个人之间的友谊。

1　王亚蓉：《先生带我走进充实难忘的人生》，《沈从文晚年口述》，王亚蓉编，213 页。

　　社科院支持沈从文筹建服饰研究室，沈从文心里长期的规划是，以这个研究室打下基础，将来建立"服装博物馆"——他多年的梦想，可他不敢相信真会有实现的一天；只是朝着这个方向，去做朴素沉默的努力。

　　一九七九年三月下旬到四月底，沈从文与张兆和相伴，到上海、杭州、苏州、南京、镇江等地考察近年新出土文物，王亚蓉陪同。在上海的时候去看巴金，巴金在"红房子"请吃西餐，沈从文的评价想象得出："贵而并不好吃。"（25；317）

　　五月，钟开莱到北京讲学，他有了一九七五年那次要求去沈从文家拜访，被以房间小为由力阻的"教训"，这次有意事先不通知，自己坐车去了小羊宜宾胡同。"我敲了门，他太太来开门，一见面就说'不得了，不得了……'……他兴致很好，叫我看院子里的花，大院种了好多花。"[1]沈龙朱在院子里辟出一小块园地，张兆和从干校回来之后就成了"花农"，经营了几年，巴掌大的小花园已经种了二十种不同月季，各色兼备，次第开放，盛时开花有几百朵。八月，著名数学家丘成桐应华罗庚邀请从美国来访问，经钟开莱介绍拜访沈从文，沈从文在出席轻工业部工艺美术设计创作会议期间和丘成桐会面，两人谈得很好，后来丘成桐邀请沈从文在新疆餐厅吃了顿羊肉饭，沈从文送了他两张字，"一是用纸头粘接的，一是糊窗用高丽纸三年前写的，一切都不合款式"。（25；369）

　　六月中旬至七月上旬，第五届全国政协第二次会议举行，沈从文提案两件。这两件提案以《政协提案选》为题编入《沈从文全集》第三十一卷；而自一九五六年到一九八二年间，在二至五届政协的其他提案，由于档案查阅的障碍，未能收入《全集》。

1　雷平:《钟开莱教授谈沈从文先生》,《我所认识的沈从文》, 荒芜编, 250 页。

八月下旬到九月初，沈从文与张兆和应邀赴兰州观摩大型历史舞剧《丝路花雨》，此行最让他欣慰的是，去敦煌考察了几天，时间虽然短暂，却总算实现了几十年的夙愿。

十月底到十一月中旬，沈从文出席了第四次全国文代会。会议期间，王西彦与许杰一同来家中看望他。王西彦写作之初因投稿而与沈从文相识，他的第一个短篇集就是由沈从文编定并介绍到商务印书馆出版的，是三十年代得到沈从文帮助的一群青年作家中的一个；一九四四年，他在桂林主编的一个报纸副刊《新垦地》上发表了许杰批评《看虹录》、《摘星录》的文章，因此而长怀不安。许杰告诉了他一九七五年和沈从文见面的情形之后，"我给自己作了一个决定：'不能再枉自怀着小人之心，从文先生可是个宽厚的人！'"十一月十一日，他的日记里这样写："现在他和夫人张兆和同志住在一间小小房子里，认出是我就温和地笑着，显出十分高兴的样子，握着的手好一会没有放开。四十年代在桂林编副刊时，我曾发表过×先生批评他《看虹录》的文章；现在我和×先生却一起来他家做客话旧了，这真是历史的偶然，也是历史的必然吧？"[1]

四、担心

有相熟的人告诉沈从文，香港曾有一阵子"沈从文热"，他的态度是："可信亦不必全信。总之，此事即真，对我并不利。正如在国外

---

1 王西彦：《宽厚的人，并非寂寞的作家》，《长河不尽流》，吉首大学沈从文研究室编，湖南文艺出版社，1989年，107页。

情形，我受称赞，易成官方文学上宣传失败印象。香港那边盗印了我一二十本书，印得倒蛮好。直到最近，有个亲戚为寄回一选集，才知系一字不改翻印五七年北京选本。亲戚曾派人为追询出版商，回答十分巧妙，并附一六五年复印照相证据，转买某倒闭书店收据，并写一长长信件，加以解释，说是纸型系转购于某图书公司，已积压十多年，因见盗印的极多，印得不好，有损作者，所以近年才特别精印出版。"（25：337）

事实上，从五十年代以来，在大陆和台湾沈从文作品都不能出版——人民文学出版社一九五七年版小说选集和台北中华艺林文物出版公司一九七六年影印开明书店版《边城》，只是"特殊"情形下的"例外"——的漫长时期，香港的"盗版"倒是一直延续不断，具体的品种、数量、印数，难以完整统计，行销的范围已经超出香港本岛，包括了南洋各地；甚至，如果有人在欧美大学图书馆的中文藏书中发现沈从文作品的香港翻印本，那也是无须大惊小怪的事。[1]这种翻印，客观上起到了持续传播的作用。就连沈从文自己，一九七九年他应邀考虑出选集，还得依靠香港的朋友和亲戚寄来的大约四十种翻印本来编选。

一九七九年，沈从文自己也感觉得到，国内正慢慢出现为他的文学"平反"的声息。对此，他一点儿也不乐观，不兴奋。不断有人来信说要研究他的作品，他复信一律是劝阻。他给沈虎雏写信说："我也绝不抱什么不切现实的希望，于国内研究现代中国文学新人为我平反的。……且担心为我作品说公平话的人，将来会吃亏！"（25：377）经历了那么多风雨，他心里的确很难相信那些一再重复的"官话"了："'百

---

1 我曾经写过一篇短文《芝加哥大学图书馆所见沈从文签名本》，涉及香港翻印沈从文作品的情况。此文收入随笔集《有情》，上海书店出版社，2012年。

家争鸣、百花齐放'即或可从每一个领导文学艺术的人（或官）的口中听到，事实上，有许多人是当成个语助词看待，最害怕最担心的，就是这方面的真正民主。"耳闻目睹的种种社会现象和风气，总是令他"徒增杞忧"。"杞忧"中重读《二十年目睹之怪现状》和《官场现形记》，并"试述心得"，做打油诗一首："生活若要吃得开，应从二书学点乖。回忆录亦不妨写，适当说谎倒不坏！"（25；338–339）

徐州师范学院《中国现代作家传略》编辑组请他提供自传稿，他说自己"做个'读者'已不大够格，那还好意思冒充什么'作家'，来应考般写自传，自欺欺人？"（25；382）由于他的态度坚决，《传略》到一九八〇年五卷出齐时，也未能收入沈从文的资料。

荒芜写了五首诗，题为《赠沈从文同志》，沈从文看过后写信劝阻发表，但已经来不及，十月上海《文汇报》、香港《文汇报》、纽约《华侨日报》先后刊载，引起的反响令沈从文更为不安；十二月十八日，沈从文又致信荒芜："昨闻一朋友说，你又在为我'放炮'，实在说来，不免使我深感忧惧。……因照趋势说来，即使不久更进一步放开文艺，凡权威批评家尚依然存在，深受宠幸，则绝不会有我真正抬头时。一贯正确之'文化官'，更不会自承工作方法有问题，转而实事求是来好好研究研究理论之空泛，所重视卅年之不倒翁不倒婆，在国内受重视，得支持，依旧可以用熟习世故哲学而维持其虚伪荣光，对外实不抵事，不抵用。即再善于交际取巧，捧场叫好，送出去人家总不买账，终究还是不成也。但这种人在国内的权威性却是天命永久性，不可动摇的。因为宗派沿袭，是巩固既成实所不可少，包含有原则性的。我得顺天命，始能得到保平安，可不是什么笑话！"（25；443–444）

九月，沈从文收到了金介甫寄来的英文著作、中文长信，他先回一信，又于十月再写信回答了十一个问题。

十月，萧离向沈从文介绍了一个湘西同乡凌宇，凌宇在北京大学中文系读硕士研究生，他拟了二十几个问题请萧离转呈沈从文，十一月得到了书面答复。凌宇将问题和答复以《沈从文谈自己的作品》为题，发表于《中国现代文学研究丛刊》一九八〇年第四期，《全集》收入时改题为《答凌宇问》。十二月，凌宇写出他研究沈从文的第一篇论文《沈从文小说的倾向性和艺术特色》，沈从文看后给他回信："承惠寄你写的关于我作品的分析，细致认真处，我和家中老伴读后，都十分感动。……使我稍微担心处，是你出于家乡感情，很容易把我一切习作成就，估计过高，对你不利。"他提议，最好是把他的文学"影响范围缩小，限于略略有助于家乡后来一辈，可为他们打打气作用上，即可少犯错误。"（25；450，456）

也是在十二月，他又接到上海师范学院学生邵华强的《沈从文研究资料汇编》初稿，"看来也使我感动，同时反增加痛苦"。（26；6）

同一时期他还收到了香港司马长风的《中国新文学史》，他复信道："谢谢尊著近代《中国新文学史》下卷，内容丰富，持论也比较客观，但对于弟未完成习作过程的一份早已报废过时旧作，有些过于誉美处，不免转增忧惧。"（25；463）不久后他向老友徐盈推荐此书，认为值得告诉徐盈的儿子徐城北看看；同时他提到，"又听说还有个夏志清，在美用英文写了本现代中国文学史，港中有中译本，文笔既极好，且有见地。译文尚未见过"。（26；8）

北大等九院校编写组在一九七九年八月出版了《中国现代文学史》（江苏人民出版社），对沈从文的评价还是"老腔调"，艺术上有所保留、无关痛痒地肯定几句作品的"特色"之外，仍然从政治上"上纲上线"，

"反动性"这样的字眼赫然可见。沈从文看过这本书，此后书信中多次提及，虽然不免愤愤不平，不过他其实并没有多么意外。他对骂他的"雇佣批评家"，"只感到悲悯"（26：25）；而那些没有读他多少作品就编教材的教师，"无知处值得同情"（26：31）。

新加坡 Heinemann 教育书局亚洲有限公司一九七九年出版的《一场革命的起源：中国现代短篇小说集》，收入了 Stanley R. Munro 翻译的《七个野人与最后一个迎春节》。

五、出版、住房

沈从文最关心的，确实不是对他过去的文学的重新评价问题，倘若因评价而招来意想不到的麻烦，就更是他所不愿意遭受的了；他最牵挂的是《中国古代服饰资料》的出版。

书稿一九七九年一月交给轻工业出版社后，他就着急地等着看校样。校样没有等到，却获悉该社拟与日本讲谈社合作出版该书，沈从文坚决不同意。大约在五月份，书稿转到了人民美术出版社；没有想到人美社也计划与日本美乃美合作，沈从文又再次撤回书稿。拿回来的书稿被编辑改过了，沈从文不得不重看一次，把改错的地方再改回去，他很有些恼火。

他最怕的是"夜长梦多"，事实上这部著作经历的波折也确实太长了。十一月，他给沈虎雏的信里罕见地显示出，他失去了耐心："这书已搁了十六年，折腾得精疲力竭，我早已厌倦提及。"（25：431）

一九八〇年一月十五日，沈从文改好被编辑改过的稿子，交社科院科研局。社科院确定交商务印书馆香港分馆出版，梅益负责联系。此前有不同叫法的书名，至此确定为《中国古代服饰研究》。

　　香港商务印书馆总编辑李祖泽立即飞赴北京，到小羊宜宾胡同拜访沈从文，商定出版细节。小屋子里只有一张藤椅，主客互相推让，不愿独坐。那一天正值大雪纷飞，两个人站到院子里畅谈，任雪花飘落到身上——出版落实了，这是沈从文最感快慰的时刻。

　　另外一件折磨了他漫长时间的事——房子问题——解决起来依然困难重重。好在这一时期，沈从文的住房问题成了很多人关心的事。胡乔木先让秘书去看，听完汇报后自己前往沈家，还让当记者的儿子一同去，所见情景大大超出想象，回来后全家商量把家里的一套房子腾出来让给沈从文夫妇住。[1] 胡乔木要让房，没有人敢同意这个决定；但有个好处，社科院由此重视。事实上梅益为沈从文要来过几套房子，但都半路被人截走，对此相当无奈。一九七九年十二月，社科院"优先"分配给沈从文一套新宿舍，三十六平方米，三小居室。比原来是好一些，但仍然不足以让沈从文把文稿图片摊开来工作，所以他并不想要。巴金来京出席在人民大会堂举行的春节茶话会，特意向周扬提出沈从文的住房问题，周扬当时答应帮忙，过后就没有了下文。一九八〇年二月二十八日，沈从文给巴金的信里描述了他和张兆和轮流用一张桌子的情形。北京和香港要出沈从文的作品选集，沈从文主要依靠香港的翻印本，把拟选旧作校改后，张兆和再重校一次，"因住处只一张桌子，目前为我赶校那拟印两份选集，上午她三点即起床，六点出门上街取牛奶，把桌子让我工作。下午我睡睡，桌子再让她使用到下午六点，她做饭，再让我使用书桌。这样子下去，那能支持多久！"（26；35）

1　谷羽：《五十余年共风雨》，《我所知道的胡乔木》，《胡乔木传》编辑组编，436–437 页。

　　看来不可能有更理想一点的住处了，沈从文接受下来前门东大街这套不足四十平方的房子，五月初搬了进去。房子在五楼，临主马路，日夜车流不断，强噪音环境让这个喜欢"静"的"乡下人"极端不适应；但他多少可以安慰的是："卅年来，三姐算是有了个十一平方单用房间。"（26∶46）还有，是不用再上公用厕所了。

　　这个家的情况确实在好转：一九七九年初，沈龙朱的"右派"问题得到平反，当了二十几年钳工的他，调到学校电子厂做了技术员，平常带着女儿住学校宿舍，周末回父母家看看；一九八〇年八月，沈虎雏、张之佩离开自贡，调入北京轻工业学院任教。

六、费解

　　就在沈从文越来越受到关注，他的文学将要从历史严酷的沉埋中破土重生的时候，突然发生了一件"费解"的事。

　　一九八〇年三月，《诗刊》发表了丁玲的《也频与革命》，对沈从文近五十年前写作的《记丁玲》，提出极其严厉的指责：

　　　　四五个月前，有人送了《记丁玲》这样一部书给我，并且对这部书的内容提出许多疑问。最近我翻看了一下，原来这是一部编得很拙劣的"小说"，是在一九三三年我被国民党绑架，社会上传说我死了之后，一九三三年写成、一九三四年在上海滩上印刷发售的。作者在书中提到胡也频和我与革命的关系时，毫无顾忌，信笔编撰，……

　　　　类似这样的胡言乱语，连篇累牍，不仅暴露了作者对革命的

无知、无情，而且显示了作者十分自得于自己对革命者的歪曲和
嘲弄。

　　……

　　……贪生怕死的胆小鬼，斤斤计较于个人得失的市侩，站在
高岸上品评在汹涌波涛中奋战的英雄们的高贵绅士是无法理解他
的。这种人的面孔，内心，我们在几十年的生活经历和数千年的
文学遗产中见过不少，是不足为奇的。[1]

　　丁玲铿锵有力的话语，简捷清晰地划分出一条鸿沟似的界限，一边
是"革命"和"革命者"，另一边是"胆小鬼"、"市侩"、"绅士"，及其
对"革命"和"革命者"的"歪曲和嘲弄"。不过，历史真实发生过的
情形是，双方不仅曾经是共创文学事业的亲密朋友，而且在"革命者"
遭遇危难的关头，挺身而出的恰恰是"道不同"却信守正义、抗议暴政
的朋友。

　　一九三一年胡也频被捕后，沈从文在上海和南京之间来回奔波，试
图营救；胡也频被杀害后，冒险护送丁玲母子从上海回常德；又写《记
胡也频》，叙述朋友为"理想而活复为理想而死去的事"和"他的精神
雄强处"。（13；47，48）

　　两年之后，丁玲被秘密逮捕，沈从文接连发表《丁玲女士被捕》、
《丁玲女士失踪》，公开严词谴责政府当局；同时尽一己之力，各方求
助，如曾致信胡适，感谢"丁玲事承向各处说话"[2]；又作长篇传记《记

1　丁玲：《也频与革命》，《诗刊》1980 年第 3 期。
2　沈从文 1933 年 6 月 4 日致胡适信，见《胡适遗稿及秘藏书信》第 27 册，耿云志主编，合肥：
　　黄山书社，1994 年，123—126 页。此信收入《沈从文全集》第 18 卷，180—182 页。

丁玲女士》，分二十一节在《国闻周报》从七月二十四日连载至十二月十八日。文章连载时遭大量删削，一九三四年出版的《记丁玲》只是连载文本的前一半，被禁止出版的后半部分直到一九三九年才得以用《记丁玲 续集》为书名印行；一九三五年，当北平报纸上刊登"丁玲办清自首手续"等传闻时，沈从文又立即撰文《"消息"》，谴责记者"造作一些无聊故事，糟蹋其人"(13：240)，维护丁玲的声誉。

晚年的沈从文对自己类似于"出土文物"般受到的关注总是忧虑重重，担心招致意外的灾祸，他的担忧甚至于给人以过分小心的印象。可即便如此，他还是绝没有想到，过去的朋友会有如此的一击。

丁玲自一九五五年被定为"反党集团"的成员之后，就开始了长期的厄运：从北大荒农场，到北京监狱，再到山西长治农村，二十多年的磨难如影随形；直到一九七九年，她才返回北京，并当选为中国作家协会副主席。

沈从文没有公开回应丁玲的文章，但内心的激愤长久无法消除。私下里提起此事，他难以抑制受伤后的情绪。三月末致施蛰存信中，有言："只图自己站稳立场，不妨尽老朋友暂时成一'垫脚石'，亦可谓聪敏绝顶到家矣。"(26：68)《诗刊》上的文章是由邵燕祥编发的，他为此内疚不安，曾写信去解释，沈从文七月回信说："依照近卅年社会习惯，有'权力'即有'道理'，我得承认现实，不会和她一般见识，争什么是非"，"至于某老太太突如其来的爆发性的袭击，倒真像是鲁迅所谓'从背后杀来一刀'的意义。乍一看来近于出人意外，但仔细加以分析，也'事出有因'，不足奇怪。她是个十分聪敏的人，应当极其明白，近廿年所受的'委屈'，来自何方，可不宜派到我的头上。……说我是'典型市侩'，陌生人听来，倒也新奇动人。……且加上个'怕死胆小鬼',真应当深恶痛绝,不与同中国!但是试想想看,在她们夫妇的困难中,别的'正人君子'不为之奔走,为什么倒反而派到我这个'市侩'头上来,……她若不太善忘,那本《记胡也频》的版税,还是由她拿去!并且到后迫得非送孩子返回湖南不可时,为什么不要个真正侠客去冒险,这相当危险的差事,又轮到我这个'唯利是图'的'市侩'头上?""就事论事,那个《记丁玲》恰是充满了好意且为之辟谣,把她高举而产生。(若说不好,只能说是举得过高,使她后来忘乎其所然,而应受谴责。)"(26:122–125)

丁玲写文章时,未尝没有想到过,这对沈从文会"是一个打击"。一月二十七日致赵家璧信中,她谈到对沈从文的看法和将要发表的文章:"我真正觉得他近三十年来还是倒霉的。其实他整个一生是一个可怜可笑的人物。近年来因为他的古代丝绸研究有了点买卖,生活好了些(也还是不那末满意的),我的文章的发表对他是一个打击,或许有点不人道。我是以一种恻隐之心强制住我的秃笔。最近在给《诗刊》写一篇短文《也频与革命》,稍稍点了一点,说这篇《记丁玲》是一篇坏小说。不过其中另有几点,仍将在某一天说清楚。以后再看吧。"[1]——她眼里的沈从文,"整个一生是一个可怜可笑的人物";他的服饰研究被人逐渐认识,是"有了点买卖";批评他的书,她还是很克制的。

丁玲、沈从文先后去世之后,一九八九年一月,徐迟在《长江文艺》上公开了沈从文一九八〇年写给他的信,一般读者才得知沈从文对丁玲文章的态度。信中说,"《诗刊》三月份上中国'最伟大女作家'骂我的文章","别出心裁,用老朋友来'开刀祭旗'","值得推荐给所

1　丁玲:《致赵家璧》,《丁玲全集》第 12 卷,丁玲著,石家庄:河北人民出版社,2001 年,138 页。

有熟人看看"。(26:114)

沈从文因在《京报·民众文艺》副刊发表文章而结识编者胡也频，随后认识他的女友丁玲。那是一九二五年，在北平，沈从文二十三岁，胡也频二十二岁，丁玲二十一岁。三个漂泊的年轻人，都在寻找人生的出路。[1]

七、"我总算活过来了"

丁玲《也频与革命》发表两个月后，广州《花城》大型文艺丛刊第五期推出"沈从文专辑"，发表了沈从文的两首旧体诗《拟咏怀诗》和《喜新晴》，以及一份《从文习作简目》；"专辑"同时还刊出了三篇文章和金介甫的一封信。这三篇文章，传诵一时，日后也常常为人提起：朱光潜的《从沈从文先生的人格看他的文艺风格》、黄永玉的《太阳下的风景》、黄苗子的《生命之火长明》。

在六月的一封信里，沈从文提到这些文章和几篇访问记："朱先生文章只千把字，可写得极有分量。这种老实话或许会为人不满，但却是事实，和不少目下在教书的及别的工作上朋友却有共同感，但在三十年来'一面倒'风气中，谁也不敢说，或不愿说罢了。黄永玉文章别具一格，宜和上月在香港出的《海洋文艺》上我的一篇介绍他木刻文章同看，会明白我们两代的关系多一些，也深刻一些。若就访问记而言，《羊

1　关于沈从文与丁玲之间关系的完整详细的叙述，参见李辉：《沈从文与丁玲》，武汉：湖北人民出版社，2005年。晚年的"记丁玲"事件，还可参看相关的文章：周健强《记沈老给我信的前后》（《散文世界》1989年第8期），周良沛《也谈所谓的丁、沈"文坛公案"》（《文艺报》1990年4月21日），陈漱渝《干涸的清泉》（《人物》1990年第5期），陈明《丁玲在推迟手术的一年里》（《新文学史料》1991年第1期）等。

城晚报》和《北京晚报》各有文章。三月份《湘江文艺》刊载的龙海清先生一文，写得似比较全面。……此外香港中文大学学生出了个《大拇指》专刊，有二三篇访问记，都写得极有分寸，也有感触。事实上，这些年青人可料不到为我叫屈是不必要的。……《花城》附刊了我两首旧体小诗，题《拟阮籍咏怀》而作，像是朦胧，又像是还有内容，每一句话都有所指。记得阮的传中提及'有忧生之嗟'，译成白话即'担心活不过去'意思。这种提法过去不易懂，经过近三十年人事风风雨雨的教育，似乎才较多明白一些。在极端专制猜忌司马氏新政权下，诗人朝不保夕忧惧处境情形，万千人就都因之死亡了。我总算活过来了，……目下待作的事还多的是，必需争三几年时间，为接手人打个基础，那里会只想为自己翻案？至于别人的'抱不平'，也只会增加我的负担，为他们'明天'担一分心！因为事实上我已得到的比应当得到的好处过多，虚名过实，易致奇灾异祸，我那里还会感到什么不平？"（26；99—101）

六月，著有《沈从文评传》的聂华苓和丈夫保罗·安格尔来大陆旅行，见到了沈从文。一九七八年聂华苓第一次来北京时，曾提出要见沈从文，未能获准，心里一直遗憾。这次来北京，又提出见沈从文，接待人员把他写的"沈从文"看成了"沈从又"，说找不到这个人。在作协的聚餐会上，他们相遇了。会见轻松而愉快，聂华苓注意到，沈从文"说的话不多，吃的也很少，不过很爱吃糖。关于爱吃糖这件事，沈从文解释说：'我年轻的时候喜欢上一个糖房的姑娘，就爱吃糖！'我把这话翻译给安格尔听，安格尔哈哈大笑"。后来，她和丈夫又去沈家拜访。[1]

---

1 聂华苓：《与自然融合的人回归自然了》，《长河不尽流》，296 页。

从六月下旬到七月下旬，来沈从文家最勤的是任教于纽约圣若望大学的金介甫。他第一次来中国，为撰写沈从文的传记而准备，一个月的时间里与沈从文长谈十二次。要听懂沈从文的话，金介甫感受到的困难程度如和钱锺书交谈差不多，原因却正好相反：钱锺书"总是不能自已地在拉丁文、法文、意大利文和德文之间转换运用"，沈从文却是"因为他对湘西的乡音所特具的敏感性，使其语言升华并对其绝对忠实"。[1] 这个年轻洋人的"书生气"，给沈从文的印象很好，他们还一起去看了长城和定陵。八月金介甫去了沈从文的老家湘西凤凰。

七月，沈从文被聘为国家文物局咨议委员会委员。八月底至九月中旬，出席政协第五届委员会第三次会议。十月二十六日，出席"中美史学交流会"开幕式。

一九八〇年是沈从文一九四九年以来发表作品最多的一年，在海内外报刊新发表作品十四篇，其中八篇是本年所写，如《从文自传》的《附记》、《忆翔鹤》等。香港时代图书公司十二月出版了《从文散文选》，收入《从文自传》、《湘行散记》、《湘西》之外，还在"劫余残稿"题下，编入《雪晴》、《巧秀和冬生》、《传奇不奇》一组小说。

北京出版的《中国文学》英文版第八期刊出戴乃迭翻译的《萧萧》、《贵生》、《丈夫》，法文版第八、九期连载了《边城》。

德国法兰克福 Suhrkamp 出版社出版的《春天的希望：现代中国小说》，收入马汉茂（Helmut Martin）、吕福克（Volker Klöpsch）合译的《我的教育》，这是沈从文作品的第一篇德文翻译。

1　金介甫：《访问沈从文之后的感想》，《我所认识的沈从文》，荒芜编，88 页。

第十六章

"一个健康的选择"之后

一、美国的讲演

　　一九八〇年初，傅汉思、张充和写信邀请沈从文和张兆和来美，沈从文回信说，他自己不敢设想，倒是想过，《服饰研究》出版后得的稿酬，如足够张兆和来回路费，则尽她来住一阵。（26；46）二月下旬，傅汉思约同耶鲁中国小说史教授高辛勇、中国历史教授余英时、美术馆东方艺术部主任倪密，联名正式邀请沈从文讲学，信函同时寄给中国社科院。沈从文三月底回信表示愿意前往，但社科院没有回音。暑中正在北京的金介甫和社科院联系，居间转达沟通，社科院表示支持，并承担来回机票费用。此后办理一系列手续，时间就到了十月份。行前沈从文致信钟开莱说："我事先总有那么一种感觉，即此来或如'熊猫'，能给人看看已完成了一半任务，其次则谈谈天，交流交流意见。而主要收成，

当是去博物馆看看国内看不到的中国重要杂文物。"（26：173）

　　十月二十七日，两个老人从北京启程，先到上海转飞东京，再在东京换机飞往纽约。幸遇季羡林大公子同行，得到不少照顾。当地时间二十七日下午七时到达纽约肯尼迪机场，接机的张充和、傅汉思兴奋得无可言喻。开车回到纽黑文的家，已近午夜。傅汉思这天的日记只写了这么一句："等了三十年的一个梦，今天终于实现了。"[1]

　　沈从文在美国三个半月，到十五所大学做了二十三场演讲，参观博物馆、图书馆及其他文化活动六十六项，傅汉思分列了这两个方面的记录，载明具体的时间、地点和相关人员；其中后一项，还不包括在美国西部和檀香山的活动。[2] 如此密集的安排，表明当地相关部门和众多个人的热情，珍惜这个来之不易的机会。而这个近八十岁的老人，为亲情、友情、好奇、敬仰所环绕，精神上既兴奋，又特别放松；在一生第一次出国的异国他乡，有分寸却无拘束，自然地显现一个生命的平和与坚韧，智慧与志趣，饱经沧桑而童心犹在。

　　沈从文的首场讲演是十一月七日，在哥伦比亚大学，夏志清主持，傅汉思翻译。哥大的海报尊称他是"中国当代最伟大的在世作家"，他讲《二十年代的中国新文学》，谈的是他个人到北京开始写作最初几年的情形，末尾说："我今年七十八岁，依照新规定，文物过八十年代即不可运出国外，我也快到禁止出口文物年龄了。……所以我在今天和各位专家见见面，真是一生极大愉快事。"（12：381-382）

　　听众中不少人已经老了：如在三十多年前即和金隄翻译出版了沈

1　张充和：《沈二哥在美国东部的琐琐》，《沈从文印象》，孙冰编，161页。

2　傅汉思：《沈从文在美国的讲演和文化活动》，《长河不尽流》，441-449页。

从文小说第一个英译本的白英（Robert Payne），这个译本叫《中国土地：沈从文小说集》（*The Chinese Earth : Stories by Shen Tsung-wen*），伦敦 George Allen & Unwin 有限公司一九四七年出版；还有一位七十多岁的老先生，老远赶来，沈从文讲完后他站起来向当年的老师报名报到，报他是哪一年的学生。沈从文几乎每到一处，总会有他的老学生，其中主要是西南联大时期的年轻朋友。王浩——著名的数理逻辑学家和计算机科学家，当年金岳霖最喜欢的学生，旁听过沈从文的大一国文，一九四四年他翻译了毛姆的一段谈哲学的话向沈从文编的副刊投稿，"登是登出来了，但后来间接听说，沈先生对我选的一段颇为失望，大概因为别的理由，对我的兴味有更高的期望。"——他听了哥大的讲演，写了一篇《重逢沈从文先生》，朴实地记叙了自己的感受："我曾听过多次国内访问美国的名家的讲话，特别喜欢沈先生的这一次。一个明显的原因是他用自己亲切的语言讲自己最有兴趣的话，因而若干粗心的或对中国所知较少的听众可能觉得文不对题。后来我想，另外一个原因是，他通过自己的经历，具体地反映了一个时期（二十年代）的文化情况，比讲当前的情况较容易表达出要点，而且不需要正面来探讨国内几十年政策数次大改所引起的思想混乱。这当然也是一个出色的作家善用了自己的长处而得到的效果。"[1]

　　沈从文当然知道，有些听众可能更感兴趣于他的曲折经历，期待听到他的受难"证词"；可是他没有去投合这种心理，只讲自己真正想讲的东西。十一月二十四日在圣若望大学讲《从新文学转到历史文物》，最后平静而诚恳地说：

---

[1]　王浩：《重逢沈从文先生》，《我所认识的沈从文》，荒芜编，208 页，211 页。

　　许多在日本、美国的朋友，为我不写小说而觉得惋惜，事实上并不值得惋惜。因为社会变动太大，我今天之所以有机会在这里与各位谈这些故事，就证明了我并不因为社会变动而丧气。社会变动是必然的现象。我们中国有句俗话说："塞翁失马，焉知非福！"在中国近三十年的剧烈变动情况中，我许多很好很有成就的旧同行，老同事，都因为来不及适应这个环境中的新变化成了古人。我现在居然能在这里很快乐的和各位谈谈这些事情，证明我在适应环境上，至少作了一个健康的选择，并不是消极的退隐。特别是国家变动大，社会变动过程太激烈了，许多人在运动当中都牺牲后，就更需要有人更顽强坚持工作，才能保留下一些东西。在近三十年社会变动过程中，外面总有传说我有段时间很委屈、很沮丧；我现在站在这里谈笑，那些曾经为我担心的好朋友，可以不用再担心！我活得很健康，这可不能够作假的！我总相信：人类最后总是爱好和平的。要从和平中求发展、得进步的。中国也无例外这么向前的。（12：389—390）

　　他的讲演，按场次来说，一半是讲文学，只限于二十年代；一半是讲文物，主要是中国古代服饰。他更愿意讲文物，为此精心准备了大量的幻灯片。让他特别高兴的是，他还专门讲了一次"中国扇子的演变"——凑巧，耶鲁大学美术馆正举行清代扇子书画展，倪密陪他参观后，他即做专题演讲，并放映了幻灯片。

　　沈从文演讲前总是写讲稿，还总是带着讲稿上讲台，可是从来不看。在东部几所大学，傅汉思是当然的司机，又是大部分时候的翻译。

一开始傅汉思事先还看讲稿，后来发现沈从文并不照念讲稿，就索性不再看。沈从文讲开了头，往往随兴所至。有一次张充和坐在靠近讲台的地方，听见傅汉思低声提醒他："你现在讲的是文学。"——"原来这天讲的是古代服饰。每次无论讲文学或考古，总离不了琉璃厂，古文物。在文学上间接受到古文物的熏陶与修养，在考古上是直接接收同研究。这个同源异派，共树分条的宝藏，永远占他生活中一部分，他永远忘不了，所以有时忘了所讲题目。一经汉思提醒，他若无其事，不慌不忙归还原题，其时听众已入胜境，亦不觉有什么痕迹，比起当年在中国公学第一次上课时，大有天壤之别了。"[1]

　　沈从文去讲演，从不问到什么学校，见什么人，什么人介绍主持。十二月三日到勃朗大学演讲完后，主持人勒大卫教授在家中掌厨设宴，过后大家谈起主人，沈从文说："我没见到主人。"他也确实并未同主人交谈——张充和感叹，"我这才相信王子猷看竹不问主人的故事不是谎造的。"[2]十二月八日第一次去哈佛，归途中他问："今天是在什么大学讲演？"（26：188）张兆和把这事写信告诉了儿子。再次去哈佛，谈服饰，考古学家张光直主持，这次他记住了学校，还在日记中写："有一老太太带一裙子问时代，告她约在同治、道光时。随后又问值多少钱，率直回答我不是商人，无从奉告。"（26：199）

　　金介甫对沈从文的演讲有细致的观察和深刻的印象："他没有受过直接与西方接触的影响，而且既不关心也不会对他的听众'说恰当的话'。然而他恰恰在这一方面取得了辉煌的成功。""对于沈从文的听众

1　张充和：《沈二哥在美国东部的琐琐》，《沈从文印象》，孙冰编，163 页。
2　张充和：《沈二哥在美国东部的琐琐》，《沈从文印象》，孙冰编，166 页。

来说，这也是一次空前的经验。……他的语调既表现出中国伟大的传统学者所特有的那种无我的谦逊，又流露出一种欢欢喜喜的精神，因而他的听众中有些人说他活像一尊'小佛爷'，一尊'弥勒佛'。"[1]

二、他乡旧友新知

沈从文在东部期间，除了一两次偶尔在外住宿，都住在张充和家里。而他讲演的学校，除了耶鲁，都在另外的州，当天往返，实在是很辛苦。常常夜间行车，后座的两姊妹已经困倦入睡，前座的他还同开车的傅汉思兴致勃勃地有说不完的话。他如此好的精力，让人不敢相信。对"新事物"的兴趣，也令人称奇，如在华盛顿看航天博物馆；如在张充和家每饭后必吃冰淇淋，严冬腊月，谁也不需要，可要是忘了给他，他会用孩子般的方式提醒；他一个人看电视，不懂英文，却能说出故事的来龙去脉。

很多人与他相见，最称奇的，是他二十年代在北京租住汉园公寓时的一个十二三岁的少年，如今耶鲁的中文教师黄伯飞，他父亲当年开汉园公寓，他还记得当时胡也频住哪间，丁玲住哪间，沈从文住哪间。林蒲，西南联大时期的老学生，专程从南部飞来，赶到张充和家，和沈从文做了将近五个小时的谈话录音。

沈从文去哈佛，费正清和夫人费慰梅请他午餐，他们不仅是三十年代的旧识，而且有共同密切的朋友梁思成、林徽因，那时候他们都多么年轻！如今垂老，共同的朋友作古——这一对已逝夫妇的经历命运，自

---

1 金介甫:《沈从文在美国》,《长河不尽流》, 312—313 页。

然也就成为他们席间感慨万千的话题。费慰梅后来写了一本书《梁思成与林徽因》(*Liang and Lin*,美国宾夕法尼亚大学出版社,一九九四年版)。

来美国,沈从文特别想见的一个人是王际真。一九二八年,王际真由美回国探亲,路经上海,徐志摩介绍他和沈从文认识。短暂的交往,却结下了特殊的友谊。此后几年间,两人书信往还不断,因为不识英语,沈从文寄往美国的信封,都是王际真写好后从美国寄来的。他还时常从美国寄钱来,接济困难中的沈从文。王际真后来在哥大任教多年,翻译了不少书,其中《红楼梦》节译本第一次把这部中国小说名著介绍给美国读者。沈从文在哥大首场讲演后,向人打听这位老友,得知他已经退休二十年,独自一人住在纽约公寓中,不接受任何人拜访,是个"古怪老人"。沈从文先写了一封信,后又两次电话相约,两度到他家拜访——

> 第一次一到他家,兆和、充和即刻就在厨房忙起来了。……他已经八十五六岁了,身体精神看来还不错。我们随便谈下去,谈得很愉快。他仍然保有山东人那种爽直淳厚气质。使我惊讶的是,他竟忽然从抽屉里取出我的两本旧作,《鸭子》和《神巫之爱》!那是我二十年代中早期习作……不仅北京上海旧书店已多年绝迹,连香港翻印本也不曾见到。书已经破旧不堪,封面脱落了,由于年代过久,书页变黄了,脆了,翻动时,碎片碎屑直往下掉。可是,能在万里之外的美国,见到自己早年不成熟不像样子的作品,还被一个古怪老人保存到现在,这是难以理解的,这感情是深刻动人的!

谈了一会，他忽然又从什么地方取出一束信来，那是我在一九二八到一九三一年写给他的。翻阅这些五十年前的旧信，它们把我带回到二十年代末期那段岁月里，令人十分怅惘。（12：261）

结束了在美国东部的活动，即将离开之前，沈从文、张兆和在傅汉思、张充和家宴请朋友，一九八一年一月二十四日记："请客卅人，济济一堂，十分有趣。有余英时、赵浩生、黄伯飞等均耶鲁教授。又《江青传》作者夫妇，也谈了许久。十一点左右看电视中审江青一刹那，判刑一场，人多是呆相。"（26：200）

一月二十六日，沈从文、张兆和在张充和陪同下飞往芝加哥。二十七日和二十九日，在芝加哥大学做了两场讲演，由钱存训主持。钱夫人许文锦是张充和的初中同学。钱存训陪同参观远东图书馆，这个图书馆的建设得力于他四五十年的辛勤付出；图书馆学家马泰来特意把馆藏沈从文著作集中起来，请沈从文签名。

一月三十日，沈从文、张兆和飞往旧金山，张充和返回纽黑文。在旧金山期间，生活得到数学家钟开莱一家的特别照顾。沈从文到斯坦福大学、加州大学伯克利分校、旧金山州立大学分别演讲。在旧金山州立大学，不但担任演讲翻译的是西南联大时期的学生许芥昱，演讲后的座谈，参加者中还有一位西南联大的学生，来美讲学的袁可嘉。

二月七日下午，旧金山东风书店特意安排了一个沈从文与读者的见面会，时值书店举办"白先勇作品周"，白先勇得知沈从文来到了旧金山，特意从美国南部赶来，于是一老一少两个作家，联袂出现。白先勇致辞说：沈先生是他最崇敬的一位中国作家，他从小就熟悉沈先生作品中的许多栩栩如生人物。……人生短暂，艺术常存，沈先生的小说从卅年代直到现在，仍然放射着耀眼的光辉。这期间，中国经历了多大的变动，但是，艺术可以战胜一切。今天大家来瞻仰沈先生的风采，就是一个证明。

当天晚上，陈若曦在家中邀集文化界朋友欢迎沈从文。晚餐后沈从文放映幻灯片，讲解服饰史。数学大师陈省身，"此时却以小学生姿态发问"。告别之时，沈从文还未出门，陈省身突然谈起沈从文当年追求自己学生张兆和的情史。[1]

二月八日，沈从文、张兆和由旧金山飞赴檀香山。在夏威夷大学，沈从文做了访美的最后两次演讲，由马幼垣担任翻译。

十五日，离开檀香山，飞往东京；十七日，由东京转机回到北京。

三、《中国古代服饰研究》

回到北京后，略作休息，沈从文、张兆和与王㐨、王亚蓉同行，于三月五日南下广州，看香港商务印书馆《中国古代服饰研究》校样。沈从文把全部图稿从头到尾接连看了两遍，斟酌说明文字；对照图像审核，主要由王㐨、王亚蓉担任。香港商务印书馆还有两名编辑参与工作。直到月底，全书方才校改完毕。

同时还有文学作品的校样——广州花城出版社和香港三联书店将联合出版《沈从文文集》，分卷陆续印行，一大堆稿子主要由张兆和看，沈从文只看其中一小部分。与对《服饰研究》的倾力投入，以至于校改

---

1 雷平：《沈从文先生在美西》，《我所认识的沈从文》，荒芜编，253—258 页。

完成后身体吃重到"有点'解体'模样"相对照，旧作重印，沈从文却显得不那么热心，他写信给儿子说："草草争印对我意义实不多，甚至于一本不印也无所谓。"（26：210—211）

工作结束后有几天空闲，沈从文去中山大学三次：一次是和老朋友杨克毅、吴宏聪会面；一次是拜访商承祚和容庚两位老友，商承祚为《中国古代服饰研究》题写书名；还有一次是看学校博物馆。

四月五日，沈从文一行同去长沙，到省博物馆看文物，为服饰研究补充新材料。博物馆特别把著名的马王堆丝织品和各种珍稀杂文物，给沈从文看，并且提出具体问题请教。家乡人的热情感染着他，他四月八日做了一个讲演——事先没有准备，只当成和同行的交流，谈文物如同拉家常。他是站着讲的，开始就说："我习惯了，我做说明员做久了，我站起来讲。"讲起来就滔滔不绝。中间大家请他休息，他说："我这好像是卖膏药了。……你们看我做说明员做惯了，有职业病，拉拉杂杂的，一说话就没完。"同行的王亚蓉后来根据录音整理出这个演讲，题为《我是一个很迷信文物的人》。[1]

长沙之行有意保密，但后来还是消息漏出，沈从文先后应《湘江文艺》和省文联之邀，出席座谈会并做了讲话。这两次谈话王亚蓉也做了录音，后来整理出来，与在省博物馆的演讲一起，构成了《沈从文晚年口述》的主要内容。[2]

四月十六日回到北京，随后沈从文即着手写《服饰研究》的后记。说来话长，百感交集——他写了很多；可是到五月一日定稿，他却做了

---

1 沈从文：《我是一个很迷信文物的人》，见《沈从文晚年口述》，王亚蓉编，3—43页。
2 这两次讲话分别题为《自己来支配自己的命运》、《我有机会看到许多朋友没有机会看到的东西》，见《沈从文晚年口述》，王亚蓉编，44—81页，82—110页。

极大压缩，只简略叙述成书经过，语气平静。他留下的多种手稿片段，后来整理成长文《曲折十七年》，收入《全集》第二十七卷。

接下来的日子，是在等待这部著作的出版中度过的。九月，书一印出，香港商务印书馆的陈万雄立即赴京，往沈家送来样书。从一九六四年算起，这部书经过了十七年才得以出版；如果从一九六〇年草拟服装史资料目录、提交讨论、文化部同意进行工作算起，则是二十一年。

《中国古代服饰研究》初版精装，八开本，文字二十五万字，图像七百幅，其中彩图一百幅。署名为：编著沈从文，助理王䐉，绘图陈大章、李之檀、范曾，插图王亚蓉。很多人不解，书的编排上为什么有"图"和"插图"之分，统一编号不是看起来更清楚、更方便吗？这是沈从文的坚持，为了一份纪念：一九六四年已经打样即将付印的书稿，保留它的体例不变：原有的图像，以"图"的形式存在；后来新补充的图像，以"插图"的形式加入。

沈从文在引言开篇即表明问题："中国服饰研究，文字材料多，和具体问题差距大，纯粹由文字出发而作出的说明和图解，所得知识实难全面，如宋人作《三礼图》，就是一个好例。但由于官刻影响大，此后千年却容易讹谬相承。如和近年大量出土文物铜、玉、砖、石、木、漆、刻画一加比证，就可知这部门工作研究方法，或值得重新着手。"仅仅依靠文字之不足以支撑研究之外，他还指出，文字记载有明显的取舍选择，这样的取舍与沈从文的物质文化史观念有所偏离："汉代以来各史虽多附有舆服志、仪卫志、郊祀志、五行志，无不有涉及舆服的记载，内容重点多限于上层统治者朝会、郊祀、燕享和一个庞大官僚集团的朝服官服。记载虽若十分详尽，其实多辗转沿袭，未必见于实用。"方法上、内容上都存在可以探讨之处；"私人著述不下百十种，……又多近小说家言，或故神其说，或以意附会，即汉人叙汉事，唐人叙唐事，亦难于落实征信。"

他说："本人因在博物馆工作较久，有机会接触实物、图像、壁画、墓俑较多，杂文物经手过眼也较广泛，因此试从常识出发，排比排比材料，采用一个以图像为主结合文献进行比较探索、综合分析的方法，得到些新的认识理解，根据它提出些新的问题。"

引言简要介绍重点，从商、周到明、清，按照历史脉络，顺时叙述。最后，他有意无意间把这项研究与他个人的文学事业相联接："总的说来，这份工作和个人前半生搞的文学创作方法态度或仍有相通处"，是"比较有系统进行探讨综合的第一部分工作"，"总的看来虽具有一个长篇小说的规模，内容却近似风格不一分章叙事的散文"。(32：5—10)

《中国古代服饰研究》面世之前，就已引起关注。六月美国兰登出版社曾在北京和沈从文谈到，是否可能为美国一般读者出版一个简化的缩写译本；十月，兰登在收到香港商务印书馆的书后，又致信沈从文，重提出版这样一个译本的可行性，并计划同时组织一个在美、英几个城市的中国古代服装流动展览。[1] 沈从文认真考虑过如何缩写出一个适合普通读者阅读的本子，并为翻译问题而请教过杨宪益及海外亲友，但终因两方面的困难，不得不在试探后放弃。

香港商务印书馆初版本中有三百本特别签名本，定价八百港币，采取预售制，未及问世就被订购一空。书出版后两个月，台北龙田出版社

---

1 安东尼·舒尔特致沈从文，《沈从文全集》第 26 卷，275 页。

就以十六开本分两册翻印，删去郭沫若序言，隐去编著署名。沈从文对出版宣传中称此书为"中国服装史"感到不满和惶恐，他自己喜欢说，这是一本"试点性资料"——这个实事求是的说法并非完全出于谦虚，因为"试点"即意味着它"算是中国这一类性质的第一本书"（26：347），是开路和奠基的工作。

十二月，中国社科院以《要报》形式向中央和国务院报告《中国古代服饰研究》的出版情况。十一月底到十二月中旬，沈从文出席了政协第五届全国委员会第四次会议。

四、张兆和的工作

一九八一年年底，沈从文的旧作开始印行：江西人民出版社的《边城》单行本，湖南人民出版社的《沈从文小说选》、《沈从文散文选》，人民文学出版社的《从文自传》几乎同时上市。转年，人民文学出版社出版了凌宇编选的《沈从文小说选》两集和《沈从文散文选》；花城出版社和香港三联书店联合出版的《沈从文文集》发行了前五卷，此套文集由邵华强、凌宇编选，到一九八四年出齐，共十二卷。一九八三年，邵华强编选的早期作品选《神巫之爱》由花城出版社出版，凌宇编选的五卷本《沈从文选集》由四川人民出版社出版。

北京《中国文学》杂志社的"熊猫丛书"，一九八一年出版了英文版小说集《边城及其它》，一九八二年出版英文版散文集《湘西散记》、法文版《沈从文小说选》。戴乃迭是两个英文本的译者，其中《湘西散记》所收的《传奇不奇》、《雪晴》、《巧秀和冬生》，还集中发表于《中国文学》一九八二年第二期。

哥伦比亚大学出版社一九八一年出版刘绍铭、夏志清、李欧梵编《现代中国短篇和中篇小说选，1919–1949》，收入许芥昱翻译的《柏子》、《灯》、《三个男子和一个女人》和欧阳桢翻译的《萧萧》，该社一九八二年再版了金隄和白英旧译《中国土地：沈从文小说集》。纽约麦克米兰和自由出版社（Macmillan & Free Press）一九八一年出版《中国文明与社会》（*Chinese Civilization and Society*），收入南希·季博思（Nancy Gibbs）从《长河》中选译的《橘子园主人和一个老水手》。德国慕尼黑期刊《中国讯刊：图书—文章—信息》从一九八二年到一九八七年连续发表沈从文小说的译文：梅儒佩（Rupprecht Mayer）翻译的《柏子》（第二卷）、《生》（第五卷），包慧夫（Wolf Baus）翻译的《福生》（第十卷）、《往事》（第十一卷）、《雨》（第十二卷）、《静》（第十六卷）。

英国《龙的心》摄制组一九八二年春天来到沈从文狭小的寓所采访，他说了许多话："我一生从事文学创作，从不知道什么叫'创新'和'突破'，我只知道'完成'，……克服困难去'完成'。""……我一生的经验和信心就是，不相信权力，只相信智慧。"[1]

——看起来，确乎形成了一个"沈从文热"。

置身于"热"的中心，沈从文却一点也"热"不起来。他非但没有因"热"而膨胀，反倒想把自己"缩小"：在给老友程应镠的信中说，"至于年来国内外的'沈从文热'，可绝不宜信以为真，'虚名过实'，不祥之至。从个人言，只希望极力把自己缩小一些，到无力再小地步，免得损害别的作家的尊严，近于'绊脚石'而发生意外灾殃"。（26；381）

1　黄永玉：《这一些忧郁的碎屑》，《沈从文印象》，孙冰编，228 页。

大陆短时间内大量出版沈从文的旧作，可忙坏了张兆和。她不但要对照纷乱的版本校改印刷上的错讹，还得为这些作品的重新面世仔细“把关”。沈从文在一九八二年二月致徐盈信中，谈到张兆和工作的重点：“最近整理四五十年前旧作时，总是删来删去，凡是‘粗野’的字句必删去，‘犯时忌’的也必删去，‘易致误解处’更必删去，结果不少作品磨得光溜溜的，毫无棱角‘是特征’，也不免就把‘原有特征’失去了。又原来文法不通顺处，或地方性习惯上说得通，但照文法专家算得不合文法处，也加以一一整理，末了自然通顺多了，可是某些好处，也必然消失无余。又如前后叙述上矛盾处，不尽衔接处，一般读者照例没有那么认真去比较的，她总是日夜为核对这些忙得头昏眼花，我又不好意思告她，‘这些过时作品的重印，至多只能起些点缀作用，即点缀也不会多久，至多三几年就将成为陈迹，为它如此费心，实在不必要。’”（26：377）他不好意思告诉妻子的话，却反反复复对不同人说过。妻子的“认真”，在他看来又是“十分天真”，“以为当真还会传世长远”；其实，“那宜寄托什么不切现实幻想？”（26：380—381）

这一时期文学上出现了一些有影响的作品，沈从文读了古华的长篇《芙蓉镇》，印象极好，多次向人提及；儿子塞给他一本张洁的《沉重的翅膀》，他也读完了，觉得也好，但对表现方法有保留。汪曾祺以《异秉》、《受戒》、《大淖记事》等一系列与当时作品那么“不一样”的小说，在“新时期文学”中别开生面，别人惊奇不已，沈从文当然不会是这种感觉，胡乔木一九八二年春节期间到沈从文家拜年，两个人在屋子一角谈天，胡乔木说汪曾祺的作品“无一句空话”，沈从文说是“素朴亲切”四字。（26：459）

五、八十岁的惊喜

一九八二年年初，沈从文计划对《服饰研究》进行修订，其中主要是另加一百幅左右彩图，或为替换原有的一些黑白摹绘图，或为新增文物图像。他希望能出个重订版，更希望能在大陆印行。当时北京方面也确实在商讨出版事宜，不过沈从文心里并不十分乐观。

春节到来前两三天，王㐨、王亚蓉启程去了湖北江陵，参加马山一号楚墓发掘。这座荆州战国楚墓出土了一棺丝织物，但如何开棺、清理、保护，就需要古代服饰研究室的这两位骨干了。这一"丝绸宝库"的发现和成功发掘，改写了过去对战国织锦和纹样及纺织技术的认识。荆州博物馆委托王亚蓉回京接沈从文来考察，沈从文三月二十日离京，到了荆州之后，在那批战国楚地瑰宝前，他下跪了。[1]

沈从文写信给张兆和，二十四日说，"……真是一生仅见精美丝绣，又壮观又美不可言"。(26：385)三十日又说，"新出楚墓绣被三床，两面绣龙凤云虎，完全是现代派的第一流绘画。幸亏王㐨来得是时候，日夜和馆中工作人员一道忙了三个月，把它很好的保护下来了。亚蓉日夜用架子撑住，伏在上面摹绘并照相，两人工作态度倍受这里同仁赞赏"。(26：387)同日他还给张充和写了一封信，说："我正在刘玄德取荆州的荆州，……主要是来看看新出的绣花被面衣服，看过后，才明白宋玉招魂和屈原诸文的正确形容描写当时的繁华奢侈到何等程度。两个助手为整理材料忙了两个月，真是艰苦备至，终于奇迹般尽可能把最有代表性的部分保存下来，材料加以复原了。若没有见到这份东西，可以说

1　王亚蓉：《论公平还是读者公平》，《沈从文晚年口述》，王亚蓉编，174页。

永远读不懂《楚辞》，更难望注解得恰到好处！"（26；390）

　　年代久远的华美纺织物和服装出土后，极易残毁和变色，服饰研究室进一步的工作应该包括工艺技术研究，进行复原复制。从一九八三年起，王亚蓉以马山楚墓出土丝织物为标本开始实验复原复制工作，到一九九〇年完成第一批，沈从文已经不在世了。后来有一个意味深长的场景：北京大学赛柯勒博物馆开幕，从哈佛来的张光直看了王亚蓉的几件东西，说："不错，你知道你开展的工作叫什么吗？""不知道！""这叫在服饰文化领域开展的实验考古学研究。实验考古学源于美国。……"王亚蓉叙述了张光直的话之后，接着写道："是沈先生指引我走向传统学习的工作方法，用实验考古学的方法深入开展服饰文化的研究。"[1]

　　四月初回到北京后，沈从文还沉浸在新发现的兴奋中而不能自拔，他致信老友徐盈，说荆州半月，"终日在新博物馆整理文物库房中看材料"，丝绣织品"图纹秀雅活泼，以及色高明处，远在过去所见十倍高明，恰恰可证明当年宋玉文章提到楚国美妇人衣着之美，均为写实毫不夸张。还有双用漆涂抹而成的鞋子，鞋尖、鞋帮、底全用乌光漆精涂过，上用锦缎装饰，摩登到简直难于令人相信是公元前四世纪生产！若一加复原，会令人以为是一九……"（26；400）

　　——古代服饰，他为之付出了超常的耐心和精力，忍受过长久的寂寞、艰难和屈辱，也深刻体会到别人无从感受的平静、喜悦和充实。在他八十岁的时候，竟还有如此意外的回报，回报给他巨大的惊喜和激动；而且，它还出自楚地，他自觉认同的血脉溯源之地……

---

[1] 王亚蓉：《先生带我走进充实难忘的人生》，《沈从文晚年口述》，王亚蓉编，217页。

[第十七章]

生命的完成

一、犹及回乡听楚声

一九八二年五月八日，沈从文踏上了回乡的路。黄永玉早就有让表叔晚年回一次凤凰的想法，一经劝说，沈从文同意了。于是在张兆和的陪伴下，与黄永玉、张梅溪夫妇和黄苗子、郁风夫妇等亲友同行，回到了湘西那个小小的山城。

"在凤凰，表叔婶住我家老屋，大伙儿一起，很像往昔的日子。他是我们最老的人了。"黄永玉描述了在家乡的情景：

> 早上，茶点摆在院子里，雾没有散，周围树上不时掉下露水到青石板上，弄得一团一团深斑，从文表叔懒懒地指了一指，对我说："……像'漳绒'。"

他静静地喝着豆浆，他称赞家乡油条："小，好！"

每天早上，他说的话都很少。看得出他喜欢这座大青石板铺的院子，三面是树，对着堂屋。看得见周围的南华山、观景山、喜鹊坡、八角楼……南华山脚下是文昌阁小学，他念过书的母校，几里远孩子们唱的晨歌能传到跟前。

"三月间杏花开了，下点毛毛雨，白天晚上，远近都是杜鹃叫，哪儿都不想去了……我总想邀一些好朋友远远的来看杏花，听杜鹃叫。有点小题大做……"我说。

"懂得的就值得！"他闭着眼睛、躺在竹椅上说。[1]

在古街小巷走走，三转两转到了中营街一座房子，房屋已经破旧，里面住着五户人家。沈从文扶着中堂的破门壁，说：这里是我家，我就出生在这里……房屋早已卖给了别人。

他重回文昌阁小学，在教室里孩子们中间坐了一会儿，又特意走到校园背后"兰泉"井边，喝了几口井水。他执意去赶了一次苗乡著名乡场阿拉营——"还如我五十年前文章中形容的差不多，我们在人丛中挤了好一阵"。（26；404）赶场时候碰到一位同乡办喜事，"照老办法，买了只鹅和几包嘉湖细点送礼。我告他，我是本地人，他总不相信，却充满信心说：'你不是我们城里人。'简直像是非要取消我资格不可，十分有趣"。（26；420-421）还游览了黄丝桥古城——"垂拱三年所筑小小石头城，名'凤凰营'，比凤凰早一千年还多！是苗乡重点地方，二百年前四围有大几百碉堡保护，还有个土长城，延长到二百里，今只剩一座孤

---

1 黄永玉：《这一些忧郁的琐屑》，《沈从文印象》，孙冰编，240 页。

城。在城上绕了一圈，照相不少……"(26：437)

沈从文回乡的消息传开来，每天总有人来看他。有的抱了只锦鸡，有的带了四五十年前他写的信；有小城近邻，也有外州赶来的远客。三个中年人，从百里外的铜仁赶到凤凰，见了沈从文一齐下跪，连称"恩人"，说是"文革"中到北京上访，盘缠耗尽无法回家，幸亏他解囊相助。沈从文看着他们，已经无法回忆起这件事，张兆和倒是记得有过几次类似的事情，但眼前的人她也认不得了。

沈从文想听傩堂戏，听听顽童时代就深印在心里的声音，这个愿望也实现了。他写信告诉北京的家里人，说"还特别为黄先生来了两伙戏班子，唱的傩堂戏《搬先锋》特别动人好听，也录了音录了像。将来还可作《边城》电影的引曲，真是快乐中显得凄楚动人，和古人说的楚声必有密切关系"。(26：404)

"楚声"让他动情之至。有文字这样记叙：

> 《搬先锋》是其中一节。艺人们在锣鼓伴奏声中，唱着："正月元宵烟花光，二月芙蓉花草香……"当唱到"八月十五桂花香"时，沈先生也手舞足蹈地跟着唱了起来。他一边流泪，一边轻轻唱着。
>
> 一直唱了三个小时。艺人们要走了，先生站起来送行，他那黄框镜片后的眼睛红红的，依然盈满泪水。
>
> 他说，"这些曲子，我年轻时都会唱，小时读书，常听人唱通晚，这也是我当时常逃学的理由。"[1]

---

1 颜家文：《死是一门艺术》，《长河不尽流》，409 页。

还有黄永玉的文字，叙述的大概是另一次听戏：

> 一天下午，城里十几位熟人带着锣鼓上院子来唱"高腔"和"傩堂"。
>
> 头一句记得是"李三娘"，唢呐一响，从文表叔交着腿，双手置膝的静穆起来。
>
> "……不信……芳……春……厌、老、人、……"
>
> 听到这里，他和另外几位朋友都哭了。眼镜里流满泪水，又滴在手背上。他仍然一动不动。[1]

五月二十六日，一行人离开凤凰，到了吉首；第二天沈从文访问吉首大学，应邀与师生谈话，黄永玉、萧离陪着他。然后到张家界游览，"三姊和永玉一家爬上了一千三百尺的黄石砦，所得印象不坏，我却只能在山下一新成立的招待所，面对双峰出神"。（26；437）

短短的回乡之行，给沈从文晚年以极大安慰。他深幸自己还能重温没怎么变样的一切；同时他也清楚，变化一直在发生，且会永远变化下去，有些东西会消失，但他过去的文字保存下了一些美好："最可惜是一条沅水主流，已无过去险滩恶浪，由桃源上达辰溪，行船多如苏州运河，用小汽轮拖一列列货船行驶，过去早晚动人风物景色，已全失去。再过一二年后，在桃源上边几十里'武强溪'大水坝一完成，即将有四县被水淹没。四个县城是美的，最美的沅陵，就只会保留在我的文字记载中，一切好看清流、竹园和长滩，以及水边千百种彩色华美，鸣声好听的水

1　黄永玉：《这一些忧郁的琐屑》，《沈从文印象》，孙冰编，240—241 页。

鸟，也将成为陈迹，不可回溯，说来也难令人相信了。"（26：437—438）

六月四日，沈从文、张兆和回到北京。

二、日本之行

回京后沈从文参加了文联四届二次会议，被补选为全国文联委员。

九月二十七日到十月十二日，沈从文随王震为团长的访日代表团，参加中日邦交正常化十周年庆祝活动。《沈从文全集》第二十六卷有一张沈从文在东京与日本学界座谈的照片，照片上他背后是块黑板，板书字迹清晰："我自己意见最好还是研究年青一代的。中国俗话三十年为一代，我作品多经过了两代，所以应当忘记了。"

他有一封致张充和的信，记录了日本之行的一些事："看过了东京应拜访的人后，我还去东京博物馆找同行，看了一个下午又一个上午，因为是同行有的是话可问可答，两次都是馆中关门以后才离开。……在东京另一次约卅人学校教师座谈并便餐也极有意思，原来全是研究卅年代中国文学及我个人作品的。在座约有卅人，有几位且是远从北海道大学来的。只是在日本式便餐后，到爬起时不免有些狼狈，得要人扶才站得稳……后三天是外出到静冈、神奈川，看橘园和农场，并参观大都寺名胜……我却一物不买，只在东京买了几本高价书和几本廉价帖，如贺知章《孝经》，怀素小字《千字文》，欧书《千字文》，还买了七卷高价纸，似只宜写经，写一寸以上字就不大受墨。在东京写了十面册页，还顺手，正因此，回到了北京后，又补写廿余条。……卖中国书刊的店铺居然还有我几种书出售。"（26：451—452）

十一月二十四日至十二月十一日，沈从文出席政协第五届委员会第五次会议。这是他最后一次参加政协会议。第六届他缺席当选为政协常务委员，此后即因病一直缺席政协活动。

十二月初，收到《沈从文文集》前五卷稿酬，九千多元，全家人商量了一下，补足一万元，捐赠给凤凰文昌阁小学。他给校长写了一封短信，希望"将此款全部用于扩建一所教室及一宿舍，略尽我一点心意。我离开家乡多年，实在毫无什么贡献，生平又并不积钱，寄来的钱数有限，事情极小不足道，希望不要在任何报刊上宣传，反而增加我的不安，和其他麻烦，十分感谢。如能够因此使得各位老师和小同学，稍稍减少一点上课时过度拥挤，及居住方面困难，我就觉得极高兴了"。（26；468）后来学校用这笔钱和县里的拨款建造了图书馆，请沈从文题写"从文藏书楼"匾额，他坚决不同意用自己的名字命名，只题了"藏书楼"三个字。

沈从文八十岁生日，一家人平平静静地聚在一起，吃了一顿便饭。

汪曾祺为老师的生日写了一首诗送他，开头两句是：

> 犹及回乡听楚声，
> 此身虽在总堪惊。

中间还有一联：

> 玩物从来非丧志，
> 著书老去为抒情。[1]

---

1 汪曾祺：《星斗其文，赤子其人》，《晚翠文谈新编》，150页，155页。

三、病

一九八三年三月初，沈从文有两次轻微中风，出现脑血栓前兆；四月二十日，病情加剧，发生脑溢血症状，住进首都医院。因脑血栓形成，左侧偏瘫，住院治疗了两个月。出院后在家继续服用中医处方药物，接受针灸等康复治疗，但没有多大效果。十一月，一个年轻的中医吴宗宁，从南京专程来为他治疗，短期针灸后，行动能力有明显改善，继而用药物进一步治疗。此后数年，吴宗宁多次来北京为他诊治。一九八四年十一月二十日，因基底动脉供血不足，住入中日友好医院，治疗了三个月。

那个全力以赴于工作的时期再也回不来了，与疾病的抗争成了他的任务。

可是他总有放不下的事。一九八三年初，香港商务印书馆李祖泽、陈万雄，会同北京三联书店范用，商定了在香港和内地分别出版《中国古代服饰研究》增订本事宜。沈从文病倒后，王㐨承担起领导古代服饰研究室完成增订的一系列工作，他执笔补写了史前部分，战国时期也补入了江陵马山楚墓新发现的材料。八月二十七日，无法写字的沈从文由张兆和代笔，写信向时任北京市委常委兼科教部长的刘祖春求助：增订本工作基本就绪，"只缺少四种重要材料。这四种文物图画现藏历史博物馆"，希望能得到许可，"我们自己派人来馆照几个相"。（26：510）刘祖春后来在长篇回忆文章里说，"他与我并非浅交。……他一生只向我提出过一个要求。……我一生为他服务的就是这一件事。"刘祖春到文化部部长朱穆之家里，请他批了几句话，才由王㐨到博物馆拍了几张照片。[1] 增订全部完成后，十月二十四日，沈从文向王㐀口授了增订本《再版后记》。——然而，因为形势的变化，这本书并没有按原定计划出版，沈从文生前没有能看到增订本。

一九八四年春天，李辉在《北京晚报》的专栏"作家近况"里，写了一篇几百字的短文介绍沈从文，其中提到他半身不遂已近一年的病情。这篇不起眼的小文引起素不相识的医生黄世昌的关注，他主动提出为沈从文做诊疗。从他五月中旬给李辉的信里，可以看到沈从文身体的恢复状况："见过沈老后，我才放下一颗心，并不是我想象中那么差。沈老仍是鹤发童颜，乐观健谈。……我带了一套医疗检查器具，在沈老家做了神经系统的常规检查，仅见到较轻的左侧半身的运动功能障碍，没有发现明显的偏身感觉障碍和偏盲，这是不幸中的万幸。左侧软腭力弱，稍微影响吞咽功能，左手无名指和小拇指功能差，左下肢力弱影响站立和行走。总的来看，是右侧大脑半球（皮层到放射冠中间）某一些动脉血管中的血栓形成，阻碍了血液的流动，从而引起神经功能降低，而（和）左侧肢体运动功能障碍。应该庆幸的是，此病变没有波及思维、语言、感觉系统，目前运动功能恢复也较理想。我当医生多年，个人认为沈老的恢复还算不错的，有很多人年纪比沈老轻得多而恢复得很差。"[2]

一九八四年法兰克福 Suhrkamp 出版社出版了《边城》德文译本，译者吴素乐（Ursula Richter）此前几次拜访沈从文，见证了沈从文身体的恢复。一九八三年九月，吴素乐第一次去沈家，沈从文半躺在

1 刘祖春：《忧伤的遐思》，《星斗其文，赤子其人》，田伏隆主编，长沙：岳麓书社，1998 年，110—111 页。

2 李辉：《平和，或者不安分》，《人生扫描》，上海远东出版社，1995 年，1—2 页。

床上，"把温热的微微颤抖的手递入我掌中。他试图开口说话，但声音极其微弱。我立即决定终止我的访问。"转年一月份她第三次去沈家，"沈从文坐在椅子上欢迎我，像见到老朋友一样。……他原以为他的作品从未有过德译本，但我告诉他西德一本杂志上曾载过他的几篇短篇小说，在《廿世纪中国文学选集》中有他写的自传译文。"夏天，"我去访问时，发现他正坐在椅子上喘气、出汗、脸红红的。我十分惊讶，问发生了什么事。沈眯着眼睛，狡黠地用手指着他的妻子。她解释说：'他需要运动……我就让他在室内运动。在他口袋里放一把豆子，从门口到窗户，每来回一次就放一粒在小木柜上，放完为止。'然后她在我耳边轻声说：'每天我都多放一点豆子在他口袋中。'这时沈从文孩子般地笑起来，似乎在说：'我早就知道你的花招了。'"[1]

四、想象中的电影

一九八四年十月，凌子风执导的电影《边城》摄制完成，内部试映前吴素乐得到邀请，她叫了辆出租车接张兆和同去。当张兆和出乎意料地出现在北京电影制片厂的放映厅时，大家站起来向她热烈鼓掌。影片开始的镜头，是沈从文在书桌前，这是一九八三年八月在沈从文家里拍摄的。后来凌子风获第五届金鸡奖最佳导演奖，影片在第九届蒙特利尔国际电影节获评委会荣誉奖。

很难说沈从文会完全满意这部影片，他直到去世也没有看过，张兆

1　吴素乐：《我所认识的沈从文》，《星斗其文，赤子其人》，田伏隆主编，375—376 页。

和说："剧本结尾他不同意，说不是他的。"[1] 但从小说改编成电影，这件事总算有人做成了，而且大致尊重原作，他会得到不少安慰。对自己的作品改成电影，他有自己的想象，在这几年里，他认认真真思考过，如果拍电影，应该是什么样的。

有一种说法，著名导演桑弧在一九四七年就将《边城》改编成了电影剧本。一九五〇年四月二十五日出版的《文艺报》第二卷第三期第二十七页"文艺动态"中，有一条这样的消息："文学名著《边城》、《水浒传》、《腐蚀》将先后由上海文华影片公司制成电影。《边城》系沈从文原著，三年前由桑弧改编成电影剧本，最近又经师陀重新编写，近期即开拍。"何以会出现这么一条"动态"，难以解释；至于"开拍"，那自然更是不可能有下文的事。

一九五二年香港励力出版社出版了根据《边城》改编的电影剧本《翠翠》，编者姓名不详，这个剧本和桑弧、师陀的本子是否有关也不得而知。这一年香港长城电影公司拍摄了严峻执导的黑白片《翠翠》，次年公映，颇受欢迎。

沈从文一九八〇年八月谈到过这部香港早期电影，不以为然。他说："若依旧照五三年香港方面摄制的办法，尽管女主角是当时第一等名角，处理方法不对头，所以由我从照片看来，只觉得十分好笑。从扮相看，年大了些。主要错误是看不懂作品，把人物景色全安排错了。"（26；136）

一九八〇年初，上海电影制片厂徐昌霖通过徐盈转致沈从文信，希望拍摄《边城》，因此而触发了沈从文对电影的考虑。在此后的多次沟

1　李辉：《一些串起来的碎片》，《和老人聊天》，郑州：大象出版社，2003 年，42 页。

通中，双方很难达成一致。沈从文想象中的电影，应该是什么样子的，不应该是什么样子，有很多零星表述，其中在九月致徐盈信中，说得集中而具体：

　　朋友汪曾祺曾说过，求《边城》电影上得到成功，纯粹用现实主义方法恐不易见功，或许应照伊文思拍《雾》的手法，镜头必须采用一种新格调，不必侧重在故事的现实性。应分当作抒情诗的安排，把一条沅水几十个大大小小码头的情景作背景，在不同气候下热闹和寂寞交替加以反映。一切作为女主角半现实半空想的印象式的重现。因为本人年龄是在半成熟的心境情绪中，对当前和未来的憧憬中进展的。而且作品的时间性极重要，是在辛亥后袁世凯称帝前，大小军阀还未形成，地方比较安定的总环境下进行的。所以不会有什么（绝不宜加入什么）军民矛盾打闹噱头发生。即涉及所谓土娼和商人关系，也是比较古典的。商人也即平民，长年在驿路上奔走，只是手边多有几个活用钱，此外和船夫通相差不多。决不会是什么吃得胖胖的都市大老板形象。掌码头的船总，在当地得人信仰敬重，身份职务一切居于调解地位，绝不是什么把头或特权阶级，这一点也值得注意。
　　至于主题歌，我怕写不出，也不好写，甚至于不必写。依我主观设想，全部故事进展中，人实生活在极其静止寂寞情境中，但表现情感的动，似乎得用四种乐律加以反映：一为各种山鸟歌呼声；二为沅水流域放下水船时，弄船人摇橹，时而悠扬时而迫紧的号子声；三为酉水流域上行船，一组组纤夫拉船屈身前奔，气喘吁吁的短促号子声；四为上急流时，照例有二船夫，屈身在船板上用肩头顶着六尺长短篙，在船板上一步一步打"滴篙"爬行，使船慢慢上行的辛苦酸凄的喊号子声。内中不断有时隐时显，时轻时重的沅水流域麻阳佬放下水船摇橹号子快乐急促声音，和酉水流域上行船特别辛苦，船夫之一在舱板上打"滴篙"，充满辛苦的缓慢沉重号子声相间运用，形成的效果，比任何具体歌词还好听得多。此外则在平潭静寂的环境下，两山夹岸，三种不同劳动号子，相互交叠形成的音乐效果，如运用得法，将比任何高级音乐还更动人。(26;149–150)

一九八一年第三期《芙蓉》杂志发表了上影厂改编的剧本《翠翠》，沈从文十分不满，十月中旬致徐盈信中说："若电影剧本必须加些原作根本没有的矛盾才能通过，我私意认为不如放弃好。……一加上原书并没有的什么'阶级矛盾'和'斗争'，肯定是不会得到成功的。……我的作品照例是目前人习惯说的极端缺少思想性的，……在生前看不到的重现于电影上，也认为十分平常自然，并不是什么值得惋惜的事。"(26;288)

一九八二年夏秋，上影厂两次寄来改编费，被沈从文两次退回，断然拒绝拍摄。十一月初，致徐盈："上影厂文学部陈某，来一信，态度十分恶劣，且带讹诈性质。或许即《边城》改编人之一，并以'业在文化部备案'为辞，似乎如此一来，我即可以不过问。正因此，我必须过问。"他不能够容忍自己的作品被胡乱庸俗化，"这样作为电影，若送到我家乡电影院放映，说不定当场就会为同乡青年起哄，把片子焚毁"。(26;456–457)

一九八三年，北影厂改编《边城》。二月，沈从文读了姚云和李隽

培的剧本，写了很多具体修改意见。其后，又和导演凌子风及姚云一起
讨论剧本。八月，电影开拍。

一九八四年七月十七日，荷兰纪录片大师尤里斯·伊文思（Joris
Ivens）第二次来沈从文家访问，谈纪录片《风》事。此时伊文思已经
看过《边城》的样片，印象不错，他告诉沈从文，翠翠和老船夫都好，
外景也好，但感觉电影总是不如原作。

一九八二年，有人提出把《萧萧》、《贵生》、《丈夫》改编成一部
电影，沈从文认为，还是改编成不相关连的电影短片为好，"意大利人
曾如此拍过短片，得到较好效果，具世界性。"他特别强调，"不宜受现
在理论影响"，"且配音必须充满地方性，力避文工团腔调，可能要第一
流导演且随时和我商量，才可望得到成功。你们见我作品太少，不妨看
到十本作品以后再研究，如何"。（26；368）

一九八五年初，同在中日友好医院住院的钟惦斐转告沈从文，作家
张弦打算把《萧萧》改编成电影剧本。三月份，张弦即送来剧本初稿，
后又来寓所听取沈从文的意见。一九八六年五月，以《萧萧》故事为主
体、用了《巧秀与冬生》部分情节的《湘女萧萧》由北京青年电影制片
厂摄制完成。一九八八年，这部影片在法国蒙彼利埃中国电影节获金熊
猫奖，在西班牙圣·塞巴斯蒂安国际电影节获唐·吉诃德奖。

——沈从文想象中的电影，或许只能在沈从文的想象中存在。

五、小房间里的来客

沈从文无法再出门了，身体也不允许他像以前那样接待大量的访
客。家里人在门上贴了张不便见客的纸条，多少起到一些作用。尽管如

此，家里仍然是个人来人往的地方，与上门的人交流，成了沈从文生命最后几年"社会活动"的主要方式。

一九八三年小中风后，三月十八日，曹禺来看他，送给他一九三四年上海第一出版社初版的《从文自传》，是曹禺托中国书店买到的。四月偏瘫住院治疗两个月回家不久，夏志清前来拜访。一九八四年，他在家里接待过古华、德国学者马汉茂夫妇、湘西土家族和苗族民间工艺美术老艺人、聂华苓、数学家丘成桐，等等。

凌宇为写《沈从文传》，一九八四年六月接连有十余日和沈从文长谈。每天谈话中有一两次短暂休息，休息时其实也还谈话，不过逸出了正题，随意放松，即兴问答：

"您和鲁迅先生有没有见过面？……"

"不好再见面。丁玲写信给他，却以为是我的化名。何况不是我写的，即便真是我的化名，也不过是请他代为找份工作，哪值得到处写信骂人。"

"您和老舍熟不熟？"

"老舍见人就熟。这样，反倒不熟了。"

"在三十年代新出左翼作家中，我觉得张天翼的小说很不错。"

"张天翼是个自由主义者。"

"四十年代孙犁的小说也很有特色。"

"孙犁也有点自由主义。"

……

又见李泽厚的《美的历程》：

"李泽厚这本书在青年学生中影响极大。您看过没有？"

"看过。涉及文物方面，他看到的东西太少。"沈先生轻轻舒一口气，"如果他有兴趣，我倒可以带他去看许多实物。"

……

我们不独谈别人，也谈有关他自己的创作。

……

……"我很会结尾！"

他笑起来，颇有几分自得，自得里透着孩子似的天真。

……

"我写《湘西·凤凰》，用心理变态解释'巫婆'、'放蛊'和'落洞少女'，周作人看了非常赞赏。这不奇怪，我的朋友中就有专门研究心理学的。对变态心理学，我很有研究……"

突然又轻轻叹口气："也有弄错的时候。访问美国的时候，我的老朋友钟开莱先生对我说：'你在《从文自传》中写杀人，让犯人笑掷决定生死，说犯人活下来的机会占三分之二，那不对，应该是四分之三。新出的选集中，我改过来了。'"

……

"……沙汀喜欢《顾问官》，聂绀弩喜欢《丈夫》，曹禺说'《丈夫》是了不起的作品'，李准喜欢《萧萧》，还有人喜欢那些据佛经故事改成的小说，更多一点的喜欢《边城》。……"

……

"您在《水云》中多次提及'偶然'引起你情感发炎，而且明确说这'偶然'的名字叫'女人'。这究竟是怎么一回事？那个'偶然'又是谁？"

张兆和先生笑了："老先生自己说。"

……沈先生不作声，脸上微现红晕，似乎有点不好意思。

……

"也许我是个湘西人，您作品中那份乡土悲悯感给我的震撼实在太大。在这人生悲悯里，深藏着您对南方少数民族命运的忧虑。不知我的感觉对不对？"

"苗人所受的苦实在太深了。……"[1]

七月三十一日，黄永玉夫妇陪日本政府部门派的专家村山英树来访，咨询一万元日钞上所印古代皇太子画像真伪问题——这可真是有趣，不过在日本专家看来却是严肃之至——因为从服饰制度上产生怀疑，如果不是皇太子画像，那种钞票就得停止使用；第二天村山等三位日本专家又来，听取沈从文的分析；过了半个月，村山英树和东京电视台工作人员五六个人同来，仍请他分析一万元日钞上人物服饰制度问题，并拍摄电视纪录片。

一九八五年三月二十八日，巴金在出席政协会议前，由女儿李小林陪着来看望他，"房间还是很小，四壁图书，两三幅大幅近照，我们坐在当中，两把椅子靠得很近，使我想起一九六五年那个晚上，可是压在我们背上的包袱已经给摔掉了，代替它的是老和病。他行动不便，我比他好不了多少。我们不容易交谈，只好请兆和作翻译，谈了些彼此的近况。""我大约坐了不到一个小时吧，告别时我高高兴兴，没有想到这是我们最后的一面，我以后就不曾再去北京。当时我感到内疚，暗暗责备

1　凌宇：《风雨十载忘年游》，《沈从文印象》，孙冰编，124—128 页。

自己为什么不早来看望他。"[1]

六月六日，美国耶鲁大学的华裔诗人郑愁予和特尔尼蒂大学李文玺夫妇，约请卞之琳同来寓所拜会。

六月三十日，美国国家地理杂志记者来采访，听沈从文介绍江陵马山楚墓等重要考古发现，并展示古代服饰研究室按照实验考古学方法，新研究复制的精美织绣品。

八月七日，德国汉学家赫尔穆特·福斯特·拉兹和夫人玛丽·路易斯·拉兹来访，送给沈从文一本他们夫妇合译的《边城》，科隆Cathay出版社出版。这一年吴素乐翻译的又一本书《沈从文小说集》，在法兰克福Insel出版社出版。

六、老泪

一九八五年五月十八日，老报人萧离致信中共中央总书记胡耀邦，反映沈从文生活及工作条件等方面存在的问题。有关部门向社科院党组电话传达胡耀邦指示：迅即详情汇报沈从文情况。田纪云将萧离来信的原件批转社科院党组，要求提出改善的意见。六月二十九日，中央组织部行文，决定按部长级待遇解决沈从文工资、住房及其他方面的问题。

一九八六年春，在崇文门东大街22号楼给沈从文分配了一套新居，初夏搬入。

沈从文终于有了宽敞、安静的大房间，在他八十四岁的时候；可是他已经没有能力如以前无数次想象过的那样，"把资料摊开"来研究和

1　巴金：《怀念从文》，《沈从文印象》，孙冰编，19页。

写作了。他的思维还异常敏捷，可是生活已经离不开张兆和的照料；要
写短文、短信，也只能口述，由张兆和笔录。

香港商务印书馆为纪念沈从文从事文学写作和文物研究六十年，出
版了新编物质文化史论文集《龙凤艺术》。荒芜编选了一本《我所认识
的沈从文》，收有朱光潜、张充和、傅汉思、黄永玉、汪曾祺等人的文
章。此前，凌宇著《从边城走向世界——对作为文学家的沈从文的研究》
一九八五年底由北京三联书店出版；此后，一九八七年，斯坦福大学出
版社出版了金介甫的《沈从文传》(*The Odyssey of Shen Congwen*)。

似乎方方面面，明显在朝着好的方向进展，给这个老病的生命带来
安慰；只是，这个生命本身，却有自己的走向。

一九八六年十一月二十日，沈从文因肺炎住院治疗；转年四月
二十二日，再次因肺炎住院，一个月后出院。显然，他的身体是越来越
衰弱了。

在心理上，似乎也逐渐显出变化，一个表现是，他越来越容易流泪
了。沈从文本来就是感情纤细敏锐的人，流泪是感情表达的一种自然方
式；同时他也是个隐忍的人，他会用其他的方式来压抑、分散或者表达
感情。但是随着年岁增大，流泪渐渐变得多了起来——从另一方面看，
流泪所表达的东西也多了起来。

"文革"中期，孙女沈红在学校因成绩好守纪律而受厌学顽童欺
负，沈从文闻之落泪；一九七七年，穆旦五十九岁不幸去世，"得消息
时，不禁老泪纵横！"(26：85)穆旦在西南联大读书和短期任教，与沈
从文多有交往，沈从文曾在文章中称许这位杰出的青年诗人，一九四六
年至一九四八年他主编天津《益世报·文学周刊》，发表了穆旦十七首
诗。一九七三年穆旦托人捎给沈从文一本《从文小说习作选》，让沈从

文大为感念——这两个例子都好理解，在常理之中。

　　而自从一九八三年病倒之后，沈从文行动不能自如，说话也越来越少，越来越简单，流泪就成了一种特殊的表达方式。为自己伤感，对他人同情，被艺术感动，还有更为复杂交织在一起的感情，都有可能令他不能自已。外人看来突然的反应，在他自己却是自然；家里人也在逐渐变化的过程中理解。

　　一九八二年回乡听傩堂戏而流泪，生病后在家里，偶然听到"傩堂"两个字，本来很平静的他，顺着眼角无声地落泪。"一次母亲见他独坐在藤椅上垂泪，忙问怎么回事，他指指收音机——正播放一首二胡曲，哀婉缠绵——奏完，他才说：'怎么会……拉得那么好……'泪水又涌出，他讲不下去了。"[1]

　　一九八五年六月十九日，夏鼐突发脑溢血去世，沈从文大哭一场。老友的死更让他痛感生命紧迫，他急电正在广州南越王墓工作的王㐨速返北京，每天对他谈《中国古代服饰研究》增补具体事项。

　　也是在一九八五年，一个杂志社几个人来采访，问起"文革"的事，沈从文说，"在'文革'里我最大的功劳是扫厕所，特别是女厕所，我打扫得可干净了。"来访者中有一个女孩子，走过去拥着老人的肩膀说了句："沈老，您真是受苦受委屈了！"没想到的是，沈从文抱着这位女记者的胳膊，嚎啕大哭。什么话都不说，就是不停地哭，鼻涕眼泪满脸地大哭。张兆和就像哄小孩子一样，又是摩挲又是安慰，才让他安静下来。[2]

1　沈虎雏：《杂忆沈从文对作品的谈论》，《读书》1998 年第 12 期。
2　依旭：《沈从文大哭》，《南方周末》，2002 年 9 月 28 日。

一九八七年，黄永玉得到一大张碑文拓片，碑是熊希龄一个部属所立，落款处刻着："谭阳邓其鉴撰文，渭阳沈从文书丹，渭阳沈岳焕篆额。"渭阳即凤凰，沈岳焕是沈从文的原名。立碑时间是一九二一年。这块碑现藏芷江县文物馆。黄苗子看了沈从文的字体，说："这真不可思议；要说天才，这就是天才；这才叫做书法！"

　　我带给表叔看，他注视了好一会儿，静静地哭了。
　　我妻子说："表叔，不要哭。你十九岁就写得那么好，多了不得！是不是，你好神气！永玉六十多岁也写不出！……"[1]

一九八七年七月八日到十一日，两位瑞典客人，作家汉森（Stig Hansén）和汉学家倪尔思（Nils Olof Ericsson）对沈从文进行了连续四天的访谈。汉森带给他一份复印件，是一九四九年瑞典杂志上的《萧萧》，这是最早译成瑞典文的沈从文作品；还给他看最新的瑞典杂志，上面有马悦然翻译、斯德哥尔摩 Norstedt 出版社出版的《边城》广告。他们的谈话围绕沈从文的生平和文学展开，其间，汉森说："我昨天看了英文的《贵生》，这是写的……"沈从文接话道："对被压迫的人的同情。"——就在这时，他的眼泪落了下来。（27；346—347）

七、最后的文字，最后的话

一九八七年八月二十四日，沈虎雏把誊抄好的《抽象的抒情》拿

---

[1] 黄永玉：《这一些忧郁的琐屑》，《沈从文印象》，孙冰编，228 页。

给沈从文看。他看完后说："这才写得好呐。"——可是，他已经不记得这是他自己写的文章。

一九八八年四月六日，倪尔思再次来访，转告马悦然的问候，告诉他马悦然又翻译出版了一厚本他的选集，书名叫《静与动》，Norstedt出版社出版；倪尔思自己翻译的他的小说散文也已经结集，取名《孤独与水》，即将在秋天由 Askelin & Hägglund 出版社出版。

四月八日，已经好几年无法写字的他，勉强握笔，费力地给凌宇写了一封短信。他从熟人那里听说，凌宇正参与筹备一个国际性的沈从文研究学术研讨会，不禁十分焦急，写信极力阻止。信文如下：

　　《秋水篇》[1]："大块载我以形，劳我以生，佚我以老，息我以死。"孔子云："血气既衰，戒之在得。"这两句话，非常有道理，我能活到如今，很得力这几个字。但愿你也能记住这几个字，一生不至于受小小挫折，即失望。你目下的打算，万万走不通，希望即此放下痴心妄想。你只知道自己，全不明白外面事情之复杂。你全不明白我一生，都不想出名，我才能在风雨飘摇中，活到如今，不至于倒下。这十年中多少人都忽然成为古人，你亲见到的。应知有所警戒。你不要因为写了几个小册子，成为名人，就忘了社会。社会既不让我露面，是应当的，总有道理的。不然我那能活到如今？你万不要以为我受委屈。其实所得已多。我不欢喜露面，请放弃你的打算，自己做你研究，不要糟蹋宝贵生命。我目下什么都好，请勿念。并问家中人安好。（26：547）

1　应是《庄子·大宗师》之误。

四月十二日，又追加一信，措辞严厉决绝：

　　我昨天给你一信，想收到。因为见你给萧离信，说什么"正是时候"。因为你写传记，许多报纸已转载，就打量来一回国际性宣传，我觉得这很不好，成功也无多意义，我素来即不欢喜拜生祝寿这一套俗不可耐的行为。很希望放下你的打算，莫好事成为一生笑谈。再说我们虽比较熟，其实还只是表面上的事，你那传记其实只是星星点点的临时凑和。由外人看来，很能传神，实在说来，还不能够从深处抓住我的弱点，还是从表面上贯穿点滴材料，和我本人还有一点距离。你希望做我的专家，还要几年相熟，说的话一定不同。目前的希望，你有这个才气，居然能贯穿材料已很难得。你和我再熟一点，就明白我最不需要出名，也最怕出名。写几本书算什么了不起，何况总的说来，因各种理由，我还不算毕业，那值得夸张。我目前已做到少为人知而达到忘我境界。以我情形，所得已多。并不想和人争得失。能不至于出事故，就很不错了。你必须放下那些不切事实的打算，免增加我的担负，是所至嘱。(26：550—551)

四月十六日，复信向成国，谈的还是研讨会的事，态度一贯：

　　……弟今年已八十六，所得已多。宜秉古人见道之言，凡事以简单知足，免为他人笑料。不求有功，先求无过。过日子以简单为主，不希望非分所当，勉强它人为之代筹。举凡近于招摇之事，证"知足不辱"之戒，少参加或不参加为是。(26：553)

　　这三封信是沈从文写下的最后的文字，《沈从文全集》第二十六卷附有手迹，一笔一画，俱见艰难。

　　五月十日下午，沈从文会见黄庐隐女儿时心脏病发作。事先没有征兆。五点多钟，他感觉气闷和心绞痛，张兆和扶着他躺下。他脸色发白，不让老伴走开。王㐨、王亚蓉急急忙忙赶来，他对他们说："心脏痛，我好冷！"六点左右，他对张兆和说："我不行了。"

　　在神智模糊之前，沈从文握着张兆和的手，说："三姐，我对不起你。"——这是他最后的话。[1]

　　晚八时三十分，他静静地走了。

八、告别

　　沈从文去世了，国内的新闻却奇异地没有声音。五月十三日，中新社电讯简单到不能再简单地发了条消息，十四日《人民日报》海外版用了这个消息；十四日《文艺报》出现了五十个字的报道。十六日，上海《新民晚报》编发了一篇报道——根据的是香港消息；十七日，《新民晚报》刊出林放——著名报人赵超构——的文章《迟发的讣文》，表达对新闻"秘不发丧"的强烈质疑。巴金在家里一连几天翻看上海和北京的报纸，找不到老友的名字。直到十八日，新华社才发了简单的报道。"人们究竟在等待什么？我始终想不明白。难道是首长没有表态，记者不知道报道该用什么规格？"[2]

1　向成国：《他静静地走了》，《星斗其文，赤子其人》，田伏隆主编，288页。
2　巴金：《怀念从文》，《沈从文印象》，孙冰编，4页。

瑞典的马悦然接到台湾记者的电话，问他能否确证沈从文逝世的消息。他立即向中国驻瑞典大使馆核实，令他震惊的是，大使馆的文化参赞竟然从未听说过沈从文这个人。台湾《中国时报》在沈从文去世后三天即刊出马悦然的文章，他说："作为一个外国的观察者，发现中国人自己不知道自己伟大的作品，我觉得哀伤。"[1] 马悦然的哀伤里，带着郁愤的不平。

——可是，沈从文真的不需要别人为他不平，更不需要"规格"，不需要权力来给他排定"地位"，不需要新闻的热闹。十八日上午，在八宝山举行了一个告别仪式，只通知了少数至亲好友，也有景仰他的人是自己来的。没有花圈、挽幛、黑纱，没有悼词，不放哀乐，放沈从文生前喜欢的古典音乐，贝多芬的"悲怆"奏鸣曲。沈从文面色如生，安详地躺着，周围是几十个花篮。每个告别的人拿一枝半开的月季，行礼后放在遗体边。

> 我走近他身边，看着他，久久不能离开。这样一个人，就这样地去了。我看他一眼，又看一眼，我哭了。[2]

> 三十多年来，我时时刻刻想到从文表叔会死。清苦的饮食，沉重的工作，精神的磨难，脑子、心脏和血管的毛病……
> 看到他蹒跚的背影，我不免祈祷上苍——"让他活得长些罢！"

1　马悦然：《中国人，你可认得沈从文？》，《中国时报·人间》，1988 年 5 月 13 日。
2　汪曾祺：《星斗其文，赤子其人》，《晚翠文谈新编》，157 页。

他毕竟"撑"过来了。足足八十六岁。[1]

我还记得兆和说过："火化前他像熟睡一般，非常平静，看样子他明白自己一生在大风大浪中已尽了自己应尽的责任，清清白白，无愧于心。"他的确是这样。

我多么羡慕他！可是我却不能走得像他那样平静、那样从容，因为我并未尽了自己的责任，还欠下一身债，我不可能不惊动任何人静悄悄离开人世。[2]

九、逐渐完整起来的沈从文世界

倪尔思在悼念沈从文的文章里写道："一九八八年秋瑞典出版的两本选集都引起了人们对沈从文作品的很大兴趣，很多瑞典人认为，如果他在世，肯定是一九八八年诺贝尔文学奖的最有力的候选人。"[3] 不少人喜欢这样的说法，以此来加重对沈从文的崇仰和表达遗憾。十二年后，马悦然发表《中国的"诺贝尔文学奖"候选人》，个人证实了这个说法："作为瑞典学院的院士，我必定对时间尚未超过五十年之久的有关事项守口如瓶。但是我对沈从文的钦佩和对他的回忆的深切尊敬促使我打破了严守秘密的规矩。沈从文曾被多个地区的专家学者提名为这个奖的候选人。他的名字被选入了一九八七年的候选人终审名单，一九八八年他再度进入当年的终审名单。学院中有强大力量支持他的候选人资格。我

1　黄永玉：《这一些忧郁的琐屑》，《沈从文印象》，孙冰编，201 页。
2　巴金：《怀念从文》，《沈从文印象》，孙冰编，20 页。
3　倪尔思·奥洛夫·埃里克松：《一位真诚、正直、勇敢、热情的长者》，《长河不尽流》，295 页。

个人确信，一九八八年如果他不离世，他将在十月获得这项奖。"[1]

　　这固然是个很大的遗憾，不过实在说来，获奖与否并没有多么重要。重要的是，对沈从文的认识，能走到多远多深。一九八八年，远未到盖棺定论的时候。"重新发现"沈从文的工作仍将继续，但是研究者将面临的不仅仅是这方面的考验——沈从文的"遗产"，还远远不止于人们已经见到的：倘若有一份"清单"，这份"清单"还将不断添加，丰富程度大大超出通常的想象。所以，不仅有对已经列在"清单"上内容的"再次发现"的问题，还有对不断添加到"清单"上的新内容的"第一次发现"。

　　一九九二年，岳麓书社出版《沈从文别集》，共二十册，小开本，朴素雅致，沈从文生前就希望出版这么一套"小书"。这套书——《别集》这个名字是汪曾祺想的，每册的书名是张充和题写的——受到欢迎，不仅是因为装帧形式，还因为它有新的内容，张兆和在《别集》总序里交代得很清楚："我们在每本小册子前面，增加一些过去旧作以外的文字。有杂感，有日记，有检查，有未完成的作品，主要是书信——都是近年搜集整理出来的，大部分未发表过。"[2]这些增加的东西，让敏锐的人"管窥"到一个更大的沈从文世界——确实只能是"管窥"，因为这还只是零星的披露。

　　一九九六年，《从文家书——从文兆和书信选》由上海远东出版社出版，读者"管窥"到的东西更多了一些。在后记里，张兆和写下了这样的话："从文同我相处，这一生，究竟是幸福还是不幸？得不到回答。

1　马悦然：《中国的"诺贝尔文学奖"候选人》，《明报月刊》2000年第10期。
2　张兆和：《〈沈从文别集〉总序》，《沈从文别集》，长沙：岳麓书社，1992年。

我不理解他，不完全理解他。后来逐渐有了些理解，但是，真正懂得他的为人，懂得他一生承受的重压，是在整理编选他遗稿的现在。过去不知道的，现在知道了；过去不明白的，现在明白了。"[1]

二〇〇二年，《沈从文全集》出版，沈从文的世界这才得以完整地呈现出来。《全集》共一千多万字，其中生前未发表的作品及书信等约四百四十万字。很难设想，没有这四百四十万字，可以很好地理解沈从文，尤其他的后半生。

说起来，真得庆幸沈从文家人的有心、耐烦和细致，"乱纸堆"没有化为乌有，而整理成了重要文献。沈虎雏简略叙述过缘起和经过："我一九八〇年回到北京时，破旧行李中有个小纸箱，保存着父母文革前后给我的信，其中偏偏父亲规劝我怎么面对冲击挫折，最重要的几封，由于担心遭查抄肆意曲解上纲，被我毁掉了。打开小纸箱时，心中的懊恼使我倍加珍惜这种不可再生的材料，那是在一间空屋子，几个月前父亲从这里搬入新居，地上犹积存着厚厚的垃圾，清理它们的时候，我顺手把一切有父亲文字的纸张收拢，不意竟有一整箱，从此开始了保护、收集、拼接、识别、整理的漫长岁月。"[2]

《沈从文全集》第二十八卷至三十二卷为物质文化史卷，内容异常驳杂，按照目录归类，有以下方面的内容：中国玉工艺研究、中国陶瓷史（残章）、中国陶瓷研究、漆器及螺钿工艺研究、狮子艺术、陈列设计与展出、唐宋铜镜、镜子史话、扇子应用进展、文物研究资料草目、中国丝绸图案、织绣染缬与服饰、《红楼梦》衣物及当时种种、说"熊

1　张兆和：《〈从文家书〉后记》，《从文家书》，上海远东出版社，1995年，319页。
2　沈虎雏2005年11月22日给本书作者的信。

经"、文物识小录、龙凤艺术新编、马的艺术和装备、文史研究必需结合
文物、中国古代服饰研究——沈从文的"杂货铺",让人叹为观止,也
足以让任何整理者都望而生畏。恰当编集,更非专门研究者难以胜任。
王㐨负责起了这份繁重的工作。《中国古代服饰研究》增订本一九九二
年由香港商务馆出版,王㐨完成了沈从文生前的重托,本可以腾出手来
做自己的研究,却以抱病之身,又埋头于沈从文大堆散乱的文稿之中。
沈从文后半生研究事业的文集编成,王㐨却在一九九七年去世,只有
六十七岁,未及看到《沈从文全集》的出版。

　　《沈从文全集》的编辑工作从一九九二年启动,十年后全集面世。
这个编委会的劳动和奉献值得铭记。他们是,顾问:汪曾祺、王㐨;主
编:张兆和;编辑委员:凌宇、刘一友、沈虎雏、王继志、王亚蓉、向成
国、谢中一、张兆和。

十、张兆和

　　沈从文生命的最后五年,张兆和时时刻刻不离身边。不仅是病中离
不开她的照料和护理,心理上,沈从文也格外需要她的陪伴。一时看不
见她,他就要呼唤;看见了,就心安了。

　　沈从文走了,她有了空闲。空下来,整理沈从文的遗稿;还有,就是
重新建起一个小花园。小羊宜宾胡同的花园在狭窄的阳台上"复兴"了。
她精心侍弄花花草草,给它们起名字,用的是沈从文书里那些可爱的女
孩子的名字。她最心疼一盆虎耳草,来自湘西,种在一个椭圆形的小小钧
窑盆里;这是沈从文喜欢的草,也是《边城》里翠翠梦里采摘的草。

　　一九九二年五月,张兆和率领全家,送沈从文回归凤凰。墓地在听

涛山下，面对沱江流水。十日，沈从文的骨灰一半洒入绕城而过的沱江清流，另一半，直接埋入墓地泥土。孙女沈红写道："伴爷爷骨灰一同贴山近水的，是奶奶积攒了四年的花瓣。奶奶站在虹桥上，目送爸爸和我乘舟顺沱江而下，小船身后漂起一道美丽花带，从水门口漂到南华山脚下。"[1]

　　墓地简朴、宁静，墓碑是一块大石头，天然五彩石，正面是沈从文的手迹，分行镌刻《抽象的抒情》题记的话：

　　　　照我思索

　　　　能理解"我"

　　　　照我思索

　　　　可认识"人"

背面是张充和撰书：

　　　　不折不从　亦慈亦让

　　　　星斗其文　赤子其人

　　这一年张兆和八十二岁，她担负起主持《沈从文全集》的编辑工作。这是她晚年的头等大事。二〇〇二年十二月，沈从文百年诞辰之际，三十二卷全集出版。她完成了大的心愿，也安安静静地离开了人世，时间是二〇〇三年二月十六日。享年九十三岁。

1　沈红：《奶奶的花园》，《水——张家十姐弟的故事》，324 页。

　　二〇〇七年五月二十日，张兆和的骨灰入葬，埋在了埋沈从文地方的泥土里。

　　　　　　　　　　　　　　二〇一三年七月十日初稿

　　　　　　　　　　　　　　八月三日二稿

　　　　　　　　　　　　　　复旦大学光华楼

主要参考书目

《沈从文全集》，沈从文著、张兆和主编，太原：北岳文艺出版社，2002年。

《沈从文别集》，沈从文著，长沙：岳麓书社，1992年。

《从文家书》，沈从文、张兆和著，沈虎雏编选，上海远东出版社，1995年。

《沈从文年表简编》，沈虎雏编，见《沈从文全集》附卷，太原：北岳文艺出版社，2003年。

《沈从文作品的外文译作》，沈红编，见《沈从文全集》附卷。

《沈从文年谱》，吴世勇编，天津人民出版社，2006年。

《沈从文传》，凌宇著，北京十月文艺出版社，1988年。

《"人性的治疗者"：沈从文传》，吴立昌著，上海文艺出版社，1993年。

《凤凰之子·沈从文传》（*The Odyssey of Shen Congwen*），金介甫（Jeffrey Kinkley）著，符家钦译，北京：中国友谊出版公司，2000年。

《沈从文的最后四十年》，李扬著，北京：中国文史出版社，2005年。

《沈从文家事》，沈龙朱口述，刘红庆著，北京：新星出版社，2012年。

《我所认识的沈从文》，荒芜编，长沙：岳麓书社，1986年。

《怀念沈从文》，《凤凰文史资料》（第二辑），凤凰文史资料研究委员会编，1989年。

《长河不尽流》，巴金等著，吉首大学沈从文研究室编，长沙：湖南文艺出版社，1989年。

《沈从文印象》，孙冰编，上海：学林出版社，1997年。

《星斗其文，赤子其人》，田伏隆主编，长沙：岳麓书社，1998年。

《沈从文研究资料》，邵华强编，广州：花城出版社，香港：三联书店，1991年。

《永远的从文——沈从文百年诞辰国际学术论坛文集》，向成国等主编，未正式出版，
　　2002年印制。

《沈从文评说八十年》，王珞编，北京：中国华侨出版社，2004年。

《沈从文研究资料》，刘洪涛、杨瑞仁编，天津人民出版社，2006年。

《从边城走向世界》，凌宇著，北京：三联书店，1985年。

《沈从文笔下的中国社会与文化》，金介甫著，虞建华、邵华强译，上海：华东师范大学
　　出版社，1994年。

《沈从文小说新论》，刘洪涛著，北京师范大学出版社，2005年。

《赵树理文集》，赵树理著，北京：工人出版社，1980年。

《胡适遗稿及秘藏书信》，耿云志主编，合肥：黄山书社，1994年。

《人生扫描》，李辉著，上海远东出版社，1995年。

《中国三代作家纪实》，涂光群著，北京：中国文联出版公司，1995年。

《我所知道的胡乔木》，《胡乔木传》编辑组编，北京：当代中国出版社，1997年。

《人有病　天知否：一九四九年后中国文坛纪实》，陈徒手著，北京：人民文学出版社，
　　2000年。

《中国古舆服论丛》（增订本），孙机著，北京：文物出版社，2001年。

《丁玲全集》，丁玲著，石家庄：河北人民出版社，2001年。

《晚翠文谈新编》，汪曾祺著，北京：三联书店，2002年。

《沈从文晚年口述》，王亚蓉编，西安：陕西师范大学出版社，2003年。

《和老人聊天》，李辉著，郑州：大象出版社，2003年。

《沈从文与丁玲》，李辉著，武汉：湖北人民出版社，2005年。

《丁玲年谱长编》，王增如、李向东编著，天津人民出版社，2006年。

《文星街大哥》，刘一友著，桂林：漓江出版社，2007年。

《萧珊文存》，萧珊著，上海人民出版社，2009年。

《范曾自述》，范曾著，北京：文化艺术出版社，2010年。

《传奇黄永玉》，李辉著，北京：人民日报出版社，2010年。

《老北大宿舍纪事（1946—1952）：中老胡同三十二号》，江丕栋等编著，北京大学出版社，2011年。

《章服之实：从沈从文先生晚年说起》，王亚蓉编著，北京：世界图书出版公司，2013年。

《周作人致松枝茂夫手札》，小川利康、止庵编，桂林：广西师范大学出版社，2013年。

《张家旧事》，张允和口述，叶稚珊编写，济南：山东画报出版社，1999年。

《最后的闺秀》，张允和著，北京：三联书店，1999年。

《浪花集》，张允和、张兆和等编著，北京：新世界出版社，2005年。

《合肥四姊妹》，金安平著，凌云岚、杨早译，北京：三联书店，2007年。

《水——张家十姐弟的故事》，张允和、张兆和等著，张昌华、汪修荣编，合肥：安徽文艺出版社，2009年。

《曲人鸿爪》，张充和口述，孙康宜撰写，桂林：广西师范大学出版社，2010年。

《张充和诗书画选》，白谦慎编，北京：三联书店，2010年。

《中国新文学史稿》，王瑶著，上册，北京：开明书店，1951年；下册，上海：新文艺出版社，1953年。

《中国现代文学史略》，丁易著，北京：作家出版社，1955年。

《中国新文学史》，司马长风著，香港：昭明出版社，1978年。

《一九四八：天地玄黄》，钱理群著，济南：山东教育出版社，1998年。

《中国当代文学史教程》，陈思和主编，上海：复旦大学出版社，1999年。

《中国现代小说史》，夏志清著，刘绍铭等译，上海：复旦大学出版社，2005年。

《抒情传统与中国现代性》，王德威著，北京：三联书店，2010年。

《写实主义小说的虚构：茅盾、老舍、沈从文》，王德威著，上海：复旦大学出版社，2011年。

《建国以来毛泽东文稿》，北京：中央文献出版社，1987—1998年。

《若干重大决策与事件的回顾》，薄一波著，北京：中共中央党校出版社，上卷，1991年；下卷，1993年。

《剑桥中华人民共和国史》，费正清（J. K. Fairbank）、罗德里克·麦克法夸尔（R. Macfarquhar）主编，上海人民出版社，1949—1965年卷，1990年；1966—1982年卷，1992年。

后　记

　　一九九七年，我写出自己关于沈从文的第一篇文章，《论沈从文：从一九四九年起》。二〇一三年，完成了《沈从文的后半生》书稿，想起这篇文章，才恍然明白，原来十六年以前，就有了这样一个胚胎；经过这么漫长的时间，它终于长成了。

　　我是从一九八五年开始读沈从文的，读了好几年，只是觉得好，并没有深切的体会。好像是要等待一个机缘，机缘不到，什么也不会发生。幸运的是，这个机缘等来了。一九九二年，我在《收获》杂志上读到沈从文的家属整理发表的《湘行书简》——沈从文一九三四年从北平返回家乡，在湘西的一条河流上给张兆和写的一封接一封的长信——我的感受无从言表，心里却清清楚楚地意识到，我和这个作家建立起了一种关系。这些尘封的书信带给我一个特殊的时刻，我似乎一下子明白了什么，又说不出明白的到底是什么。沈从文在这条河流上经历了一次"彻悟"，我一时不能完全领会他的"彻悟"，但他一月十八日下午写下的那段文字，真正开启了我理解的空间。或许可以这么说，如果没有遇到这段文字，我就可能走不进沈从文的世界。

此后陆续见到沈从文生前未曾公开的文字，促成了我关于沈从文的第一篇论文；但到那时为止的材料，还不足以写沈从文后半生的传记。二〇〇二年底，《沈从文全集》出版，三十二卷，一千多万字，其中四百万字生前没有发表过，这四百万字中的大部分又是一九四九年以来所写的——读完这些，我产生出明确而强烈的写沈从文后半生的冲动，并开始着手准备。

二〇〇四年，复旦大学中文系设置"原典精读"系列课程，并催促任课教师撰写讲义教材。二〇〇五年寒假我写完《沈从文精读》一书之后，想一鼓作气完成沈从文后半生的传记，但只写了万把字，就不能再继续下去，因为前面的书稿赶得急，没日没夜对着电脑，眼睛出了问题。这样就不得不拖延下来。一拖就是好多年，简直快要拖出心病来。二〇一二年秋天，我重新开始，排除了其他事的打扰，一心做这一件事，转年夏天就完稿了。

我想呈现出来的，不仅仅是一个人半生的经历，他在生活和精神上持久的磨难史，虽然这已经足以让人感慨万千了；我希望能够思考一个人和他身处的时代、社会可能构成什么样的关系。现代以来的中国，也许是时代和社会的力量太强大了，个人与它相比简直太不相称，悬殊之别，要构成有意义的关系，确实困难重重。这样一种长久的困难压抑了建立关系的自觉意识，进而把这个问题掩盖了起来——如果还没有取消的话。不过总会有那么一些个人，以他们的生活和生命，坚持提醒我们这个问题的存在。我写过一篇《沈从文与二十世纪中国》，讨论这个问题。文章结束时候说："发生什么样的关系，发生什么样的关系不仅对个体生命更有价值，而且对社会、时代更有意义，却也不只是社会、时代单方面所能决定的，虽然在二十世纪中国，这个方面的力量过于强大，个人的力量过于弱小。不过，弱小的力量也是力量，而且隔了一段距离去看，你可能会发现，力量之间的对比关系发生了变化，强大的潮流在力量耗尽之后消退了，而弱小的个人从历史中站立起来，走到今天和将来。"

二〇一四年三月二十二日

影　像

沈从文走过的路

沈从文，一九二二年二月，摄于湖南保靖军队中。

张兆和，一九三一年在中国公学运动会上获几项赛跑冠军。

沈从文家人合影。左起沈从文、沈荃（三弟）、母亲、沈岳萌（九妹）、沈云麓（大哥），一九二九年摄于上海。

沈从文、张兆和一九三四年春摄于达园。

一九四六年，三姊妹和三连襟合影于上海。前排左起张元和、顾传玠，后排左起张允和、周有光、沈从文、张兆和。

一九四六年，张家四姊妹合影于上海。前排右起张元和、张允和，后排右起张兆和、张充和。

一九四八年在颐和园霁清轩度暑假期间，沈从文计划"好好
的"再"写个一二十本"文学作品。

沈从文夫妇一九四八年夏与友人在颐和园。前排左起：梁
思成林徽因夫妇、张奚若夫人、杨振声。

一九四九年夏，出席北平第一次文代会的朋友到沈从文家中拜访。左起：沈从文、巴金、张兆和、章靳以、李健吾。

一九五〇年，沈从文与香港来的表侄黄永玉在家门前。

一九六九年十二月，沈从文下放湖北咸宁"五七干校"，先期下放的张兆和赶到沈从文借宿的452高地看望。（沈龙朱摄）

一九七二年，沈从文从湖北干校回北京后摄，左为回京后所写一首诗的手稿。

一九七四年冬，在张兆和居住的小羊宜宾胡同的宿舍院中。

一九八一年夏，沈从文、张兆和夫妇在寓所。

考古学家王㐨与沈从文的忘年交长达三十五载，是沈从文晚年工作中最得力的合作者。（王亚蓉摄）

沈从文八十岁重访自己出生的凤凰旧居。